¡AYUDA!
Trabajo con personas

*Mejore sus habilidades de
influencia y liderazgo con las personas*

CHAD VEACH

WHITAKER
HOUSE
Español

Traducción al español por:
Belmonte Traductores
Manuel de Falla, 2
28300 Aranjuez
Madrid, ESPAÑA
www.belmontetraductores.com

Editado por: Ofelia Pérez

ISBN: 978-1-64123-680-5
eBook ISBN: 978-1-64123-681-2
Impreso en los Estados Unidos de América.
© 2021 por Chad Veach

Whitaker House
1030 Hunt Valley Circle
New Kensington, PA 15068
www.whitakerhouseespanol.com

1 2 3 4 5 6 7 8 9 10 11 **UJ** 28 27 26 25 24 23 22 21

ÍNDICE

PRÓLOGO

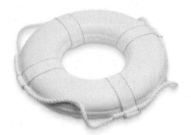

Estoy emocionado porque usted tiene este libro en sus manos. He enseñado sobre liderazgo por más de cuarenta años, y siempre me emociono cuando surgen nuevos líderes con sus ideas sobre por qué el liderazgo es importante y lo que significa liderar. Me encanta la variedad y creatividad que aportan a la mesa para ayudar a elevar la consciencia de que siempre estamos en la búsqueda de más líderes que puedan ayudar a transformar el mundo en un lugar mejor.

Conozco a Chad Veach desde hace tiempo, y siempre que me reúno con él salgo inspirado. Su compromiso a crecer tanto en su carácter como en sus habilidades lo lleva a convertirse en una mejor persona cada día, lo cual, a su vez, le hace ser un mejor líder. Pero me encanta el hecho de que no se detiene ahí, ya que lo que Chad aprende, también lo enseña, y su inversión en enseñar liderazgo a las generaciones siguientes es la razón por la cual accedí a escribir este prólogo.

¡Ayuda! Trabajo con personas es un libro que todo líder debería tener en su estante. El hambre de Chad por transmitir lo que ha aprendido ha dado como resultado un libro que comunica algo más que principios; capta el corazón del liderazgo, que son

las *personas*. Chad comienza donde empieza todo el liderazgo: con nosotros. Pero rápidamente muestra cómo liderar tanto con la cabeza como con el corazón, con valentía y con habilidad.

Las tres secciones del libro lo ayudarán a mantenerse anclado a Chad y su mensaje, y le aportarán un marco que revisará una y otra vez, en tanto que continúa en su viaje de liderazgo. A medida que somos más conscientes del déficit de liderazgo que hay en nuestro mundo, este libro es una llamada necesaria a que hombres y mujeres den un paso al frente, tomen el manto y lideren con autenticidad y pasión.

Necesitamos líderes como usted, que entren en este momento y marquen la diferencia. ¡Ayuda! Trabajo con personas no solo hará que usted empiece, sino que acelerará también su crecimiento y lo preparará para aportar al mundo su particular don de liderazgo.

Su amigo,
John Maxwell

UNA INVITACIÓN A LIDERAR

El liderazgo tiene su manera de sorprendernos.

¿Por qué? Porque el liderazgo a menudo se nos viene encima sin previo aviso y sin nuestro permiso. Quizá se infiltra en nosotros lentamente con el paso del tiempo, o podría llegar de repente, saliendo casi de la nada. Al margen de cómo suceda, llega un momento en el que nos vemos coordinando, motivando y dirigiendo a personas, y por lo general no estamos tan preparados como nos gustaría estar.

Incluso en esas situaciones en las que esperábamos que nos contrataran o ascendieran a un papel de liderazgo, o cuando buscamos un papel de liderazgo intencionalmente, el liderazgo puede aún sorprendernos. Las tareas y responsabilidades diarias del liderazgo son difíciles de predecir y pueden parecer surrealistas. Incluso después de años de experiencia, a veces nos seguimos preguntando qué hacemos nosotros intentando liderar a otras personas.

Debido a la naturaleza sorprendente del liderazgo, a menudo me he cruzado con personas que están haciendo el trabajo de un líder (y lo están haciendo bien), pero que no se consideran líderes. Tienen influencia, están guiando y dirigiendo a personas, y están consiguiendo metas con su equipo, pero evitan o rechazan el título de *líder*. El liderazgo puede parecer intimidatorio, incluso aterrador. Sin embargo, aunque usted no tenga un puesto que contenga escrita la palabra "líder" o "director", es muy probable que ya esté liderando en una o más áreas. Por ejemplo:

+ Quizá comenzó su trabajo hace unos años y con el tiempo obtuvo la experiencia y la destreza suficientes, y su jefe le pidió recientemente entrenar y supervisar a un grupo de nuevos empleados.

+ Quizá usted es maestro de secundaria, y algunos de sus alumnos han comenzado a acudir a usted esperando algo más que consejos de álgebra: le piden consejo sobre sus problemas en casa, problemas con sus amigos, y opciones de carreras.

+ Quizá usted es papá o mamá, y el equipo deportivo de su hija necesitaba un entrenador, y usted de algún modo se ofreció voluntario.

+ Quizá usted comenzó su propio negocio de *catering* hace algunos años y recientemente contrató a algunos empleados, y ahora el éxito de su negocio depende de si usted puede o no liderar a otras personas para que hagan el trabajo mucho mejor de lo que usted podría hacerlo solo.

+ Quizá recientemente lo nombraron pastor de jóvenes en su iglesia, y ahora tiene que pensar en cómo conseguir un grupo de voluntarios jóvenes que organicen y lleven a cabo una reunión de jóvenes semanal.

+ Quizá heredó un negocio familiar y los miembros del equipo que está liderando son todos de más edad y más experimentados que usted, pero buscan de usted dirección, estrategia y respuestas.

✦ O quizá fue elegido presidente de la Asociación de Padres y Maestros de la escuela, o le pidieron dirigir un comité en su iglesia, o lo ascendieron a jefe de departamento.

Ya se hace una idea. El liderazgo surge, esté usted listo o no para ello, y puede llegar con o sin un título formal. Si está haciendo bien su trabajo, es probable que tarde o temprano le pongan a cargo de otras personas. Esas personas tienen sentimientos, libre albedrío e ideas propias, por supuesto, y el reto que usted tiene es inspirarlos para que sean un equipo unido y productivo. Es entonces cuando probablemente dirá, citando el título de este libro, "¡Ayuda! Trabajo con personas".

INFLUENCIA, HABILIDADES SOCIALES Y LIDERAZGO

Al margen de cómo llegó a su actual papel de liderazgo, no hay nada que se parezca a trabajar y liderar a otras personas. Tiene sus propios desafíos y recompensas, y requiere un conjunto único de habilidades. Cuando se hace bien, es hermoso: un grupo de individuos actuando como uno solo, uniendo esfuerzos para lograr una visión compartida. Cuando se hace mal, puede ser increíblemente doloroso: un grupo de individuos en desacuerdo y en conflicto, intentando lograr algo, pero hiriéndose unos a otros y lastimando sus metas en el proceso.

Esta es la razón por la que siempre me ha fascinado el liderazgo. Los buenos líderes pueden marcar la diferencia en los equipos que lideran. Y lo que hace buenos a los líderes es que saben cómo influenciar y trabajar con personas, porque las personas son las que componen los equipos. No se puede separar a los líderes de las personas, y no se puede separar el liderazgo de la influencia.

Liderazgo es influenciar a otros para que trabajen juntos hacia una meta común. Cada parte de esa frase es importante. "Influenciar" significa que nuestra eficacia como líderes viene por medio de nuestra capacidad para motivar a otros. "Trabajar juntos" signwifica varias personas haciendo cada una su parte. "Meta común" significa que todos comparten la visión: el trabajo es una colaboración, no un trabajo forzado.

 Liderazgo es influenciar a otros para que trabajen juntos hacia una meta común.

El Dr. John Maxwell, uno de los nombres más reconocidos en estudios de liderazgo, dice: "Liderazgo es influencia, nada más y nada menos".[1] Estoy totalmente de acuerdo, y a lo largo de este libro utilizo los términos "liderazgo" e "influencia" de forma intercambiable. Quizá usted no tenga el título de líder, y puede que ni siquiera se vea como un líder, pero si tiene influencia, usted es un líder; por el contrario, un título sin influencia es tan solo un letrero en la puerta.

La influencia, sin embargo, involucra a *personas*. En la definición de arriba, cada uno de los términos clave (influencia, trabajar juntos y meta común) señala a lo mismo: personas. Influenciamos personas, hacemos que las personas trabajen juntas, y las personas tienen una meta común. El liderazgo, por lo tanto, es mucho más relacional de lo que muchos de nosotros creemos. Por lo tanto, aunque este libro trata sobre liderazgo, también es un libro sobre personas: entender a las personas, servir a las personas, trabajar con personas, llevarse bien con personas, comunicarse con personas.

Como no podemos liderar sin personas, no podemos liderar bien sin habilidades sociales. He tenido el privilegio de entrevistar a numerosos líderes reconocidos, tanto en la iglesia como en el mundo empresarial, en mi podcast sobre liderazgo *Leadership Lean In* (Apoyo al liderazgo). Cada líder al que he entrevistado ha compartido principios profundos y sabiduría basándose en sus experiencias. Pero lo que constantemente destaca para mí, es algo que raras veces mencionan abiertamente: sus habilidades sociales. Ya sea que tengan un don natural o lo aprendan por el camino, han descubierto que el liderazgo comienza y termina con las personas.

Vale la pena destacar dos cosas aquí. En primer lugar, *los líderes también son personas*. No somos de otra especie. Nuestro ADN no cambia solo por tener un equipo, un título o un reconocimiento. Como líderes, siempre conectaremos mejor con otros a nivel humano. Esa conexión es mutua: damos y recibimos, enseñamos y aprendemos, lideramos y seguimos, perdonamos errores y cometemos errores. Los líderes saludables son, en primer lugar, personas, y después líderes. Recordar eso nos ayuda a tener los pies en la tierra.

En segundo lugar, *las personas importan*. No nos esforzamos por tener influencia para servirnos a nosotros mismos; más bien nos esforzamos por tener influencia para poder servir a otros. El liderazgo no se trata de conseguir que las personas hagan lo que nosotros queremos. Esa es la razón por la que no voy a darle diez claves para conseguir que las personas acaten las reglas o quince principios para seguir siendo el que manda. El liderazgo que reduce a los seguidores a una masa anónima de personas cuyo propósito es servir al líder, es un mal liderazgo. Cada miembro de un equipo es, primero, un individuo con sueños, necesidades y habilidades dadas por Dios. El liderazgo es un don que se debe valorar y administrar con cuidado porque lo que hacemos afecta a personas, y las personas importan.

CÓMO LEER ESTE LIBRO

Para ayudarle a desarrollar su influencia, pulir sus habilidades sociales y mejorar su liderazgo, este libro está dividido en tres partes, cada una de las cuales construye sobre la base de la anterior.

La Parte 1 se centra en usted como líder: cómo conocerse, liderarse y desarrollarse a usted mismo. Si espera tener influencia sobre las personas, no es necesario decir que su influencia debe ser positiva. Eso requiere una disposición a ser consciente de sí mismo e intencional en todo lo que haga, y tratar con sus propias debilidades a lo largo del camino.

La Parte 2 habla de las habilidades sociales: todo, desde modales y actitud, hasta saber leer un salón o mantener una buena conversación. Esto es, en muchos aspectos, el corazón del libro. Si la influencia tiene que ver con las personas, y si es usted bueno trabajando con personas, el liderazgo a menudo se cuidará de sí mismo. Mientras más invierta en las personas, más eficaz será su liderazgo.

La Parte 3 trata asuntos prácticos relacionados con liderar equipos, sea ese equipo parte de una empresa, una organización sin fines de lucro, una iglesia, o cualquier otra organización, grande o pequeña. El enfoque es la intencionalidad: cómo conseguir metas compartidas aplicando lo que usted sabe sobre sí mismo y su equipo, de maneras que sean intencionales, sabias y visionarias.

Creo firmemente que usted está llamado a liderar y que su liderazgo ha de servir al bien común. Aprender a liderar bien es un proceso que nunca se acaba, pero si aborda el reto con valentía y con una disposición a crecer durante el camino, una gran influencia —y por lo tanto un gran bien— será el resultado.

Parte 1

SE TRATA DE USTED

Usted es el protagonista de la historia de su vida. No puede escapar de usted mismo, y no puede operar más allá de quién es y de dónde se encuentra. Quien es usted como persona siempre determinará cuán lejos llegará y cuánto logrará como líder.

Eso no es algo malo. De hecho, debería darle esperanza porque *usted* es lo único que realmente puede controlar en la vida. Todo lo demás (las circunstancias, las personas, los eventos) está fuera de su control. Pero usted tiene una gran libertad para moldear su propia vida, lo cual significa que la decisión de convertirse en un mejor amigo, padre, maestro, mentor, empleado o líder, depende de usted. En los capítulos que siguen, exploraremos temas relacionados con la persona más difícil que tendrá que liderar jamás: usted mismo.

Capítulo 1

TODO COMIENZA CON USTED

El liderazgo siempre comienza con usted. Su influencia no comienza con el número de personas que lidera, el tamaño de su presupuesto o salario, el entorno político, el mercado de valores, o ninguna otra persona o circunstancia. Su influencia comienza y termina con quién es *usted* y con cómo lidera *usted*. Esas otras cosas tienen su lugar, pero no determinan su éxito. Usted, y no su equipo, o sus metas, o su declaración de misión, es el punto de partida para su liderazgo y su influencia.

He escuchado decir a algunas personas lo contrario bastantes veces: que el liderazgo no se trata del líder, que no tiene nada que ver con el líder, que el líder en realidad debería ser invisible, reemplazable o incluso anónimo. A primera vista eso podría parecer noble y altruista porque hace que el liderazgo se trate únicamente de otras personas, y ¿qué podría haber de malo en eso? Solo dos cosas: no es cierto, y no funciona.

Si el liderazgo comienza y termina con las personas que usted lidera, entonces está limitado en lo que pueda hacer si algo parece no funcionar bien o si no está satisfecho con sus resultados actuales. Su única opción es reñir, quejarse y amenazar, esperando que su negatividad de algún modo produzca resultados positivos. Si está frustrado por estar donde está, no culpe a todos los demás. Estudie el problema, reciba consejo y haga los cambios necesarios, porque el liderazgo comienza con usted.

Nada es más contraproducente que culpar a quien no tiene la culpa cuando hay un problema. Si mi automóvil se queda sin gasolina, no es culpa del clima, ni de las terribles faltas de los conductores de Los Ángeles, ni es culpa del gobierno. Es culpa mía. El mejor curso de acción es aceptar que mi esposa tenía razón cuando dijo que nos detuviéramos a reponer gasolina antes, pedir ayuda, y después seguir adelante con mi día. Del mismo modo, si su liderazgo no está funcionando, lo más saludable —y lo que más esperanza trae de todo lo que puede hacer— es dejar a un lado su ego o sus inseguridades, averiguar qué es lo que no funciona y arreglarlo. Quizá el problema sea usted, y quizá no. En cualquiera de los casos, nadie está en una posición mejor que usted mismo para identificar y arreglar lo que no esté funcionando, especialmente si parte del problema es usted.

Usted, con todas sus peculiaridades e idiosincrasias, sus fortalezas y debilidades, su viaje particular para llegar hasta donde está, es el punto de inicio para su propio liderazgo. Al aceptar eso, descubre esperanza, humildad y la gracia para cambiar.

Si el liderazgo comienza con usted, entonces su primer reto de liderazgo es liderarse a sí mismo. Debe aprender a enseñarse, a guiarse y a desafiarse para ser la mejor persona y líder que pueda ser. Esto no es fácil. Admitir que el éxito de su liderazgo depende principalmente de usted puede ser incómodo al principio, porque se necesita vulnerabilidad y valentía para mirar hacia adentro y enfrentar el hecho de que quizá necesite hacer algunos cambios. Pero liderarse a usted mismo no es solo necesario, sino también *liberador*. Aquí tiene unas cuantas razones.

1. SI PUEDE LIDERARSE A USTED MISMO, PUEDE LIDERAR A CUALQUIERA

Aunque su equipo incluya a una persona difícil, o a varias, la persona más difícil a la que siempre tendrá que liderar es usted mismo. Si averigua cómo *liderarse*, será capaz de liderar a cualquiera, independientemente de su edad, experiencia o calificaciones.

¿Qué significa liderarse a usted mismo? En primer lugar, *liderarse a usted mismo significa desarrollar autocontrol*. El autocontrol es su capacidad para mantenerse a usted mismo (sus emociones, pensamientos, metas y motivaciones) bajo control y equilibrado. ¿Va a liderar con su mente o con sus emociones? ¿Con su voluntad o con sus antojos? ¿Con su llamado o con su comodidad? ¿Con su espíritu o con su carne? Cuando se lidera a usted mismo, se convierte en el protagonista en lugar de la víctima de su propia historia: en lugar de permitir que la vida determine sus sentimientos, pensamientos y reacciones, es *usted* quien determina todo eso.

Liderarse a usted mismo significa liderar mediante el ejemplo. En otras palabras, usted practica lo que predica. Es auténtico, coherente y honesto. Camina al lado de las personas en vez de empujarlas desde atrás; las lleva con usted en vez de enviarlos solos.

Para ser claro, no estoy diciendo que tenga que ser un superhéroe o un experto en todo, ya que eso no es realista y, francamente, no es funcional; probablemente no es sabio que usted intente enseñar a su contable cómo cuadrar los libros o decirle a su diseñador gráfico cómo realizar los bocetos. Pero cuando se trata de los valores, la visión, la integridad, ser valiente, trabajar duro, la humildad e incluso seguir las reglas, los mejores líderes son los que lideran con el ejemplo.

Liderarse a usted mismo significa perseguir el crecimiento personal. Usted tiene que ser un líder fuerte: mentalmente fuerte, moralmente fuerte, emocionalmente fuerte. Es difícil liderar con autenticidad si esconde una conciencia culpable. Es difícil mantenerse enfocado en el futuro si está amargado y tiene rencor hacia alguien de su pasado. Y es difícil mantenerse enfocado en alcanzar una meta si no ha aprendido a decir no a las distracciones y atracciones secundarias que encuentra a lo largo de su camino.

Nadie nace siendo un líder perfecto: es algo que se desarrolla y se cultiva. Con el tiempo tiene que aprender y madurar en muchas áreas. Este tipo de crecimiento es normal, y se debería abrazar, incluso celebrar.

Pensemos en la inteligencia emocional, por ejemplo, la cual veremos en un capítulo posterior. Aprender a entender y controlar sus emociones es un proceso de por vida, incluso si no somos un líder. Yo tengo cuatro hijos, y ninguno de ellos comenzó esta vida controlando sus sentimientos. Tuvieron que desarrollar control con el paso del tiempo, y aún les queda un largo camino por recorrer. No es que los culpe a ellos, pues yo mismo aún tengo un largo camino que recorrer también. Es solo que se espera que los líderes se enfoquen intencionalmente en desarrollar su inteligencia emocional a medida que desarrollan su influencia y autoridad.

Lo mismo ocurre en cada área del crecimiento personal y del liderazgo. Convertirse en un buen líder es un proceso de obtener conocimiento y aprender madurez y habilidades, y usted es el estudiante. Liderarse a usted mismo es su tarea principal y la más difícil, y una que emprenderá y que le supondrá un reto durante toda su vida. No ponga el piloto automático en lo que ya conoce. No suponga que las debilidades o las deficiencias se arreglarán por sí solas mientras usted avanza. Asuma la responsabilidad de quién es usted, y no tenga miedo a enfrentar las cosas que tenga que aprender, cambiar o arreglar.

Aprender y cambiar son cosas positivas, no negativas. Lo que aprende sobre usted mismo (sus motivaciones, sus temores, sus necesidades) informará a su liderazgo y le infundirá autenticidad. También le ayudará a cultivar rasgos de carácter esenciales como humildad, empatía, y don de gentes. A fin de cuentas lideramos a seres humanos, así que tiene sentido que lideremos con, lideremos desde y lideremos por medio de nuestra propia humanidad. Lideramos e influenciamos a personas con fallas, y por eso tenemos que desarrollar la práctica de tratar nuestras propias fallas.

En última instancia, no es la responsabilidad de nadie más liderarle a usted; esa responsabilidad es solo suya. Aunque le dé cuentas a un líder, mentor, jefe o cualquier otra figura de autoridad, lo máximo que puede hacer ese líder es guiar sus acciones externas; usted es el responsable de su yo interno. Y mientras mejor se lidere a sí mismo, mejor liderará a otros.

2. SI PUEDE LIDERARSE A USTED MISMO, SUS DEBILIDADES NO LO DETENDRÁN

Un compromiso con el autoliderazgo es un compromiso para enfrentar nuestras propias limitaciones, y eso puede que no resulte fácil de digerir. Se supone que los líderes deben tener todas las respuestas, ¿no es cierto? Entonces, admitir que podríamos tener un problema, o incluso ser el problema, ¿no minaría nuestro liderazgo? La respuesta corta es: *No*. Los buenos líderes pueden asumir la responsabilidad de sus debilidades sin que estas los minen o los abrumen.

Cuando digo que sus "debilidades" no lo detendrán, me refiero a cualquier cosa que limite su liderazgo o atrase su progreso como equipo. La mayoría de las veces son sencillamente un derivado de ser humano. Quizá no se le da bien la administración, los presupuestos, los horarios o la planificación. Tal vez no sabe cómo dirigir una reunión eficaz. Quizá odia responder emails. Puede que tienda a paralizarse cuando tiene que tomar decisiones difíciles. Quizá habla de forma tan directa y abierta que daña a las personas. Tal vez no soporta la negociación o el conflicto. Sea cual sea su limitación, no es insuperable, a menos que usted se niegue a reconocerlo.

¿Por qué somos tan renuentes a confrontar nuestras propias limitaciones? A menudo se reduce a la inseguridad. Tenemos miedo de que las personas que lideramos descubran aquello que siempre hemos sospechado que sería cierto: que no somos suficientes; que no damos la talla; que somos un fraude o un fracaso. Nos convencemos a nosotros mismos de que es mejor evitar los hechos y vivir en temor que tener que enfrentar la realidad y arriesgarnos a que nuestra autoestima y nuestra imagen sufran un duro golpe público. Así que culpamos a otros, culpamos a la economía, culpamos al gobierno, culpamos a la mala suerte, y en el proceso nos convertimos en nuestra propia tapadera, nuestro propio techo. Pero nunca creceremos, personalmente o como líderes, más allá de nuestra capacidad de ser sinceros con nosotros mismos y transparentes con otros cuando se trata de nuestras limitaciones.

Una vez que reconocemos nuestras limitaciones, podemos vencerlas o al menos trabajar en ellas. A veces esto significará aprender y crecer para fortalecer una debilidad. Tomar una clase, leer un libro, hacer preguntas, recibir retroalimentación, hacer lo que pueda para mejorarse a usted mismo. Otras veces, en lugar de solucionar una debilidad, tendrá que proveer para su debilidad. Si no puede ponerse al día con los emails que tiene en su bandeja de entrada, piense en darle a alguien de su equipo administrativo esa tarea. Si no puede negociar bien, pero tiene que cerrar un trato, llévese con usted a alguien que maneje el conflicto mejor que usted. No es ninguna vergüenza admitir que nunca será muy bueno en un área concreta y delegar la tarea a otra persona. En mi experiencia, mi equipo ya sabe en qué cosas soy débil, y les importa mucho menos de lo que yo siempre había pensado. Lejos de criticarme o sentirse decepcionados con mi liderazgo, están deseosos de ayudar llenando mis debilidades con sus fortalezas.

Su autoridad proviene menos de su habilidad y más de su autenticidad.

No estoy diciendo que las habilidades de liderazgo no sean importantes, pues tarde o temprano las personas tienden a dejar de seguir a los líderes ineptos. Digo que su disposición a ser sincero, humilde y valiente al afrontar sus debilidades es mucho más importante. Usted puede incluir a otros u organizarse al ver una falta de habilidades, pero primero tiene que reconocer qué es lo que le falta.

3. SI PUEDE LIDERARSE A USTED MISMO, INSPIRARÁ A LAS PERSONAS A SEGUIRLE

Se cuenta la historia de que, a John Wesley, el famoso predicador del siglo XVIII, le preguntaron cómo atraía multitudes tan grandes, y su respuesta fue: "Me enciendo yo mismo y la gente viene a ver cómo ardo".[1] En otras palabras, las personas lo están viendo a usted, y se sentirán atraídas por su pasión, empeño y compromiso.

Los líderes que se lideran a sí mismos son líderes que están motivados internamente: han identificado, desarrollado y refinado el "porqué" que hay detrás de lo que están haciendo. Se motivan a sí mismos, y por lo tanto pueden motivar a otros; se inspiran a sí mismos, y por lo tanto pueden inspirar a otros. Están apasionados con la visión que les empuja, y su pasión es un imán que atrae a las personas a su causa.

Vale la pena mencionar que no todos los motivos son buenos motivos. Parte de liderarse a sí mismo es asegurarse de estar en control de los impulsores ocultos que hay detrás de sus acciones, decisiones y palabras. ¿Por qué? Porque tarde o temprano los motivos de su corazón serán revelados y afectarán el éxito de su liderazgo a largo plazo. Si cosas como el temor, la avaricia, el poder, la lujuria y la ira acechan tras su liderazgo, le resultará muy difícil mantener un equipo sólido, porque nadie quiere seguir a ese tipo de líder durante mucho tiempo. Sin embargo, si lo motivan cosas como el amor, la fe, la compasión, el sueño de un mundo mejor, el potencial de su equipo, y edificar a otros, inspirará una lealtad a largo plazo y pasión en sus seguidores. Su capacidad para adueñarse de su propio corazón y liderarlo avivará los corazones de aquellos que le siguen.

———

Su liderazgo comienza con usted, lo cual significa que puede comenzar a liderar *en este mismo momento* al decidir liderarse a sí mismo. ¿Asumirá la responsabilidad de quién es usted y la influencia que tiene? ¿Será sincero con sus fortalezas y debilidades? ¿Mantendrá puras sus motivaciones y fuerte su pasión? ¿Se comprometerá con el proceso de la autenticidad, el crecimiento, el aprendizaje y el cambio? Cuando acepta que usted, y solo usted, es el factor más importante en su propio liderazgo, se está preparando para niveles aún mayores de influencia y liderazgo. Su viaje comienza con usted.

APLICACIÓN CLAVE

 Su influencia sobre otros comienza con quién es usted y cuán bien se lidera a sí mismo.

Capítulo 2

LA INVERSIÓN MÁS IMPORTANTE

LeBron James, sin duda alguna, será recordado como uno de los mejores jugadores de la historia del básquet. Sus estadísticas constantemente nos dejan con la boca abierta, teniendo en cuenta además que compite en un deporte que por lo general está dominado por jugadores más jóvenes. Su manejador, Mav Carter, reveló en una entrevista con el periodista de la NBA Alex Kennedy una de las razones del desempeño regular y constante de LeBron: invierte alrededor de un millón y medio de dólares al año en su cuerpo. Piense bien en esa cifra durante unos segundos: *un millón y medio de dólares cada año*. Eso incluye cosas como crioterapia, cámaras hiperbáricas, botas exóticas, rutinas de ejercicio, dieta y mucho más. En palabras de Kennedy: "Invirtió en su cuerpo para poder seguir dominando con 33 años de edad".[1]

Los atletas de élite por lo general no divulgan cuánto dinero gastan en su cuerpo y su salud, pero los gastos de LeBron quizá no sean tan extravagantes como parecen. Por ejemplo, Russell Wilson, quarterback de fútbol americano de élite con los Seattle Seahawks, tiene un equipo de desempeño dedicado a su bienestar, el cual incluye a un especialista en movimiento, un terapeuta de masajes, un coach mental, un entrenador y un chef. "Juntar un equipo es como tener un auto de Fórmula 1", dice él. "Tienes que asegurarte de que todo está a punto, y listo para rodar. Yo quiero conducir mi automóvil como Lewis Hamilton, y tomar las curvas volando".[2]

El número más importante, sin embargo, no es la cantidad que estos deportistas gastan en cuidar de sus cuerpos, sino el beneficio que obtienen de sus inversiones. Recientemente se calculó que los ingresos de la carrera de LeBron superan los *mil millones de dólares*.[3] Con ese tipo de beneficios, gastar un millón o dos al año no es algo exorbitante: es una inversión que aporta unos dividendos increíbles.

Un mito común en el liderazgo es que los grandes líderes son geniales por naturaleza. No tienen que trabajar en ello como el resto de nosotros, dice el mito; ellos tan solo se dejan llevar por su grandeza innata. Pero eso sería como decir que LeBron James y Russell Wilson ponen el piloto automático en su habilidad atlética, y nada podría estar más lejos de la verdad: ellos trabajan incesantemente y con mucha pasión en cada aspecto de su juego. Sin duda, tienen dones y habilidades naturales, pero también han multiplicado esos dones y habilidades muchas veces a través del entrenamiento y el trabajo duro. Ellos invierten en sí mismos, y sus inversiones dan buenos resultados.

Lo mismo podríamos decir de cada deporte, habilidad o profesión en el mundo, incluyendo el liderazgo. Algunas personas tienen un don natural, pero nadie es magnífico por naturaleza. Todos tienen que trabajar en lo que hacen. Todos tienen que invertir en ellos mismos: en su destreza, en su arte, en su juego.

HAGA EL TRABAJO

Sin importar con cuánto talento de liderazgo haya nacido, su eficacia a largo plazo dependerá de lo que haga con el talento que tiene ahora. ¿Lo desarrollará, lo fortalecerá y lo compartirá?

¿O pondrá el piloto automático, a la espera de que un esfuerzo deslucido de algún modo produzca una gran influencia?

La investigación científica respalda la idea de que la inversión en habilidades de liderazgo es importante. Este es un punto clave, porque durante décadas (o quizá siglos) los teóricos del liderazgo han discutido sobre si los líderes nacen o se hacen. ¿Están predeterminados los rasgos de liderazgo o se pueden aprender? ¿Cómo emerge un líder? ¿Es el liderazgo el resultado de algo natural o de algo que se ha nutrido y cultivado?

Si los líderes *nacen*, entonces no todas las personas pueden ser líderes, o al menos no un gran líder. Según esta perspectiva, si usted no tiene un don natural, o si nunca ha ocupado una posición de liderazgo, o si no proviene de una familia de líderes, entonces quizá no esté "hecho" para liderar. Este enfoque otorga un gran valor a los rasgos innatos como su personalidad y talentos, y esencialmente dice que solo ciertos tipos de personas se convierten en líderes eficaces.

Por otro lado, si los líderes *se hacen*, entonces los dones innatos no desempeñan ningún papel y teóricamente usted podría llegar a ser un líder tan bueno como la cantidad de esfuerzo que esté dispuesto a dedicar a ello. Según esta perspectiva, cualquiera puede ser un gran líder si trabaja lo suficientemente duro.

Es una discusión que quizá nunca se resuelva del todo, pero la investigación científica ha demostrado lo que la mayoría de nosotros probablemente ya sospechábamos: hay algo de verdad en ambas perspectivas. Un estudio se enfocó en los factores que influenciaban en lo que se llama la "ocupación del papel de liderazgo", que en términos sencillos significa "mantener una posición de liderazgo". El estudio analizó a 238 pares de gemelos idénticos (que comparten el 100 por ciento de su trasfondo genético) y los comparó con 188 parejas de mellizos (que comparten solo el 50 por ciento de su trasfondo genético). El análisis reveló que el 30 por ciento de la ocupación de liderazgo de un individuo se podría atribuir a factores genéticos, y el resto a factores del entorno no compartidos.[4] En otras palabras, casi un tercio de su papel de liderazgo se podría vincular a rasgos con los que nacieron, mientras que más de dos tercios no se podrían vincular. En otro estudio, los investigadores también encontraron sustento para la idea del "líder nacido", e incluso llegaron al punto de identificar un genotipo concreto, rs4950, que estaba relacionado con la ocupación del papel de liderazgo. En este estudio, los investigadores encontraron que la parte genética de la ocupación del papel de liderazgo era del 24 por ciento. Concluyeron que la ocupación del papel de liderazgo es "el complejo producto de genética e influencias ambientales".[5]

Estos estudios indican que, sin duda alguna, hay un grado hacia el que algunas personas tienden por naturaleza hacia el liderazgo. Pero antes de tacharse usted mismo de la lista diciendo: "Yo no nací siendo líder", notemos los porcentajes que arrojan estos estudios: solo entre el 24 y el 30 por ciento de la ocupación del papel de liderazgo está relacionada con la genética. Eso significa que entre el 70 y el 76 por ciento depende de factores que usted puede controlar (al menos en cierto modo), como el entorno, entrenamiento, trabajo duro, oportunidades y persistencia. Los líderes nacen *y* se hacen, pero la mayoría se hacen. Aunque sus genes no estén a su favor, por así decirlo, su ADN no determina su destino de liderazgo, ni siquiera está cerca de hacerlo.

 Su potencial de liderazgo depende de usted, no de su árbol genealógico.

La investigación es fascinante, pero sinceramente, no hay que ser científico para darse cuenta de que los líderes principalmente se hacen. La simple observación de los grandes líderes nos revela lo siguiente: resulta complicado encontrar un estilo específico, personalidad o trasfondo que sea mejor que otros cuando se trata de liderazgo. Los grandes líderes quizá compartan algunas cualidades, habilidades y valores, pero ni la ciencia ni la experiencia humana apoyan la idea de que *solo* los líderes natos pueden tener éxito en el liderazgo, o que los que líderes natos *automáticamente* tendrán éxito en el liderazgo.

Por lo tanto, usted puede *decidir* convertirse en un líder. Y más importante aún, puede decidir convertirse en un gran líder, un líder eficaz, un líder influyente. Usted toma esa decisión invirtiendo en sí mismo y en su papel de liderazgo. Y si está dispuesto a invertir en su desarrollo de liderazgo, puede comenzar con los dones, habilidades, conocimiento y recursos que tenga, y multiplicarlos muchas veces.

CUATRO INVERSIONES ESENCIALES

Invertir en usted mismo y en el desarrollo de su liderazgo no es egoísta, sino sabio. Quizá su valor no sea de mil millones de dólares este año, pero usted vale mucho para su equipo y para otras personas que le rodean. Les debe a ellos cuidarse a sí mismo y convertirse en la mejor versión posible de usted. Como va el líder, va el equipo. No se puede liderar desde un lugar poco sano y esperar que quienes nos siguen sean personas saludables. Sea usted una persona saludable o no, su condición mental, física y espiritual afectará la cultura y las dinámicas del equipo. Si es una persona saludable, su liderazgo puede tener un impacto positivo en quienes usted lidera. Y si no es saludable, su liderazgo puede afectar negativamente a los individuos que le consideran un modelo a seguir y modelan sus vidas en base a la suya. No puede dar más de lo que recibe. En cuanto empiece su gasto deficitario, solo es cuestión de tiempo hasta que esté acabado.

Las inversiones son, por definición, proactivas: usted hace una inversión antes de necesitarla, no después. Cuando se trata del desarrollo personal y de liderazgo, invertir en usted mismo significa pasar a la acción ahora para mantenerse saludable y fuerte, en el presente y para el futuro. LeBron James y Russell Wilson no esperaron a lesionarse para comenzar a cuidar de su cuerpo, y usted tampoco debería hacerlo así.

Para ayudarle a empezar, aquí tiene cuatro inversiones esenciales que puede hacer para mantenerse saludable y fuerte a largo plazo.

1. INVERTIR EN LA COMUNIDAD

No lidere a solas y no viva su vida solo. Por muy introvertido que sea, necesita a la gente. Por muy exitoso que sea, sigue dependiendo de la gente. La gente lo mantiene con los pies en la tierra y cuerdo. Le recuerdan por qué hace lo que hace. Le dan ideas y retroalimentación que por lo general no se ha pedido, pero que en verdad ayuda mucho. Lo frenan cuando va demasiado rápido, lo animan cuando va demasiado despacio, le dan un toque de atención cuando empieza a comportarse de una forma un tanto rara, y le ayudan a ser la mejor versión posible de usted mismo.

Hace un buen tiempo mi esposa, Julia, me preguntó qué me gustaría hacer para mi cumpleaños que estaba a punto de llegar, quizá una gran fiesta, un viaje familiar o salir a cenar fuera. Tenía la vida muy ocupada, y vi que anhelaba tan solo estar entre amigos. "Realmente solo quiero salir con unos pocos amigos", le dije. Así que eso es lo que hicimos, y fue increíblemente renovador: sin presión, sin agenda, sin expectativas. Nada salvo comunidad.

No deje que el liderazgo lo aísle. Esa es una de las peores cosas que puede hacer. Rodéese de amigos que lo amarán y lo aceptarán en los tiempos difíciles. Busque personas que estén dispuestas a decirle lo que necesita oír, con amor y valentía.

Forme un equipo de personas que sean fuertes en las áreas en las que usted es débil. Manténgase conectado a personas que lo necesiten y aprendan de usted, porque la esencia de liderar es dar, y si se aísla, pierde el acceso al corazón mismo del liderazgo.

2. INVERTIR EN TIEMPO LIBRE

Incluya "improductividad" en su agenda. Tiene que apartar bloques de tiempo en su calendario en los que no esté produciendo nada. Tiempo libre. Días de descanso. Vacaciones. Para las personas muy activas eso puede ser frustrante, pero las personas activas por lo general son las que más necesitan esto. Incluso su cuerpo sabe que usted no puede trabajar sin parar. ¿Alguna vez se ha preguntado por qué tiene que dormir cada noche? Quizá sea un gentil recordatorio de que usted no es Dios. Usted es un ser humano, y necesita descansar.

Invertir en tiempo libre podría ser pasar el día fuera con su familia, tomarse unas vacaciones, disfrutar de un pasatiempo, practicar algún deporte, leer un libro, ponerse al día de las noticias deportivas, darse un atracón de Netflix con alguien, o hacer cualquier cosa que no sea trabajo. Necesita tiempo romántico con su cónyuge y tiempo de calidad con sus hijos. Necesita tiempo para explorar nuevos intereses, para ser creativo, para ser espontáneo, para despreocuparse, para aminorar la marcha.

No voy a decirle que trabaje solo ocho horas al día, o que se tome un día libre a la semana, o que se vaya de vacaciones tres semanas al año. Esas decisiones le corresponden a usted. Pero si no es intencional al respecto, si no valora lo suficiente invertir en tiempo libre para incluirlo en su calendario y protegerlo, se está preparando para una gran pérdida después. Es mejor sacrificar algo de productividad a corto plazo ahora, que sufrir un colapso después y tener que tomarse un año libre, y quizá nunca vuelva a ser igual.

3. INVERTIR EN DESARROLLO PROFESIONAL

Priorice su desarrollo profesional haciéndolo parte de sus responsabilidades laborales. Lea libros, asista a conferencias y retiros, únase a redes y asociaciones profesionales, tenga conversaciones con colegas y mentores... haga todo lo que esté en su mano para seguir aprendiendo. El momento en que decida dejar de aprender es el momento en que decide fallar, porque solo será cuestión de tiempo hasta que se quede retrasado u otros lo adelanten. Nunca llegará, así que comprométase ahora a no dejar de aprender nunca.

Durante las últimas dos décadas me he puesto la meta de aprender todo lo que pueda sobre liderazgo. Es un tema fascinante para mí, y he leído incontables libros escritos por personas a las que nunca he conocido, pero que considero héroes y mentores. Hace muy poco he tenido el privilegio de entrevistar a varios líderes reconocidos para mi podcast de liderazgo *Leadership Lean In*, y esas conversaciones han ampliado mi visión de formas que no podría haber previsto. Como líderes, es vital salir de nuestra burbuja, nuestra cultura, nuestras experiencias, nuestras relaciones, e invitar intencionalmente a otros a hablar a nuestra vida.

4. INVERTIR EN EDIFICAR UN EQUIPO DE CONFIANZA

Hay una escena en la película *Cars*, de Pixar, en la que el personaje principal, Rayo McQueen, un automóvil de *stock* (un auto ordinario modificado para carreras), se niega a permitir que su equipo haga su trabajo porque él quiere volver a la pista y seguir a la cabeza. Como es de esperar, quema sus neumáticos y pierde la carrera. Como líder, usted necesita dejar que su equipo haga su trabajo. Los necesita, y ellos lo necesitan a usted. Nadie gana cuando el líder intenta hacerlo todo solo.

Sin embargo, confiar en su equipo es algo que empieza antes de la carrera. La confianza se forja con el tiempo, trabajando juntos, entrenando juntos y charlando. Forme un equipo en el que confíe, y después confíe en su equipo. Si alguien falla, no le retire su confianza. Tan solo entrénelo mejor y vuelva a confiar en esa persona. A medida que crezca la confianza, verá que su equipo se convertirá en una extensión de usted mismo, y será una mejor versión de lo que usted podría haber sido quedándose solo.

Si se siente crónicamente agotado y frustrado, podría ser un indicativo de que o bien no le está confiando la carga suficiente a las personas que tiene, o que necesita más personas que compartan la carga. En lugar de hacer recortes o de quemarse, intente buscar nuevos miembros del equipo que llenen los huecos. Haga un llamado a voluntarios u ofrezca oportunidades de trabajo y vea quién está interesado. Quizá puede echar otro vistazo a los actuales miembros de su equipo y ver quién podría ser capaz de asumir un papel nuevo o ampliado. Responda a la presión formando un equipo mejor, no haciéndose cargo de todo usted solo.

———

Invertir en usted no es una decisión puntual o una práctica a corto plazo. Para maximizar el beneficio de su inversión tiene que pensar a largo plazo: dónde quiere estar en cinco años, diez años, treinta años. Después, tomar decisiones y hacer inversiones ahora que le lleven a donde quiere estar con el tiempo. Un buen amigo mío, escritor de éxitos de ventas del *New York Times* y orador, Judah Smith, a menudo habla sobre su meta de ser "mejor a los setenta", y esa es una buena forma de mantener la vida en perspectiva. Dentro de décadas, ¿qué será lo que más importe? ¿Que cerró un negocio más, que hizo una venta más, que comenzó una iglesia más, que viajó a un país más, que ganó un campeonato más, que desarrolló un producto más?

Esas cosas no son poco importantes, pero su familia, amigos y equipo probablemente estarán de acuerdo en que *usted* es más importante que sus logros.

A menos que usted sea LeBron James, probablemente se podrá saltar la cámara hiperbárica y las botas exóticas, pero no deje de invertir en usted mismo. Su equipo y su familia lo necesitan sano y bien durante muchos años.

APLICACIÓN CLAVE

 Una inversión en usted mismo como líder es una inversión en su equipo y su futuro juntos.

Capítulo 3

ENCUENTRE SUS FORTALEZAS

Mi equipo y yo recientemente completamos una prueba de personalidad. Me encantan los test de personalidad por dos razones: primero, porque me ayudan a conocerme mejor; y segundo, porque me gusta leer las listas de fortalezas asociadas a mi tipo de personalidad. Es un impulso total de confianza. Nunca he tenido muchos problemas con la autoestima, para ser sincero. Después de tomar este test en concreto, algunos nos estábamos mandando mensajes de texto con respecto a nuestros resultados en un grupo que teníamos, y descubrimos que dos de nosotros teníamos el mismo tipo de personalidad.

"¿No les parece asombrosa esta lista de fortalezas?", escribí. "¡Me encanta esto! Ha dado en el clavo".

Justo después de que enviara mi mensaje, mi gemela de personalidad envió el suyo: "¡Esa lista de debilidades! ¡Vaya… me describe a la perfección!".

"¿Qué?", respondí. "¿Había una lista de cosas negativas?".

Para ser sincero, ni siquiera me había percatado de que hubiera cosas negativas porque estaba demasiado concentrado viendo las positivas. Nos reímos un rato al respecto, principalmente a costa mía, pero no creo que sea necesariamente malo ser más conscientes de nuestras fortalezas que de nuestras debilidades. Para mí, al menos, es mucho más motivador.

La consciencia de uno mismo tiene que ver con conocer las fortalezas y debilidades propias, pero el liderazgo tiene que ver principalmente con influenciar desde nuestras fortalezas. Usted no puede avanzar si siempre se está autoanalizando. Identifique las habilidades o fortalezas que le faltan, crezca en esas áreas y súplalas; pero no se quede ahí, mirando deseosamente por la ventana los dones de liderazgo que desearía tener. Usted tiene sus propios dones, y cuanto antes los descubra y los empiece a usar, más fácil y más eficaz será su liderazgo.

Donald O. Clifton fue un influyente psicólogo, educador, escritor e investigador, particularmente en el área de la psicología basada en las fortalezas. Dedicó gran parte de su carrera a ayudar a empresas a mejorar sus negocios enfocándose en las fortalezas de sus empleados. En *Now, Discover Your Strengths* (Ahora, descubra sus fortalezas), Clifton y su coautor, Marcus Buckingham, dicen esto:

> Nuestra investigación de las fortalezas humanas no apoya la extrema y extremadamente equívoca afirmación de que "usted puede desempeñar cualquier papel que se proponga", pero sí nos conduce a esta verdad: En cualquier cosa que se proponga hacer, *tendrá un éxito mucho mayor cuando, la mayoría de las veces adapte a sus talentos* [fortalezas] *distintivos la función que tiene que realizar.*[1]

En otras palabras, averigüe para qué cosas está usted mejor diseñado, y trabaje todo lo que pueda en ello. Verdaderamente usted *no puede* ser cualquier persona que desee ser, y definitivamente no puede ser todo el mundo. Solo puede ser usted mismo, lo que significa que el uso más eficaz de su tiempo será perseguir aquello para lo que tiene el potencial de ser muy bueno. Clifton y Buckingham siguen diciendo:

Evitar sus fortalezas y enfocarse en sus debilidades no es una señal de diligente humildad. Es casi irresponsable. Por el contrario, lo más responsable y lo más desafiante, y en el sentido de intentar ser usted mismo, lo más honorable que puede hacer es plantar cara al potencial de fortaleza inherente en sus talentos y después encontrar maneras de desarrollarlo.[2]

No hay una personalidad, trasfondo o mezcla de dones y talentos que encaje perfecta y exclusivamente con el liderazgo. Pero los rasgos que *menos* encajan con su liderazgo son los que no tiene. A veces las personas se esconden detrás de lo que creen que les falta porque es más fácil que usar lo que tienen. Por ejemplo, evitan liderar un comité porque no son buenos hablando delante de grupos, o rechazan una nueva oportunidad profesional porque no creen que sean suficientemente inteligentes para aprender algo nuevo. Pero usted puede trabajar con los rasgos que tiene. ¿Es usted introvertido? Entonces hay muchos como usted en el sector de la innovación, como Albert Einstein, Bill Gates y J. K. Rowling. ¿No fue usted un buen estudiante? Tampoco lo fueron John D. Rockefeller, Thomas Edison y Walt Disney. ¿Tuvo usted una infancia difícil? Lo mismo les ocurrió a Oprah, Charlize Theron y Jim Carrey. ¿Ha fallado o le han rechazado muchas veces? Lo mismo les pasó a Steven Spielberg, Stephen King y Jay-Z.

No estoy minimizando sus retos, porque esas cosas fueron muy reales, pero estoy diciendo que sean las cosas que sean, no son la historia completa acerca de usted. Usted está empoderado para el liderazgo no por lo que no tiene, sino por lo que sí tiene. Los únicos rasgos, habilidades y ventajas que puede usar son los que posee y desarrolla, así que no malgaste tiempo deseando todas las demás.

IDENTIFIQUE SUS DONES

Para usar sus dones de liderazgo tiene que identificarlos. Los test de personalidad son una herramienta estupenda, pero son solo un comienzo. Y vale la pena tener en mente que algunos de sus dones y fortalezas podrían no aparecer hasta dentro de muchos años, lo cual significa que tiene que evaluar continuamente sus dones y cómo usarlos mejor. Estas son cinco preguntas que puede hacerse a usted mismo, y a otros, para ayudarle a identificar sus dones.

1. ¿QUÉ PUEDO HACER DE FORMA NATURAL?

Cuando mira atrás a su infancia y adolescencia, ¿qué rasgos, intereses o habilidades resaltaban en usted? ¿Era siempre capaz de hacer reír a los demás? ¿Estaba siempre en contacto con la tecnología? ¿Le fascinaban los números y la ciencia? ¿Le cautivaba la belleza en el arte y la naturaleza? ¿Le resultaba sencillo tener habilidades sociales o inteligencia emocional? ¿Qué habilidades creativas aprendía rápidamente? ¿Cómo destacaba en el grupo entre sus iguales? Todas estas cosas podrían ayudarle en el liderazgo si se apoya en ellas en lugar de anhelar algo que no tiene. La comparación suele ser una trampa, pero cuando se usa para identificar sus dones, también puede ayudarle a reconocer dónde tiene el potencial de sobresalir de verdad.

Por ejemplo, a mí se me da muy bien hablar. Me ha pasado desde que era niño, aunque no siempre lo vi como algo positivo (y mis padres probablemente tampoco). No estoy diciendo que sea fácil ponerse delante de una multitud o conocer gente nueva, ya que a veces puede ser difícil, pero es algo que puedo hacer bien y que disfruto. No es una coincidencia que una gran parte de mi trabajo tenga que ver con hablar, ya sea en público o en entornos más reducidos. Con el paso de los años, no solo he aceptado oportunidades para hablar en público, sino que también he trabajado para mejorar mis dones de oratoria. También soy bastante bueno en el básquet, pero eso realmente no me llevó a ninguna parte. Por lo tanto, principalmente me apoyo en el hablar.

Quizá usted sea todo lo contrario: habla en público solamente cuando no tiene otra opción. Tal vez prefiere estar en un segundo plano, hablar último en las reuniones y poner a otras personas en la plataforma, pero se encuentra en una posición de liderazgo. El hecho de que no le emocione hablar en público no le hace ser un líder inferior, mientras esté usando para su propio bien los dones que sí tiene.

2. ¿QUÉ OBSERVAN OTRAS PERSONAS EN MÍ?

Se dice que los peces no saben que existe el agua. Forma una parte tan importante de su realidad que no pueden verla. Una dinámica similar se puede producir con nuestros dones y habilidades: son tan parte de nosotros que no podemos verlos.

Si usted es bueno de forma innata en algo, o si ha mejorado sus habilidades en alguna área porque lo disfrutaba, puede que no se dé cuenta de cuán talentoso es usted en eso. Le resulta fácil y natural, y por eso supone que debe ser natural y fácil para todo el mundo, al menos hasta que otras personas le dicen que sea lo que sea, *no* les resulta fácil hacerlo. Eso es algo único para usted.

¿Qué han observado otras personas en usted durante los años? ¿Por qué se le reconocía cuando era un niño, adolescente o joven? ¿Qué rasgos o habilidades naturales tiende a observar la gente en usted ahora? Si no lo sabe, tome la iniciativa y pida a unas cuantas personas que le digan qué han observado en usted.

Cuando personas de confianza en su vida noten y afirmen sus dones, escúchelos. Resista la tentación de restar importancia a sus dones. Negar que es bueno en algo no es humildad, es solo negación. La verdadera humildad es reconocer quién es usted, ni más ni menos, con gratitud y gracia.

3. ¿QUÉ HE APRENDIDO MEDIANTE LA PRUEBA Y EL ERROR?

Esto también se conoce como fracaso, pero "prueba y error" suena mejor. La prueba y el error es el proceso de intentar cosas, fracasar, aprender del fracaso y volver a intentarlo. Otra vez. Y quizá otra. Aprender del fracaso es una parte inevitable de la existencia humana, pero eso no hace que sea menos doloroso. A nadie le gusta fracasar, pero a veces es el único camino coherente para mejorar. Quizá tengamos suerte y las cosas salgan bien a la primera en un par de áreas, pero errar es humano, así que probablemente deberíamos acostumbrarnos a ello.

Cuando se trata de determinar sus dones, la prueba y el error desempeñan un papel clave. ¿Por qué? Porque usted no empieza sabiendo en qué es bueno. Tiene que probar muchas cosas y muchas veces, lo cual significa fracasar también muchas veces. Si verdaderamente cree que algo podría ser parte de su futuro, no se rinda solo porque fracase o no obtenga buenos resultados en seguida. Por otro lado, es también importante mantenerse abierto a las posibilidades; es sorprendente con qué frecuencia la vida nos engaña para que hagamos cosas que nunca nos hubiéramos imaginado haciendo y, sin embargo, resulta que somos buenos en ello y lo disfrutamos.

Aprender mediante la prueba y el error es enfocarnos menos en el error y más en el aprendizaje. En otras palabras, usted va a fracasar mucho. Pero ¿cuándo aprende más? ¿Dónde crece, cambia y lo vuelve a intentar, aunque a nadie más parezca importarle? Es muy probable que tenga dones en esa área, y depende de usted desarrollarlos más. Por ejemplo, le puedo decir la sutil diferencia entre varios modelos de cortes de camisas o tipos de zapatos porque me interesa la moda; cuando se trata de la mecánica de autos, no sé diferenciar una transmisión de un eje. He aprendido mediante la prueba y el error que me encanta la moda, pero no me podrían importar menos los autos.

4. ¿QUÉ COSAS DISFRUTO?

Los mejores líderes tienen un deseo innato de hacer lo que están haciendo. Muchos dicen que lo harían aunque no les pagaran, o se meten tanto en ello que pasan las horas y apenas se dan cuenta del paso del tiempo. ¿En qué cosas le sucede a usted eso? ¿Qué tiene el deseo de hacer? ¿Qué haría aunque no le pagaran? ¿Qué hace que el tiempo se le pase volando?

Incluso cuando está enfocado en hacer lo que le gusta, puede que se sienta desanimado de vez en cuando, pero si es verdaderamente su llamado, debería sentirse desanimado ante la idea de abandonar eso. Algo en su interior lo llevará hacia el desafío y el potencial, y superará cualquier resistencia para conseguirlo. Por el contrario, si se siente aliviado al pensar en dejar de hacer algo, es probablemente el momento de hacer otra cosa o delegar lo que sea. Disfrutar de algo a menudo es un indicador de talento.

5. ¿QUÉ ME FUNCIONA?

Si claramente tiene éxito en un área, si siente el viento a favor, si siente que Dios le está sonriendo, es muy probable que esté haciendo algo bien. Quizá ha escuchado el término "en tu timonera" para referirse a algo que usted domina. El término "timonera" viene del mundo náutico y se refiere al lugar donde está situado el timón de un barco. Pero también se ha usado más recientemente en el béisbol para describir la zona de golpeo de un bateador, el área en la que el jugador golpea con toda su fuerza y eficacia.[3] Cuando decimos que una tarea está en nuestra timonera, significa que somos buenos en eso. Es un área en la que operamos con fuerza y eficacia.

Algunas cosas están justo en su timonera. Quizá no pueda explicarlo, quizá no lo haya escogido, tal vez incluso podría cansarse de ello, pero sabe cómo hacer ciertas cosas. Y cuando las hace funcionan, y usted y todos a su alrededor lo saben.

Mencioné que siempre se me ha dado bien hablar, pero eso no significa que siempre supiera que mi llamado sería hablar en público. Recuerdo cuando entendí eso, y fue porque otra persona destacó mi eficacia y mis resultados. En ese entonces, ya había hablado en público durante siete u ocho años, principalmente en eventos de jóvenes. Un día, un pastor mayor de mi ciudad me invitó a comer. Para ser sincero, yo estaba nervioso; ya casi había asumido que había hecho mal alguna cosa. Así que me sorprendí cuando me preguntó: "¿Cómo has llegado a ser tan buen orador?".

Le aseguré que no era un buen orador, y lo dije en serio. Sabía cómo hacer una buena fiesta de celebración, le dije. Aunque pasaba mucho tiempo estudiando para mis charlas, nunca me había considerado como un orador particularmente talentoso.

"Sí", dijo él, "eres un buen orador. Sé que lo eres, porque mi hijo llega a casa el domingo por la noche después de haberte escuchado y repite cada palabra que tú dijiste".

En ese momento se encendió una bombilla en mi cabeza. *Era* bueno en eso, no porque necesariamente me sintiera bien haciéndolo, sino porque era eficaz haciéndolo. Y darme cuenta de eso hizo que quisiera esforzarme más aún para ser mejor.

CADA PERSONA ES UN GENIO

Cuando se trata de los dones de liderazgo, me gusta usar la palabra "genio". Genio no es alguna habilidad sobrenatural, mágica o milagrosa, sino solo una habilidad *fuera de lo común*, una habilidad o aptitud única para algo. Alguien que es un genio en un área en concreto, está particularmente dotado en comparación con la persona promedio. Albert Einstein era un genio de la física. Bach era un genio musical. Kobe Bryant era un genio del básquet.

La razón por la que me gusta esta palabra es porque cada persona es un genio si llegamos a conocerla bien. Cada persona es un genio a su propia manera y en sus propias áreas, y el liderazgo exitoso exige conectar con esa parte de genialidad, tanto con la propia como con la de los demás. Podemos llamarlo don, talento, experiencia y llamado, pero al final es simplemente una habilidad o cualidad que nos hace destacar.

"En cuanto se encuentre realizando un papel que le exige desempeñarse en algo que no es su talento, un área de poca habilidad o conocimiento, habrá nacido una debilidad".
—Buckingham y Clifton

Quizá usted es un genio en múltiples áreas, o quizá solo en una. Quizá usted es un genio en las redes sociales, o en el diseño gráfico, o en la comunicación, u organizando eventos, o leyendo ante la gente. Quizá sea un genio en rodearse de otros genios, motivándolos, cuidándolos y uniéndolos en un equipo. Si no sabe cuál es su genialidad, siga los pasos enumerados anteriormente para encontrarla. Después emplee la mayor parte de su tiempo y energía en eso.

Esta verdad no debe tomarla a la ligera. Podemos realmente causar un daño tremendo al intentar operar fuera de nuestra genialidad o las áreas para las que tenemos dones. Buckingham y Clifton exploran esta idea en profundidad.[4]

Eso da qué pensar.

En lugar de desear ser alguien que usted no es o intentar ser alguien que nunca será, descubra cuál es su genialidad, apóyese en ella y disfrute de quién es usted.

———

Aprenda a apreciar sus fortalezas, sus dones y su genialidad, y aprenda a apreciar también las de los demás. Puede que para ello necesite hacer un test de personalidad, como yo hice con mi equipo. Quizá signifique trabajar juntos durante un tiempo y ver quién encaja dónde. Y podría significar tener largas y a veces dolorosas conversaciones sobre cómo trabajar juntos. Al final, la meta no es saber quién es *malo* en qué (es decir, la lista de debilidades), más bien se trata de saber quién es *bueno* en qué (la lista de fortalezas). Si averiguan eso, y si aprenden a trabajar juntos y desempeñarse en sus fortalezas, serán imparables.

APLICACIÓN CLAVE

 Aprenda a identificar, desarrollar y construir sobre sus fortalezas, y ayude a su equipo a hacer lo mismo.

Capítulo 4

ÁMESE, LIDÉRESE

Todos tenemos problemas. No hay debate en esto. Cuando se trata de liderar a personas falibles, la mayoría de los líderes saben que tienen que mostrar misericordia y gracia, darle espacio a la gente, creer lo mejor de los demás, y enfocarse tanto en el potencial como en los problemas. Pero ¿cómo nos tratamos como líderes a nosotros mismos, que somos falibles también? ¿Nos mostramos la misma gracia que mostramos a otros? Esto es importante, porque no podemos liderarnos a menos que nos amemos a nosotros mismos.

Si usted se parece en algo a mí, probablemente el amor y la gracia no son sus primeras reacciones cuando se enfrenta cara a cara con sus propios errores o debilidades. Mi primera respuesta, a menudo, es la vergüenza. Me siento abochornado. Espero que nadie lo note o resulte herido. Por una parte, es normal sentirse abochornado, pero también sé que el bochorno puede convertirse rápidamente en vergüenza, y la vergüenza es una acosadora, especialmente para los líderes, que pueden castigarse a sí mismos incesantemente.

La investigadora y escritora de éxitos de ventas, Brené Brown, ha dedicado años al estudio de los efectos de la vergüenza en las vidas de las personas y, por el contrario, a la importancia de la vulnerabilidad. Su charla TEDx Houston, "The Power of Vulnerability" (El poder de la vulnerabilidad), ha conseguido tener más de cuarenta y cinco millones de visualizaciones y es una de las mejores charlas TED de todos los tiempos.

El mensaje de la Dra. Brown es que uno no puede ser vulnerable sin saber cómo manejar la vergüenza. Usted enfrentará la crítica y el fracaso, así que sentirá vergüenza de vez en cuando; pero no tiene que vivir con vergüenza, y no tiene que dejar que la vergüenza lo anule. En vez de eso, puede abrazar la vulnerabilidad. ¿Cómo? Separando su valía como persona de su función como líder.

> Cuando llega a un punto en el que entiende que el amor y el sentido de pertenencia, su valía, es un derecho natural y no algo que se tiene que ganar, todo es posible. Mantenga la valía fuera de la mesa. Su aumento de salario puede estar sobre la mesa, su ascenso puede estar sobre la mesa, su título puede estar sobre la mesa, sus calificaciones pueden estar sobre la mesa, pero mantenga su valía en cuanto al amor y el sentido de pertenencia fuera de la mesa. Y entonces, irónicamente, todo lo demás se cuida por sí solo.[1]

Usted es digno de amor, no por lo que logra, sino simplemente porque es un ser humano. Usted es valioso de forma innata e inmensurable, y nada, ni siquiera el fracaso, puede quitarle eso. Irónicamente, la Dra. Brown misma recibió mucha crítica cuando su charla TEDx se volvió viral. Ella reconoce que la experiencia fue difícil, pero eso también le ha hecho convencerse más que nunca de la verdad de lo que enseña. La clave es desarrollar lo que a menudo ella denomina "resiliencia a la vergüenza", que es la capacidad para procesar la vergüenza de una forma saludable al separar la valía del desempeño.

Cuando uno pierde la capacidad de que le importe lo que piensan otras personas, ha perdido su habilidad para conectar. Pero cuando deja que esto lo defina, ha perdido su habilidad para ser vulnerable. Esa cuerda floja es de lo que se trata mi charla, y pienso que esa barra de equilibrio que cargamos es la resiliencia a la vergüenza. Creo que es lo que nos mantiene firmes y equilibrados. Sí podemos entender esto: Yo no soy el mejor comentario, no soy el mejor elogio que he recibido y no soy el peor. Este es mi trabajo.[2]

Si no aprende a valorarse y amarse, a separar su valía de las cosas que logra, los elogios que recibe, o las metas que alcanza, no podrá liderarse a usted mismo. ¿Por qué? Porque no creerá en usted lo suficiente como para realmente intentarlo. Y si no se ama a sí mismo, tampoco se seguirá a usted mismo, porque ¿a razón de qué querría seguir a un líder que lo menosprecia, aunque ese líder sea usted? Odiarse a usted mismo y avergonzarse de usted es doblemente desmotivador. Dejará de escuchar su voz interior dada por Dios, que cree en usted, lo anima a intentarlo y le da discursos motivacionales para continuar. Se convertirá en su propio crítico, el mayor de sus críticos, y en su propia "persona que lo odia" más despiadada.

Se dice que enseñamos a otros cómo tratarnos por cómo nos tratamos a nosotros mismos. Si usted mismo no se respeta, los demás tampoco lo harán. Si no cree que lo que tiene que decir es importante, otros no le escucharán. Por eso no puede permitir que otros le digan cómo sentirse con usted mismo. La manera en que la gente lo trata está moldeada, hasta cierto grado, por cómo se trata a usted mismo.

Es importante entender bien esto, porque finalmente usted tratará a otros como se trate a usted mismo. Brené Brown dice: "Usted no puede criar hijos que tengan más resiliencia a la vergüenza que usted, porque aunque usted no los avergüence, y aunque esté intentando de forma activa criarlos con un buen sentimiento acerca de quiénes son, ellos nunca se tratarán a sí mismos mejor de cómo usted mismo se trate".[3] Esta es una verdad aplicable no solo a sus hijos: es aplicable a todos aquellos que usted lidera.

En la iglesia que pastoreamos mi esposa y yo, hay un hombre que tomó varias malas decisiones que arruinaron su matrimonio y su familia. Durante un periodo de varios meses, las cosas fueron de mal en peor. Finalmente, cuando él ya no podía más, decidió hacer un cambio. Quiso arreglar su vida todo lo que le fuera posible, y buscó el consejo de líderes de nuestra iglesia.

En ese punto yo tuve que decidir cómo reaccionar. Había un gran espacio para la vergüenza debido a que los errores de este hombre eran obvios para todos. Yo podía haber respondido: "¿En qué estaba usted pensando? Debería haber sabido que sucedería todo esto". En cambio, decidí ser paciente, misericordioso y aceptarlo. Él ya sabía que había metido la pata y que había provocado un desastre. Ahora necesitaba ayuda, ánimo y, por encima de todo, amor incondicional. Necesitaba aceptación, no vergüenza. La aceptación no justifica los errores, pero ayuda a la gente a recuperarse de los errores. Les ayuda a perdonar, a sanar y a volver a tener esperanza.

Para liderar a otros sin avergonzarnos, para crear un entorno que promueva la seguridad y la vulnerabilidad, tiene que darse espacio a usted mismo para fallar. No puede ser cruel consigo mismo. No puede ser intolerante con usted. A menudo veo que las personas mezquinas lo son principalmente —y en primer lugar— consigo mismas. Están enojados por sus fracasos, sus decisiones, sus acciones. Se detestan a sí mismos y lo vuelcan sobre otros. Usted no querrá nunca ser ese tipo de líder.

En un nivel más profundo, tiene que estar convencido de que usted es bueno, hermoso y valioso. Punto. Su trabajo es una extensión de usted, pero no es lo que lo define. Es un reflejo de usted mismo y es parte de su contribución al mundo, pero su éxito o fracaso en el trabajo no añaden ni restan a su valía. Nunca será más valioso de lo que es hoy.

Junto a la "resiliencia a la vergüenza", me gustaría sugerir que añadamos a nuestro arsenal "resiliencia a la fama". La fama, la cual incluye cualquier forma de reconocimiento o elogio generalizado, puede ser tan dañina como la vergüenza.

Esa es la única manera de permanecer fuerte contra la condenación y la crítica, los halagos y la celebridad, que vienen con el liderazgo. Liderar no es fácil, pero sin un sentido sólido de identidad y autoestima, es prácticamente imposible.

Solo para hacer una aclaración, amarse a uno mismo no es lo mismo que idealizarse o hacer de uno mismo el centro del universo. La palabra para ese tipo de conducta es *narcisismo*, y el narcisismo y el liderazgo no se llevan muy bien que digamos. Hay una diferencia entre adorarse a uno mismo y amarse a uno mismo.

Cuando se ama a sí mismo, usted está valorándose. No es vanidad o egoísmo; es simplemente reconocer la verdad: usted tiene un valor infinito, al igual que todos los demás seres humanos del planeta. Amarse a usted mismo no significa amarse a usted excluyendo a todos los demás. Tampoco significa amarse *más* que a los demás, o incluso amarse *tanto como* a los demás. Comparaciones como estas le hacen un flaco favor porque su servicio es totalmente independiente de las personas que lo rodean, y el valor de ellos también es independiente de usted.

El objetivo es este: Ámese para poder amar a todos los demás. No solo deberíamos amar a otros, sino que también es bueno y necesario amarnos a nosotros mismos durante el camino. No amaremos a otros con mucha eficacia si nos menospreciamos a nosotros mismos.

 Tanto la vergüenza como la fama pierden su poder para corrompernos cuando se separan de nuestra valía.

También vale la pena destacar que amor y aprobación no es lo mismo. Yo amo a mis hijos, pero no apruebo todo lo que hacen, ni mucho menos. Amarse a usted mismo no significa que esté orgulloso de todo lo que ha hecho o incluso de quién es usted en este momento de su vida. Probablemente tiene algunos problemas de carácter o patrones de conducta que deben ser tratados, y probablemente usted ya sepa cuáles son. Vergüenza, culpa y odio hacia sí mismo no lo llevarán donde usted quiere llegar, pero la vulnerabilidad podría hacerlo, especialmente cuando se combina con la humildad, aceptación de uno mismo, confianza en uno mismo, gracia y misericordia.

———

Como líderes, podemos proponernos avergonzarnos menos. Podemos ser intencionales en cuanto a crear entornos en los que la vulnerabilidad pueda desarrollarse. Y podemos comenzar por nosotros mismos.

APLICACIÓN CLAVE

 Su capacidad para amar y liderar a otros surge de su capacidad para amarse y liderarse a usted mismo.

Capítulo 5

CREO QUE PUEDO

Bobby Jones, un abogado influyente y golfista que ayudó a fundar el Augusta Golf Club y el Másteres Tournament, dijo una vez: "Los deportes de competición se juegan principalmente en una cancha de catorce centímetros: el espacio que hay entre las orejas".[1] Se refería, claro está, a la conversación interior que es tan clave para el éxito o el fracaso de un deportista. La psicología deportiva ha enseñado por mucho tiempo que lo que se diga a sí mismo un deportista, especialmente bajo presión, tiene un efecto tremendo en su desempeño.

En su autobiografía, *Open*, la leyenda del tenis André Agassi describe el enfoque mental y la charla interior que requiere este juego, tanto dentro como fuera de la cancha.

El tenis es un deporte en el que te hablas a ti mismo. Ningún deportista se habla a sí mismo tanto como el jugador de tenis... En el tenis estás en una isla. De todos los deportes que practican hombres y mujeres, el tenis es lo más cercano a un confinamiento solitario, que te lleva inevitablemente a tener que hablarte a ti mismo, y para mí esa conversación comienza aquí en la ducha después del mediodía. Es entonces cuando comienzo a decirme cosas, cosas locas, una y otra vez, hasta que me las creo.[2]

Cualquiera que haya jugado a un deporte aficionado conoce la importancia de mantener una actitud positiva, de visualizar el éxito. Lo mismo se aplica a otras áreas de la vida, incluyendo el liderazgo. Algunas de las conversaciones más importantes que tendrá jamás son las que están dentro de su cabeza. Lo que se dice a usted mismo importa más de lo que probablemente cree.

EL PODER DE LA CONVERSACIÓN INTERIOR

No siempre podemos controlar los pensamientos aleatorios que se cruzan en nuestro camino, pero podemos controlar nuestra conversación interior, que se refiere a las cosas que nos decimos sobre quiénes somos y lo que somos capaces de conseguir. Controlar estos pensamientos es una habilidad esencial practicada por líderes que saben cómo liderarse a sí mismos, y es una habilidad que cada líder puede desarrollar intencionalmente.

Mi suegro, Bob MacGregor, se crió en un hogar sumamente disfuncional, pero llegó a convertirse en un líder respetado que viaja y habla internacionalmente, entrenando a miles de líderes por todo el mundo. Al comienzo de su carrera, cuando estaba rodeado de personas que parecían estar más calificadas, tener más confianza y ser más "normales", lo bombardeaban voces en su mente que le decían que él no daba la talla. Él recuerda tomar una decisión consciente de no definirse por su pasado, por su infancia, por sus inseguridades o por su vergüenza. Aprendió a controlar sus pensamientos y emociones repitiendo mentalmente afirmaciones que declaraban vida: *Todos quieren que esté aquí. Tengo algo que decir. Mi voz es importante.* Habló consigo mismo desde el anonimato hasta la influencia.

Brené Brown, a quien cité en el capítulo anterior, nos da este consejo: "Hable consigo mismo como lo haría con alguien a quien ama".[3] La manera en que muchos líderes se hablan a sí mismos no solo no cumple el estándar de amor de Brené, sino que se consideraría claramente ofensivo, cruel o difamatorio si esas mismas palabras se dijeran a otra persona. ¿Por qué pensamos que es aceptable o incluso productivo hablarnos con tanta negatividad? La vergüenza es un acusador, no un líder; y cuando nos abochornamos a nosotros mismos en un intento erróneo de motivarnos, en realidad estamos haciendo lo opuesto: nos volvemos más defensivos, temerosos e inhibidos.

Se convertirá en aquello en lo que más piense.

Usted tiene influencia. Tiene algo que decir, algo que dar, algo que aportar. Sus *yo soy* tienen que hablar más alto que sus *yo no soy*. *Soy* querido, *soy* valioso. *Estoy* aquí por una razón.

En el caso de mi suegro, tuvo que rechazar mentiras de su pasado para declararse a sí mismo esas verdades. Yo tuve la fortuna de crecer en un hogar donde me inculcaron verdades que daban vida. Estaré siempre agradecido con mi mamá por darme palabras de afirmación durante toda mi juventud. Me decía cosas como: "Todos quieren oír lo que tienes que decir. A cada lugar donde vas es mejor porque tú estás ahí". Me dio mucha confianza, lo cual es una ventaja para el liderazgo, y moldeó de modo positivo la percepción que yo tenía de mí mismo.

El Dr. Shad Helmstetter, autor del libro éxito de ventas *Qué decir cuando hablas contigo mismo*, ha hecho una exhaustiva investigación sobre el papel del cerebro en la conducta humana. Y dice:

> Tras examinar las filosofías, las teorías y los métodos practicados de influenciar la conducta humana, encontrará, como me pasó a mí, que se reduce a la verdad de un hecho poderoso: Usted se convertirá en aquello en lo que más piense; *su éxito o fracaso en algo, sea grande o*

pequeño, dependerá de su programación, de lo que acepta de otros y de lo que dice cuando habla consigo mismo… El cerebro simplemente se cree lo que usted más le diga. Y lo que le dice acerca de usted será lo que el cerebro creará. No tiene otra opción.[4]

Sus pensamientos pueden ser su aliado o su enemigo. Usted puede escoger aprovechar el increíble potencial creativo del cerebro para apoyar sus metas o para obstaculizarlas. Se reduce a aquello en lo que más decida pensar.

LA IMPORTANCIA DE LA AUTOEFICACIA

"Autoeficacia" es un término que describe la opinión y el juicio de una persona sobre "cuán bien uno puede ejecutar un curso de acción necesario para lidiar con posibles situaciones".[5] En otras palabras, no es una medida de cuán bien pueden hacer algo las personas, sino de cuán *seguros están* de que serán capaces de desempeñarse bien. El término lo propuso por primera vez el psicólogo Albert Bandura, cuya profunda investigación documenta la amplia y extensa conexión que existe entre lo que *pensamos* que podemos hacer y lo que realmente *hacemos*.

Bandura afirma que las personas tienden a "evitar actividades que creen que exceden sus capacidades de salir adelante, pero acometen y realizan con confianza las que se ven capaces de gestionar".[6] Esa conexión tiene sentido: ¿por qué intentar algo cuando está seguro de que fracasará? Dudar de uno mismo mermará el impacto de su liderazgo antes de que tan siquiera comience. Por otro lado, si está seguro de sus capacidades, avanzará con confianza hacia posiciones de liderazgo.

Como padre, intento edificar la confianza de mi hijo siempre que puedo. Cada día, cuando lo dejo en la escuela infantil, le digo tres cosas que me encantan de él, y casi siempre son cosas relacionadas con la identidad: "Me encanta cuán seguro estás de ti mismo. Me encanta que eres amable con la gente. Me encanta tu sentido del humor". Él siempre pone una pequeña sonrisita de satisfacción en su rostro cuando empiezo, pero sé que le encanta. A veces, incluso, le hablo unos segundos sobre lo que significan esas frases y cómo llevarlas a cabo en lo práctico. Sé que si va a su clase con confianza, eso afectará todo su día: cómo se comporta en clase, cómo maneja sus errores, y cómo hace frente a un posible bravucón o a la crítica.

El modo en que usted afronte sus desafíos depende de cómo se vea a sí mismo. Bandura afirma: "Cuando acechan las dificultades, las personas que tienen serias dudas sobre sus capacidades aflojan sus esfuerzos o se rinden del todo, mientras que los que tienen un fuerte sentimiento de eficacia ejercen un mayor esfuerzo para dominar sus desafíos".[7]

En otras palabras, es menos probable que las dificultades lo detengan si cree en usted mismo. ¿Por qué? Porque si duda de usted mismo, abandonará ante el primer atisbo de fracaso; pero si verdaderamente cree en usted, redoblará sus esfuerzos ante el fracaso. A menudo el mayor obstáculo no es el obstáculo en sí, sino cómo se ve a usted mismo.

Por eso soy un gran defensor de decir continuamente a las personas de mi equipo en qué son buenos, incluso aunque ya lo sepan. De hecho, *especialmente* si ya lo saben. ¿Por qué? Porque es muy fácil que las personas empiecen a dudar de sus fortalezas. Aunque tienen talentos, no son perfectos, y a veces son los errores y las limitaciones los que gritan con más intensidad. Necesitan una voz de reafirmación de alguien en quien ellos confíen, que confirme su llamado y su capacidad. Si empiezan a dudar de quiénes son, dejarán de intentar grandes cosas; pero si su confianza en sí mismos es saludable, afrontarán los desafíos con valor, fe y persistencia. En lugar de jugar a no perder, jugarán a ganar.

El Dr. Bandura hace otra observación que es particularmente relevante para el autoliderazgo. Notemos la conexión que
él destaca entre la autoeficacia y lo que permitimos que ocupe
nuestra mente.

> Los que se consideran a sí mismos ineficaces a la hora
> de lidiar con las demandas del entorno, se quedan en
> sus deficiencias personales e imaginan las dificultades
> potenciales como mayores de lo que realmente son...
> Estas dudas autorreferentes crean estrés y desequilibran
> el desempeño, al desviar la atención de cómo proceder
> mejor con la tarea hacia preocuparse por los fallos y los
> contratiempos. Como contraste, las personas que tienen
> una fuerte sensación de eficacia dirigen su atención y su
> esfuerzo a las demandas de la situación, y son incentiva-
> das por los obstáculos para esforzarse más.[8]

Este principio es tremendamente importante. Dudar de
uno mismo es derrotarse a sí mismo. Crea un ciclo mental negativo en el que cada debilidad u obstáculo que enfrenta confirma
lo que usted ya temía: que fracasará. Este estrés interior distrae
a la mente de acceder a recursos que podrían tratar el problema,
y esa distracción puede dar como resultado tomar malas decisiones. El temor al fracaso, si no se controla, se convierte en una
profecía que por su propia naturaleza contribuye a cumplirse.

Lo opuesto, sin embargo, también es cierto. La autoeficacia,
por sí sola, crea una fuerte ventaja. Aunque usted no sea la persona más calificada del salón, si tiene una autoeficacia saludable
tenderá a ser más exitoso que quienes no la tienen. Enfrentará
situaciones creyendo que puede tener éxito, asumiendo que
puede resolver las cosas, y sabiendo que es capaz de aprender y adaptarse. Esas creencias lo mantendrán enfocado en la
tarea que tiene por delante, en vez de gastar energía emocional
luchando contra su propia conversación interior negativa.

Solo hay que aclarar que la autoeficacia es algo muy distinto al autoengaño o el orgullo necio. Decirse a sí mismo que puede volar y después saltar de un edificio muy alto no será algo que acabe bien, obviamente. Del mismo modo, solo decirse a sí mismo que es bueno en algo no le hará ser milagrosamente capaz. De forma similar, la autoeficacia no es una excusa para descartar las voces que hablan sabiduría en su vida. Recibir consejo es esencial para todo ser humano, especialmente para los líderes. La autoeficacia es simplemente una humilde y firme creencia en lo que es verdad acerca de sus dones y sus fortalezas, de lo que hay en su timonera. Es creer que aunque no sea perfecto en un área en particular, es suficientemente capaz y tiene la destreza para cumplir las tareas que tenga que enfrentar.

CINCO CREENCIAS ESENCIALES DE LA AUTOEFICACIA

Al margen de si usted lo llama autoeficacia, autoconfianza o autoestima, el principio está claro.

Se liderará mejor a usted mismo si primero cree y se valora a sí mismo.

En esa línea, a continuación, tenemos cinco creencias que debían ser parte del arsenal de autoeficacia de todo líder. Tengamos en mente que estas afirmaciones no son verdades grandiosas y absolutas, y algunas de ellas quizá son una obra en progreso. Compense la confianza con la humildad al aplicarlas, especialmente si está empezando ahora en el liderazgo. Pero al margen del grado en el que estén tangiblemente presentes en su vida hasta ahora, son creencias importantes que puede usar para contrarrestar la conversación interior contraproducente, y vale la pena que se las repita regularmente.

1. HAY MÁS PERSONAS CONMIGO QUE CONTRA MÍ

Es demasiado fácil dejar que unas cuantas voces o circunstancias negativas den color a toda su perspectiva. Cuando escribí mi libro *Unreasonable Hope* (Esperanza irrazonable), mi agente me dio algunos consejos sabios. Ella me dijo que vería muchas reseñas en el Internet y la mayoría serían positivas, pero me avisó de que algunas serían negativas, y esas serían las que se quedarían en mi mente. "No dejes que un puñado de críticas te desanimen", dijo ella. "Recuerda que hay más personas a favor del libro que en contra". Su aviso me ayudó a mantener mis emociones y pensamientos a raya durante los meses siguientes, porque está en la naturaleza humana fijarse en lo negativo antes que en lo positivo, incluso cuando las críticas que recibamos sean principalmente positivas. Como líder, recuérdese a usted mismo que hay más gente con usted que en contra suya. Hay más personas de su lado, más personas que quieren que usted tenga éxito, más personas que creen y confían en usted. No deje que unos cuantos críticos y detractores borren de su mente todo lo bueno que está sucediendo.

2. CAIGO BIEN A LAS PERSONAS

Una vez oí a alguien decir: "He decidido creer que caigo bien a todos a menos que me digan lo contrario". Creo que esa filosofía es sabia. Es muy fácil captar cada comentario secundario o broma como prueba de que hay otra persona en contra mía. ¿Recuerda la antigua canción de cuna: "Nadie me quiere, todos me odian, me voy a comer un gusanito"? No adopte eso como filosofía de liderazgo. Ni como dieta, por cierto. Incluso las personas mezquinas, raras veces intentan ser su enemigo: de hecho, probablemente no piensen tanto en usted. Si puede dar a los demás el beneficio de la duda, finalmente pueden llegar a ser sus amigos.

3. NO TENGO NADA QUE DEMOSTRAR

Creer que no tiene nada que demostrar surge de la seguridad de que su valor como persona no se alterará, así tenga éxito o fracase. Esto se remonta a entender cuál es la fuente de su valía, que es su identidad como persona, independientemente de todo lo demás. Quizá su trabajo es increíble, o podría ser terrible, pero ni una cosa ni la otra alterará su valor. Por lo tanto, no tiene que demostrar su valía a nadie. Debería hacer su trabajo lo mejor que pueda, por supuesto, por razones diversas y obvias, pero su trabajo no es un veredicto sobre su valía.

4. LAS COSAS SON MEJORES CONMIGO, NO SIN MÍ

Usted tiene algo que ofrecer, y usted añade valor dondequiera que va. Quizá no escuche mucha gratitud de aquellos a los que ayuda, pero eso no cambia el hecho de que sus contribuciones son necesarias, y probablemente se aprecian más de lo que usted cree. Si usted no estuviera ahí, faltaría algo esencial. Puede que no siempre *sienta* que eso es cierto, pero no se puede confiar en las emociones. Recuerde cuán importante es usted para quienes le rodean.

Mientras tanto, sea intencional en cuanto a añadir valor a personas y situaciones según su capacidad. Quizá no sienta que las cosas son mejores cuando usted está porque no ha sido proactivo en cuanto a mejorarlas, y no ha sido proactivo porque siente que no tiene nada que ofrecer. Es un círculo contraproducente. Siga recordando que *sí* tiene mucho que ofrecer, después añada valor en la medida que pueda, celebrando la parte que es capaz de desempeñar. Usted es muy necesario, y tiene más que dar de lo que probablemente cree.

5. TENGO INFLUENCIA

La gente aprende de usted, lo escucha, y lo sigue. Está marcando una diferencia en sus vidas. Su influencia quizá sea sutil, y quizá se produzca a largo plazo, pero es real. Y a medida que busque más formas de usar para bien la influencia que ya tiene, se sorprenderá del efecto tan positivo que puede tener sobre otros y de cómo empieza a crecer su influencia.

———

Lo que se dice a usted mismo y lo que piensa de usted mismo importa, no solo en la pista de tenis o en el campo de golf, sino también en la vida y en el liderazgo. Términos como *conversación interior, autoimagen, autoestima, autoeficacia y autoconfianza* están lejos de ser egoístas, pues simplemente destacan la premisa de que el liderazgo saludable comienza con uno mismo y después se extiende a otros. Si quiere liderar y servir bien a otros, aprenda a moldear sus pensamientos, sus palabras y su confianza para empoderar sus esfuerzos, no para desalentarlos. Crea lo mejor de usted, y después esfuércese al máximo por estar a la altura de sus propias expectativas.

APLICACIÓN CLAVE

 La forma en la que se ve a usted mismo y cómo se habla interiormente, tienen una influencia directa sobre su éxito, su influencia y su liderazgo.

Capítulo 6

SER RARO ES UN DON

Sebastián Thrun es, en sus propias palabras, "un pájaro raro". Cuando estaba en su adolescencia pasaba casi cada tarde a solas en su cuarto, programando y reprogramando una calculadora TI-57 de Texas Instruments que se reiniciaba sola cada vez que se apagaba. "Tiene cincuenta pasos, así que memorizaba las pulsaciones. Y programaba juegos de video. Programaba cálculos geométricos y todo tipo de cosas", recuerda él en una entrevista para la CNBC. "Quizá tenga una discapacidad social, o quién sabe. Pero en una época en la que nadie usaba computadoras, yo me crucé con esta calculadora programable...Y surgió en mí una pasión por acostarme en la cama y averiguar qué se podría hacer con cincuenta pasos de programación".[1]

La pasión de Sebastián por la innovación y la tecnología enseguida se convirtió en algo más que una afición pasajera. Cuando tenía dieciocho años, su mejor amigo murió trágicamente en un accidente de tránsito. Fue entonces cuando Sebastián comenzó a soñar con inventar un automóvil que se condujera solo para salvar muertes innecesarias como consecuencia de los errores humanos. Hizo un doctorado en ciencias de la computación y estadística de la Universidad de Bonn en Alemania, y más adelante llegó a ser profesor titular en Stanford. En Stanford su sueño se convirtió en realidad: construyó un automóvil que se conducía solo, con el que ganó el DARPA Grand Challenge de 2005, un recorrido de 210 kilómetros por el Desierto de Mojave con un premio de dos millones de dólares. Sebastián más adelante ayudó a fundar y liderar Google X, el laboratorio de investigación altamente secreto de Google que creó sus automóviles autónomos. Fue Sebastián quien se acercó al fundador de Google, Larry Page, con la visión de fotografiar todas las calles del mundo, más conocido hoy como el Google Street View.

La lista de proyectos, invenciones e iniciativas de Sebastián es impresionante, pero finalmente descubrió una pasión mayor que simplemente innovar en la tecnología: educar a otros en campos relacionados con la tecnología. En 2012 dejó su muy bien remunerada carrera para iniciar Udacity, una plataforma en el Internet dedicada a llevar programas educativos de tecnología a las personas que de lo contrario no tendrían acceso a ellos. Y no lo hizo por dinero, ni siquiera por prestigio. "Posiblemente podría estar dirigiendo el mejor laboratorio del planeta", dijo él, "y aquí estoy, renunciando al 97 por ciento de mi sueldo".[2] Él resume su visión de esta forma: "Tengo el sueño de que si podemos hacer que la educación esté disponible de forma global y universal, sin importar si alguien vive en el Medio Oriente o en Sudamérica, entonces podemos transformar por completo el mundo".[3]

"El tipo raro de secundaria" suena más a un cliché de comedia que a una descripción de un hombre que finalmente se convertiría en un científico, inventor y educador que cambiaría el mundo. ¿Qué fue lo que llevó a Sebastián de ser raro a ser influyente? En verdad contribuyeron muchas cosas: habilidad innata, inteligencia, trabajo duro, estar en el lugar correcto en el momento correcto, y más cosas. Pero captó mi atención una afirmación en particular que hizo en una de sus entrevistas. Cuando le pidieron que nombrara la última vez que se sintió estúpido, dijo: "Hoy, hablando a algunos de mis estudiantes aquí, me di cuenta de que son más inteligentes que yo". Después añadió: "Pero me encanta sentirme estúpido".[4]

Una parte del autoliderazgo es aceptar que uno no tiene que ser perfecto para ser líder.

Esa breve afirmación dice mucho. Es una ventana a cómo piensa un líder creativo e innovador y cómo procesa sus propias deficiencias o rarezas. Todo líder se siente estúpido a veces, pero ¿qué hace usted cuando ese sentimiento tiene el potencial de fortalecer o quebrar su liderazgo? De vez en cuando (quizá frecuentemente) se sentirá raro, como si no encajara, como si no estuviera a la altura de las expectativas. Eso está bien. Es en realidad un don si sabe cómo manejarlo correctamente. ¿Se imagina cuánto más saludable, cuánto más divertido y relajado, y cuánto más fortalecedor sería el liderazgo si todos pudiéramos aprender a *disfrutar* del sentimiento de no ser la persona más inteligente de la sala, en vez de sentirnos *amenazados* por ello?

Tampoco estoy diciendo que no tengamos que crecer o cambiar, pero usted es quien es. No puede cambiar eso por completo, y tampoco debería intentarlo. En cambio, debería ahondar en la particularidad de cómo fue creado. Sus pasiones de "tipo raro" y sus momentos de "sentirse estúpido" simplemente le recuerdan su particularidad.

Por lo tanto, ¿de qué modo es la rareza un don? (y recuerde que con "rareza" me refiero a las maneras en las que no encaja en el molde: su extravagancia, su torpeza e incluso sus defectos... o al menos sus defectos según los definen sus expectativas o las expectativas de otros). La rareza puede ser un don por una de dos razones: puede señalar áreas en las que uno está particularmente dotado, como Sebastián Thrun y su inclinación a la tecnología; y puede destacar áreas genuinas de carencia en las que uno necesita o bien mejorar o conseguir que otros estén a su lado. En cualquiera de los casos, ser raro no es algo que hay que temer, que molesta o, lo peor de todo, que hay que esconder. En cambio, reconózcalo. Apóyese en ello. Acéptelo. Aprenda de ello. Deje que le ayude a guiar en qué se enfoca o qué decide dejar para otra persona.

Usted no puede hacerlo todo; solo puede ser bueno en cierto número de cosas. Descubra en qué cosas es bueno o podría ser bueno, qué le gusta, qué le da propósito. Después aproveche quién es usted para conseguir lo que solo usted puede conseguir. Nunca tendrá éxito siendo otra persona, pero seguro que puede ser una mejor versión de usted mismo. Y por el camino, su honestidad y disposición a complementar sus debilidades ayudarán a que otros también expresen su potencial.

COMPLEJO DE INFERIORIDAD

Estar cómodo con su rareza es más fácil decirlo que hacerlo. Quizá aplaudimos a Sebastián Thrun por aceptar situaciones en las que se siente un necio, pero seguiríamos prefiriendo evitar esos momentos a toda costa. ¿Por qué? A menudo es porque luchamos con sentimientos de inferioridad. Tememos secretamente no ser suficientes, y sentirnos unos necios es lo último que necesitamos. Anhelamos sentirnos capaces, exitosos, suficientes, y nuestra carencia interna de paz hace que aceptar la rareza nos resulte algo difícil de hacer.

Fue el psicólogo austriaco Alfred Adler quien acuñó el término "complejo de inferioridad" en la década de 1920. Sugirió que, como nacemos en un mundo de adultos, comenzamos la vida sabiendo que somos más pequeños y más débiles que quienes nos rodean. Él creía que estos sentimientos deberían motivarnos de forma positiva hacia el crecimiento personal y metas superiores. Sin embargo, algunos individuos no son capaces de superar la sensación de ser más pequeños y más débiles que quienes los rodean. Sus sentimientos de ineptitud se amplían con el tiempo mediante frustraciones y fracasos percibidos, y finalmente, esos sentimientos de ineptitud incapacitan a la persona, lo cual resulta en lo que el Dr. Adler llamó un complejo de inferioridad.[5]

Actualmente, el término se ha convertido en parte de nuestro lenguaje diario, y lo usamos para describir un rango de sentimientos más amplio de lo que la definición original del Dr. Adler tenía intención de darnos. Todos nos sentimos inferiores en un grado u otro. En algún momento, en algún área, oímos las voces de inferioridad, inseguridad e ineptitud susurrando en nuestros oídos, intentando convencernos de que no somos suficientes para la tarea que tenemos entre manos o para los retos que nos esperan. Por supuesto, como enseñaba Adler, podemos madurar y crecer más allá de esos pensamientos contraproducentes, pero eso a menudo es más fácil decirlo que hacerlo.

Yo me considero una persona bastante segura, pero una de mis primeras experiencias como nuevo residente en California me recordó cuán fácil es que los sentimientos de inferioridad nos puedan golpear. Mi esposa y yo nos habíamos mudado a Los Ángeles, de una ciudad relativamente pequeña en el estado de Washington. Estábamos acostumbrados al estilo de vida y vestimenta informal y modesta del noroeste del Pacífico, todo lo contrario al glamur de Hollywood.

Una noche cenamos en un restaurante en la playa de Malibú, conocido por ser frecuentado por celebridades. Recuerdo mirar a mi alrededor contemplando una sala llena de las personas más bellas, elegantes y bien vestidas –y aparentemente seguras de sí mismas– que jamás había visto, y sentirme totalmente fuera de mi elemento. En ese momento tuve que tomar una decisión consciente de no escuchar las voces en mi cabeza que me decían que yo no tenía nada que ofrecer, que nadie en todo el estado de

California me escucharía. Tuve que decidir enfocarme en quién era yo, no en quién no era; en lo que tenía para ofrecer a otros, no en cómo podía competir con ellos; en lo que yo pensaba de mí, no en lo que ellos pensaban de mí. En cuestión de segundos, mi mente dejó de alimentarme de inseguridades y en su lugar comenzó a repasar las experiencias únicas y el conocimiento y los valores que llevábamos con nosotros.

Fue una experiencia saludable, de hecho, porque me recordó que está bien, que es *esencial*, simplemente ser yo mismo. Darme cuenta de eso tan simple redujo la ansiedad a nivel cero y me permitió disfrutar de la noche. Hasta el día de hoy, ese restaurante es uno de nuestros lugares favoritos donde ir. Y cuando estamos allí, sigo mirando a mi alrededor asombrado, pero es el asombro de la admiración y no de la intimidación.

La clave para manejar esos sentimientos de no encajar, de no estar a la altura, de sentirse raro y fuera de lugar, es simplemente ser uno mismo. Aceptar humildemente lo que no somos, pero dejar que esos sentimientos también nos recuerden lo que *sí* somos. Las áreas en las que usted es "raro" o "extraño", las que le obsesionan, en las que se encuentra internamente motivado para estudiar, experimentar y aprender, a menudo son las áreas en las que tiene un don particular para pensar y liderar mejor que la mayoría de la gente. En un sentido, todas las personas son raras porque todos son únicos y especiales. Darse cuenta de eso es tan hermoso como necesario.

LA TRAMPA DE LA COMPARACIÓN

Para poder ver la rareza como algo bonito, sin embargo, tendrá que aprender a reconocer y evitar el que quizá sea el obstáculo más grande para estar cómodo en su propia piel: la comparación. La comparación es la raíz de sentimientos de inferioridad e inseguridad, como destacó hace mucho tiempo el Dr. Adler. A veces aún nos sentimos como un niño en un mundo de adultos: todos los demás son más altos, más rápidos, más inteligentes. Compara lo peor de usted o lo trivial de usted con lo mejor de otras personas. Toma nota de las fiestas a las que no lo invitaron, de los eventos en los que no le pidieron hablar, de los empleos que no le dieron. Y si no tiene cuidado, comienza a extraer conclusiones a gran escala partiendo de unos cuantos puntos de información. Un puñado de fallos o desempeños decepcionantes le harán descartar áreas enteras de su vida: *No soy un buen orador público. Soy terrible en entornos sociales. No tengo nada que decir. No tengo sentido del humor. No caigo bien a la gente.*

La comparación lo mete entre rejas. Usted tiene talentos, pero si lo único que escucha son voces internas que le dicen que es inferior, nunca los valorará ni los usará. Incluso los menospreciará, le molestarán, los enterrará. Solo se me ocurren unas cuantas cosas más trágicas que el hecho de que grandes líderes en potencia entierren sus talentos porque se sienten pequeños comparados con otra persona. El pastor y autor Craig Groeschel lo dice de este modo: "La forma más rápida de matar algo especial es compararlo con otra cosa".[6]

Por otro lado, la seguridad y la confianza son liberadoras. La seguridad en quién es usted hace que le puedan seguir. A la gente le encanta estar alrededor de líderes que están cómodos en su propia piel, porque esa actitud los libera para ser también ellos mismos. Recuerde que la confianza viene de la seguridad, y no al revés. Primero usted se convierte en alguien seguro en su interior, y después brota la confianza por fuera: confianza en las palabras, confianza en las decisiones, confianza en los entornos sociales, confianza en su llamado. Cada forma de confianza comienza con saber quién es usted (identidad) y valorar quién es usted (seguridad).

Las personas inseguras sabotean su liderazgo sin ni siquiera darse cuenta de ello. Constantemente se preguntan si alguien es más hábil que ellos o más popular que ellos. Se sienten intimidados por el éxito de los miembros de su equipo, lo cual es contraproducente, ya que el objetivo de ser equipo es lograr lo que una sola persona no puede hacer. En el proceso, los líderes inseguros hacen que todo se trate de ellos mismos. Quizá no lo hacen de forma intencional, pero lo hacen. De algún modo se las arreglan para convertir cada ocasión y conversación en algo que fomente su propia valía o éxito.

Los líderes seguros, por el contrario, pueden permanecer a la sombra o estar bajo el foco de luz, y eso no cambia su sensación de autoestima en absoluto. Las personas seguras pueden celebrar a otros. Son generosas con sus elogios. Comparten la plataforma. No piensan que son *superiores* a las personas inseguras; simplemente piensan *menos* en ellos mismos. Tienen la seguridad suficiente en quiénes son, de modo que pueden enfocar el peso de su atención en su equipo, y eso es precisamente lo que hace que se les pueda seguir.

SENTIRSE BIEN CON SER USTED MISMO

Entonces ¿cómo pasamos de la comparación a la confianza, de la inseguridad a la seguridad, de la inferioridad a la aceptación de uno mismo? Dicho de otra forma: ¿cómo se convierte la rareza en un don? Es un proceso, no un evento puntual, sino un proceso con el que usted tiene que decidir interactuar. No sucederá por sí solo. Estos son tres elementos esenciales de este viaje hacia la autoestima.

1. DECIDA VALORARSE A USTED MISMO Y A SUS TALENTOS AHORA, Y NO DESPUÉS

Use sus sentimientos de rareza como un recordatorio para valorarse ahora por quién es usted, independientemente de las opiniones o los éxitos de ninguna otra persona. Las voces de inseguridad e inferioridad son solo la trampa de la comparación intentando detener su progreso.

En ese restaurante tomé la decisión de creer en mí mismo y valorarme, en lugar de intentar demostrar quién soy. Fue algo pequeño, pero la mayor parte de la vida está compuesta de cosas pequeñas. Es cómo decide verse a sí mismo en esos pequeños momentos, en esas oportunidades para creer en usted o para dudar de sí mismo, lo que termina definiendo el concepto que tiene de usted.

Si espera a sentirse bien consigo mismo hasta que derrote a una persona más, obtenga un elogio más, o logre una meta más, esperará demasiado tiempo. Esa es precisamente la mentira de la inseguridad: que la autoaceptación lo espera al otro lado de algo que debe hacer, o arreglar, o llegar a ser. Si no puede aceptarse ahora mismo, es muy probable que nunca lo haga.

Valorarse a usted mismo y a sus talentos significa reconocer cuán importante es. Nadie más puede hacer eso por usted. Su autoestima es su responsabilidad. Los miembros de su equipo, su cónyuge, su jefe, sus amigos… ninguno de ellos puede convencerlo de su valor si usted mismo no lo cree, y les agotará intentarlo. Lo que usted tiene que ofrecer es valioso, pero si lo menosprecia lo esconderá, lo malgastará o lo diluirá.

Decida dar valor a lo que usted aporta a la mesa, empezando desde ahora. Después, con el tiempo, aumente continuamente lo que tiene que ofrecer: aprenda todo lo que pueda, sirva donde pueda, dé lo máximo que pueda. Pero no espere hasta llegar a algún momento no existente en el que se alinean los astros para empezar a valorarse a sí mismo.

2. CELEBRE A OTRAS PERSONAS, DE FORMA GENUINA Y FRECUENTE

Sentirse raro le recuerda las contribuciones de otros, y eso es bueno. Reconozca los talentos, victorias y crecimiento de otros de forma tan frecuente y exuberante como pueda. En primer lugar, porque ellos lo necesitan y lo merecen. Pero, en segundo lugar, porque usted mantiene saludables su mente y sus emociones.

Hay algo liberador en animar a otras personas. ¿Por qué? Porque así como la inseguridad, por lo general, intenta *desanimar* a otras personas en un esfuerzo erróneo por sentirse mejor consigo mismo, cada vez que escoge *animar* a otras personas está adoptando una posición en contra de la inseguridad en su propia mente y corazón. Se está recordando a usted mismo que no necesita ser mejor que nadie para ser valioso; que su valía no está basada en sus logros; que el éxito de otra persona no rebaja su propio valor.

 Todos podemos ser exitosos, lo cual significa que todos podemos celebrar a otras personas sin sentir que estamos perdiendo algo.

Celebrar a otros también nos recuerda que realmente otras personas no son la competencia. Cierto, en algunas empresas o entornos deportivos, otras personas *son* la competencia, pero no estoy hablando de eso. Estoy hablando del temor subyacente o de creer que el éxito de otra persona, de algún modo, hace menor el mío. El éxito no es una cantidad finita que debemos compartir entre todos nosotros. Si así fuera, entonces que otra persona se lleve un pedazo mayor de la tarta del éxito significaría que deja menos para mí. Pero no es así como funciona el éxito.

3. INVIERTA EN LO QUE SABE HACER BIEN

Sentirse distinto o pensar que no encaja es un recordatorio de que usted es único. Esa particularidad se tiene que celebrar e incluso resaltar. La meta no es encajar, porque para encajar usted tendría que ser como los demás. La meta es ser usted mismo. Por lo tanto, en lugar de emplear cantidades enormes de tiempo y energías intentando fortalecer sus debilidades, apóyese en las cosas que sabe hacer bien de forma natural o en las áreas en las que tiene el mayor potencial de crecimiento. No ignore todas sus debilidades, especialmente si lo están hiriendo a usted o las personas que le rodean de alguna forma, sino enfoque la mayoría de sus esfuerzos en sobresalir en sus áreas de fortaleza.

Está bien no ser bueno en todo. Para usar de nuevo otra analogía deportiva, la mayoría de los deportistas de élite dominan solo un deporte, y a menudo solo una posición o categoría dentro de ese deporte. Puede que tengan habilidad para otros deportes y quizá disfruten otros deportes, pero en algún punto deciden enfocarse en esa área en la que tienen el mayor potencial. Del mismo modo, en sus áreas de fortaleza esfuércese por convertirse en un especialista, en un experto, en una autoridad. No para encontrar valor o identidad en eso (porque siempre habrá un especialista más especializado o una autoridad mayor), sino simplemente porque esas son las áreas en las que puede crecer y dar más.

La comparación es un agujero negro que se traga todos los halagos y logros, y solo se hace más grande y más voraz en el proceso. Cuando enfrente sus limitaciones, decida alejarse de la comparación para dirigirse hacia la seguridad. Reconozca dónde es débil. Ríase de usted mismo. Alabe a las personas que son fuertes en esas áreas. Y después gírese hacia su fortaleza y trabaje con el doble de fuerzas para ser aún mejor. Si usted es la chica de los números, sea la chica de los números. Si es el chico de los libros, sea el chico de los libros. Si es la persona de los sistemas, sea la persona de los sistemas. Encuentre sus fortalezas, alégrese en ellas, y quizá deje de ser tan dramático con respecto a sus debilidades. No le hace bien ni a usted ni a nadie más.

———

La rareza puede ser un don si se usa bien. Como Sebastián Thrun, no tenga miedo a "sentirse estúpido". Más bien use su rareza, su peculiaridad, sus fortalezas y sus debilidades para dirigir sus esfuerzos. Dirija su creatividad e innovación hacia su potencial. Aprenda, crezca, innove, contacte con otros y, por encima de todo, *dé*.

APLICACIÓN CLAVE

 En lugar de ignorar o molestarse por las cosas que lo hacen ser distinto, apóyese en ellas, crezca en ellas, y úselas para servir mejor a otros.

Capítulo 7

EL LÍDER EMOCIONALMENTE SANO

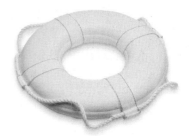

Hasta el brote de COVID-19 del año 2020, la crisis financiera global de 2007-2008 era considerada por muchos como el peor periodo económico desde la Gran Depresión (1929-1939). Comenzó en los Estados Unidos con el estallido de la burbuja hipotecaria de alto riesgo, la parte del sector bancario que se enfoca en los préstamos de mayor riesgo. En cuestión de meses, los efectos económicos se habían extendido a otros sectores del mercado, provocando grandes pérdidas en el mercado de valores y creando el caos en los grandes bancos e instituciones en todo el mundo. La recesión no solo afectó a los bancos y las grandes empresas. También afectó a la pequeña y mediana empresa, así como a incontables individuos y familias. Muchas personas perdieron sus ahorros, sus salarios y, por el camino, sus esperanzas para el futuro.

En el momento álgido de la crisis, Warren Buffett, uno de los inversores más exitosos del mundo, escribió un artículo de opinión en el *New York Times*. Empezó afirmando lo obvio: "El mundo financiero es un caos, tanto en los Estados Unidos como en el extranjero". Pero lo que escribió después fue una sorpresa: "Por eso… he estado comprando acciones estadounidenses".[1]

Parece ilógico, ¿no cree? ¿Por qué comprar acciones cuando el futuro es tan incierto, cuando las empresas están teniendo problemas y los inversores están asustados? Buffett respondió después a esta pregunta.

¿Por qué?

Hay una regla simple que dirige mis compras: tener miedo cuando otros son egoístas, y ser egoísta cuando otros tienen miedo. Y ciertamente, el temor ahora está extendido, atrapando incluso a inversores expertos. A decir verdad, los inversores tienen razones para estar recelosos de las entidades muy apalancadas o empresas en posiciones de débil competencia. Pero los temores con respecto a la prosperidad a largo plazo de las muchas buenas compañías de la nación no tienen sentido. Estas empresas, sin duda, sufrirán traspiés en sus ganancias, como siempre ha pasado, pero la mayoría de las empresas obtendrán nuevos récords de ganancias dentro de 5, 10 y 20 años.

Voy a ser claro en un punto: no puedo predecir los movimientos a corto plazo del mercado de valores. No tengo la más remota idea de si las acciones en los mercados estarán más altas o más bajas dentro de un mes o de un año. Sin embargo, lo que sí es probable es que el mercado vaya al alza, quizá de forma sustancial, mucho antes de que el sentimiento o la economía dé un giro y suba. Así que, si espera a los petirrojos, la primavera se habrá terminado.[2]

Buffett está situado constantemente entre las personas más ricas del mundo, así que seríamos sabios en escuchar su consejo cuando se trata de inversión. No ceder al pánico, la histeria colectiva o la tentación de saltar del barco, pero tampoco dejarse llevar por las promesas demasiado optimistas que se hayan hecho quizá desde la avaricia. En otra ocasión, Buffett dijo: "El éxito en la inversión no se relaciona con el CI... Cuando se tiene inteligencia ordinaria, lo que se necesita es el temperamento para controlar los impulsos que llevan a otras personas a invertir mal".[3] El mismo principio brilla en las dos afirmaciones: no dejar que las emociones dicten las acciones.

Los líderes sabios no dejan que el pánico, el temor, la emoción, la sorpresa o cualquier otra emoción a corto plazo determine su rumbo a largo plazo.

La sabiduría de Buffett se aplica no solo a la inversión en el mercado de valores. Se aplica a cualquier esfuerzo enfocado en el futuro, incluyendo el liderazgo.

¿Por qué? Porque lo que hacemos como líderes es esencialmente invertir en el futuro. Estamos trabajando, planificando, formando un equipo y avanzando hacia una meta que aún está lejos. Necesitamos mantener el rumbo, lo cual significa que debemos saber cómo procesar los altibajos emocionales que experimentaremos por el camino.

Las emociones son importantes, y desempeñan muchos papeles en nuestras vidas: añaden sabor y profundidad a nuestras experiencias, nos alertan de cosas que podrían ir mal, nos motivan a hacer cambios, y muchas otras cosas. Pero las emociones son, por definición, subjetivas y temporales, y no son aptas para hacernos tomar decisiones de gran importancia. Si mis emociones dictasen si me levanto o no de la cama por la mañana, probablemente seguiría durmiendo al menos cuatro días por semana. Si mis emociones decidieran qué cosas abordar de mi lista de quehaceres, habría cosas que nunca tacharía de la lista. Si mis emociones dictaran cómo tratar a mis hijos, cómo responder a la crítica negativa, qué comer, en qué gastar el dinero o muchas otras cosas más, los resultados no serían bonitos. ¿Por qué? Porque las emociones son algo bueno para llevar durante el viaje, pero no deberían conducir el automóvil. Son para enriquecer y mejorar nuestra vida, no para controlarla. Buffett vio la importancia de controlar nuestras urgencias emocionales en el campo de la inversión, pero es un sabio consejo para cada área de la vida, y especialmente el liderazgo.

IDENTIDAD Y LIDERAR SUS EMOCIONES

Para controlar las emociones, primero hay que *identificarlas* y después ser intencional en cuanto a liderarlas en lugar de seguirlas. La capacidad para identificar la emoción es una de las cosas que hace que Warren Buffett sea tan buen inversor. Él nota cuándo el temor u otras emociones han afectado el mercado, y rehúsa dejarse atrapar por la histeria del momento. En cambio, lidera a través de las emociones tomando decisiones basadas en el valor y en juicios basados en el futuro. Él no puede controlar el mercado de valores, pero puede controlar sus decisiones. Inevitablemente, con el tiempo, esas decisiones basadas en principios y no en el temor lo impulsan hacia delante.

Como líder, no es posible ni deseable que usted lidere *sin* emociones, ya que no es un robot. Usted es un humano que lidera a otros humanos, y las emociones están entremezcladas en todo lo que los humanos dicen y hacen. Intentar divorciarse de todo sentimiento sería a la vez dañino y aburrido. En cambio, dedique su energía a *identificar* sus emociones y después a *liderar* sus emociones.

Los líderes que no pueden controlar sus emociones son, en un sentido, emocionalmente inmaduros. Quizá sean gigantes organizacionales, pero son niños emocionales. Una de las características distintivas de los niños es la emoción extrema: pueden pasar de la risa histérica a una gran rabieta o a un sueño angelical en cuestión de momentos. Eso es entendible en los niños, pero cuando un adulto manifiesta la inestabilidad emocional de un niño, algo anda mal, y alguien resultará herido. Y la herida se hace mayor cuando el adulto es también un líder, porque un líder tiene una influencia aún mayor.

Los líderes emocionalmente inestables tienen poder, pero no tienen el autocontrol necesario para gestionar ese poder en los momentos difíciles. Si son controlados excesivamente por cosas como el miedo o la ira, fácilmente podrían hacer un mal uso de su poder. Por ejemplo, los líderes emocionalmente inestables podrían despedir a un empleado valioso en un momento de ira. Podrían tomar decisiones precipitadas que afecten a toda la organización, como cerrar un departamento o venderse a la competencia. Podrían usar su plataforma para hacer declaraciones públicas que difundan temor o difamen a personas. No son necesariamente malas personas, y no necesariamente tienen malas intenciones, pero debido a que no pueden controlar sus reacciones, terminan tomando decisiones desacertadas, irracionales, y a veces incluso ilegales o inmorales.

El problema es que a menudo podemos esconder nuestra inestabilidad emocional detrás de las fortalezas organizacionales o de liderazgo. Si hablamos bien en público, por lo general tomamos buenas decisiones, motivamos a la gente, conseguimos fondos, ganamos disputas, negociamos, delegamos, organizamos, creamos buenos productos, aportamos buenas ideas, visualizamos el futuro o hacemos bien un trabajo en cualquier otra cosa que hace un líder, probablemente se nos considerará un buen líder. Pero si no podemos identificar cuándo estamos enojados o temerosos y controlar nuestras reacciones, inevitablemente terminaremos saboteando nuestro liderazgo y haciendo daño a quienes lideramos. Un líder emocionalmente débil es un líder débil. Punto.

La inestabilidad emocional tiene un efecto especialmente negativo sobre las decisiones y las relaciones, dos de las cosas más importantes que un líder debe proteger. Los líderes que son niños emocionales tienden a responder al estrés tomando decisiones precipitadas, corrigiendo con rudeza a la gente, abandonando proyectos de forma prematura, escribiendo blogs desagradables, despidiendo a personas de forma impulsiva, y atacando verbalmente a familiares o miembros del equipo.

 Los líderes emocionalmente maduros identifican esas emociones tal como son y después se lideran a sí mismos para salir de la inestabilidad.

Duermen una siesta o se comen un sándwich, descompримen, y después hacen frente a la situación desde un lugar más estable.

Todos hemos pasado por etapas y circunstancias en las que cedimos a nuestras emociones, y conocemos los sentimientos de malestar que siguen a eso. Nos damos cuenta, después de lo sucedido, de que *reaccioné en base a mis emociones. Hablé desde mi temor y estrés. Mi enojo pudo conmigo.* No estoy hablando de una personalidad apasionada, hablo de la inestabilidad emocional. La inestabilidad emocional es lo que nos hace gastar dinero que no deberíamos gastar, comer cosas que no deberíamos comer, hablar de formas en las que normalmente nunca hablaríamos, coquetear con alguna persona de la que deberíamos estar lejos, y finalmente vivir en un mundo de lamentos porque no podemos identificar y controlar nuestras emociones.

La clave para liderarse a uno mismo en esta área es ser intencional con respecto a entender nuestra composición emocional, y después decidir controlar nuestras emociones para que nuestras emociones no nos controlen.

CÓMO IDENTIFICAR Y DIRIGIR SUS EMOCIONES

Es sorprendentemente difícil gobernar las emociones, como podría atestiguar cualquier pareja que haya tenido una discusión a altas horas de la noche que aparentemente surgió de la nada. Nuestras emociones están profundamente entremezcladas con todo lo que pensamos, decimos y hacemos, y a veces es difícil saber si es nuestro cerebro quien habla o es nuestro temor y dolor. Para complicar aún más las cosas, las emociones pueden estar influenciadas por innumerables factores que varían desde el hambre hasta las hormonas. Puede resultar todo un desafío simplemente mantenernos emocionalmente estables en nuestra vida familiar y personal, ya no digamos ser emocionalmente saludables como *líderes*. Ciertamente no es fácil, pero tampoco es imposible. Estas son algunas preguntas que le animo a hacerse a usted mismo en su viaje hacia la fortaleza y la estabilidad emocional.

1. ¿CUÁL ES MI DISFUNCIÓN RECURRENTE?

Su disfunción recurrente es la conducta negativa e incluso quizá destructiva que indica que su estado emocional no está donde debería estar. Todos tenemos una, o más, de estas disfunciones, pero no todos lo admiten. Si usted no está seguro de cuál es la suya, tan solo pregúntele a su cónyuge, sus amigos, o a la gente con la que trabaja cada día, ¡y probablemente ellos se lo dirán! ¿Cómo empieza a sucumbir bajo presión? ¿Hacia qué clase de conducta destructiva tiende usted a ir? Dicho de otro modo, cuando pierde la compostura, ¿qué sucede? Estas podrían parecer preguntas deprimentes, pero identificar sus tendencias bajo presión es realmente un paso positivo, sabio y proactivo hacia impedir que sus altibajos emocionales lastimen a las personas.

Hay una razón por la que los nuevos modelos de vehículos pasan por numerosas pruebas de choques antes de salir al mercado. Los ingenieros quieren determinar posibles puntos de error con un par de muñecos en vez de poner vidas humanas en peligro. Según los resultados de esas pruebas, mejoran su producto de manera proactiva.

Quizá usted no sea capaz de practicar su liderazgo con muñecos, pero puede ver cómo se ha "chocado" en el pasado, es decir, cómo ha reaccionado cuando ha estado estresado. ¿Se cierra? ¿Arremete? ¿Mete la pata? ¿Abandona? ¿Busca una vía de escape, quizá mediante el consumo de sustancias u otras conductas autodestructivas? ¿Toma decisiones precipitadas? ¿Huye? ¿Se deprime? ¿Tiene ataques de pánico? ¿Se traga temporadas enteras de programas de televisión mientras come galletas Oreo y pone memes deprimentes en las redes sociales?

Nadie quiere pensar que está "actuando de forma demasiado emocional" o "dejándose llevar", pero a todos nos pasa de vez en cuando. Si puede aprender a identificar las señales de que sus emociones han secuestrado sus pensamientos, será capaz de ajustar sus acciones y palabras en consonancia. Sabrá cuándo despedir la reunión e ir a jugar un poco al golf, por ejemplo, o cuándo delegar una tarea a alguien.

De nuevo, no es una vergüenza identificar su disfunción, en realidad es un acto de valentía, humildad y honestidad. El error más grande sería esconder o ignorar su disfunción hasta que haga daño a alguien cuando el estrés pueda con usted.

2. ¿QUÉ ACTIVA MIS DISFUNCIONES EMOCIONALES?

Una vez que ha identificado cómo es su disfunción recurrente, comience a pensar en lo que suele despertar esa conducta. ¿Qué circunstancias o factores le hacen dirigirse hacia el "lado oscuro"? Piense en esas veces en las que sus emociones han podido con usted y tome nota de cualquier patrón. Liderarse a usted mismo empieza con conocerse, y parte de conocerse es entender los factores externos que podrían estar afectándole internamente. Algunos factores podrían ser específicos para usted y su situación, pero muchos son probablemente las mismas cosas que tienden a afectarnos a todos de forma negativa. ¿Cuáles son algunos de esos factores?

Para empezar, *las necesidades físicas urgentes o insatisfechas pueden despertar la inestabilidad emocional*. Estas incluyen cansancio, hambre, hormonas, estrés, enfermedad y dolor crónico, por nombrar algunas. Por ejemplo, si se saltó el desayuno, comió solo una bolsa de patatas fritas como almuerzo, y tiene un desplome apocalíptico a las 4:00 de la tarde porque la fotocopiadora se volvió a atascar, sus emociones y su cuerpo podrían estar intentando llamar su atención. Snickers hizo toda una campaña publicitaria sobre cómo usted no es usted cuando tiene hambre. El término de la cultura pop "hangry" en el habla inglesa existe por algo. Combina las palabras "hungry" (hambriento) y "angry" (enojado). Todos hemos sentido alguna vez el enojo provocado por estar hambriento. No culpe a la fotocopiadora, tan solo coma algo.

Debido a que el hambre, el agotamiento y otros factores físicos pueden causar estragos en su estado emocional, una de las cosas más saludables que puede hacer por usted mismo y por su equipo es cuidar de sus necesidades físicas y hábitos, especialmente en áreas como la dieta, el descanso y el manejo del estrés. Su equipo necesita que usted esté bien, descansado, feliz, estable, que sea equilibrado, bromista, bondadoso, y no alguna versión emocionalmente angustiada y pesimista de usted mismo. Por ejemplo, piense en ignorar su bandeja de entrada de emails por la noche, comenzar un pasatiempo, tomar un buen desayuno en vez de solo tragar un café "expreso" triple a la velocidad del rayo, hacer yoga o trabajar desde casa un par de días por semana. Todo esto depende de usted: nadie más puede controlar sus hábitos y horarios.

El estrés, la pérdida y los traumas, especialmente a largo plazo, también pueden desencadenar problemas emocionales. No podemos evitar estas cosas, pero podemos aprender a procesarlas de una forma saludable. Si ha pasado por una experiencia traumática, si ha perdido a un ser querido, si usted y su cónyuge están teniendo muchos conflictos, si está bajo mucha presión, sea lo que sea, no se avergüence de pedir ayuda. Todos lo hemos hecho, o al menos todos deberíamos hacerlo. Busque un buen terapeuta, un coach, o un grupo de apoyo; conéctese con personas o con una comunidad donde pueda ser sincero con sus sentimientos y encontrar ayuda genuina. Esté saludable por dentro para poder liderar desde una posición de fortaleza.

Finalmente, *las circunstancias difíciles pueden desencadenar problemas emocionales*. El estrés y la ansiedad relacionados con factores que están fuera de nuestro control tienen su forma de desgastarnos, y a veces no somos conscientes de lo que está sucediendo. Si se da cuenta de que se está volviendo crónicamente oscuro, pesimista y negativo, haga inventario de los factores que causan estrés en su vida. Quizá está experimentando muchos problemas a la vez. Tal vez está en riesgo de perder algo valioso, o está a punto de defraudar a personas que dependen de usted. Esas cosas no se deben tomar a la ligera, ya que tienden a salir en su tono, en sus expresiones faciales y en cómo trata a los que le rodean. Aunque quizá no sea capaz de cambiar las circunstancias (que es precisamente la razón por la que está ansioso), puede reconocer que usted *no* es usted en estos momentos, y puede mostrar algo de gracia a los que le rodean y a usted mismo.

3. ¿CUÁLES SON ALGUNAS FORMAS PRÁCTICAS EN LAS QUE PUEDO LIDERAR MIS EMOCIONES?

Una vez que ha identificado sus disfunciones recurrentes y lo que las desencadena, estará mejor equipado para liderar sus emociones. Esto es esencialmente una cuestión de sabiduría: determinar las cosas prácticas que puede hacer para adelantarse a sus sentimientos.

Yo me he dado cuenta de que cuando me siento emocionalmente activado en la noche, por lo general necesito un vaso de agua y una buena noche de descanso. Sé que lo que voy a sentir a las 7:00 de la mañana probablemente será algo completamente distinto a lo que sentiré a las 10:00 de la noche. Así que en lugar de tomarme mis emociones al pie de la letra o intentar resolver todo en el momento, simplemente dejo a un lado las decisiones, los problemas y las emociones durante la noche y los reevalúo en la mañana. Es un paso sencillo, y es muy personal. Quizá, en su caso, las mañanas son la parte más oscura de su día y trabaja mejor por las noches, quedándose hasta tarde. Está bien, tan solo conózcase a usted mismo.

También he descubierto que el ejercicio ayuda a proporcionar estabilidad emocional. Para mí, eso por lo general adopta la forma de básquet o golf. La ciencia nos dice que el ejercicio activa la liberación de endorfinas que ayudan a contrarrestar la adrenalina de las emociones intensas. Es una estrategia sencilla, pero eficaz, (y saludable) para mantener sus emociones a raya.

El descanso y el ejercicio son solo ejemplos, por supuesto. No hay algo de talla única cuando se trata de mantener el equilibrio emocional. Diferentes temperamentos y personalidades requieren estrategias distintas. Lo importante es ser consciente de sus tendencias emocionales cuando está bajo estrés y preocuparse por cuidar sus emociones, en lugar de dejar que ellas lo controlen a usted.

———

A lo largo de su viaje de liderazgo necesitará algo más que habilidad y talento para mantener su balance. Necesitará fortaleza mental. Necesitará fortaleza emocional. Necesitará saber cómo mantenerse en calma cuando "se extiende el temor", como escribió Warren Buffett durante la recesión, sabiendo que sus inversiones de liderazgo le rentarán si mantiene fría su cabeza y mantiene el rumbo.

Aprender a liderar sus emociones es un viaje de autocontrol y de consciencia de uno mismo, de habilidades sociales y gestión de relaciones. No es fácil, pero tampoco es imposible. Aprender a mantener la salud y estabilidad emocional, cómo creer en el futuro aún cuando el presente parece frágil e incierto. Y lo más importante, aprender a amar y servir a las personas que lo rodean, a pesar de todo.

APLICACIÓN CLAVE

 Aprenda a conocer, entender y dirigir sus emociones a lo largo de los altibajos de la vida.

Capítulo 8

NO INTERRUMPA SU ZANCADA

Hace algunos años atrás, le pidieron al Presidente del Tribunal Supremo, John G. Roberts Jr., que diera un discurso en la ceremonia de graduación de su hijo de noveno grado. Él dio las típicas palabras de saludo, gratitud e inspiración, pero su discurso después dio un giro inesperado. Los que hablan en las graduaciones, le dijo a su audiencia, por lo general desean buena suerte a la clase que se gradúa, pero él no iba a hacer eso. Después explicó por qué:

> De vez en cuando, en los años venideros, espero que sean tratados injustamente, para que aprendan el valor de la justicia.
>
> Espero que sufran alguna traición, porque eso les enseñará la importancia de la lealtad.
>
> Siento decirlo, pero espero que de vez en cuando se sientan solos, para que no den por hecho la amistad.
>
> Les deseo mala suerte, de nuevo, de vez en cuando, para que sean conscientes del papel del azar en la vida y entiendan que su éxito no es totalmente merecido, y que el fracaso de otros tampoco es algo totalmente merecido.

Y cuando pierdan, como les pasará de vez en cuando, espero que alguna vez su oponente les eche en cara sus fracasos. Es una manera en la que podrán entender la importancia de la deportividad.

Espero que alguna vez los ignoren para que aprendan la importancia de escuchar a otros.

Y espero que tengan solo el dolor justo para aprender la compasión.

Ya sea que les desee o no estas cosas, les van a suceder, y que se beneficien de ellas o no dependerá de su capacidad para ver el mensaje en sus desgracias.[1]

No estoy seguro de si una clase de graduación de chicos de noveno grado llegaría a apreciar sus palabras, pero hay mucha sabiduría en ellas.

La vida no siempre es fácil, pero cómo decidamos responder a las desgracias puede marcar la diferencia. Parte de aprender a liderarse a usted mismo es darse cuenta de que tiene dos opciones cuando se vea en una situación negativa: puede molestarse y tan solo tratar de sobrevivir, o puede aceptarla, aprender de ella y salir más fuerte.

Para mí, la zancada representa el ímpetu hacia delante. Es en parte actitud, en parte valor, en parte fe y en parte tozudez. Más que nada, no interrumpir la zancada significa no permitir que los obstáculos nos detengan.

Si ha visto a un corredor de la NFL apresar el balón contra su pecho y salir corriendo hacia delante, empujar y abrirse paso entre una línea defensiva, sabe lo que significa no dejar que nada interrumpa su zancada. Los buenos corredores nunca dejan de mover sus piernas, pase lo que pase. No les importa que una pared viviente de enormes seres humanos esté intentando derribarlos, ellos ya esperan eso, y de hecho progresan.

Una de las estadísticas que más importa a los corredores es la de "yardas después del contacto", lo cual se refiere a la distancia que recorren los jugadores *después* de que un jugador del equipo contrario les toca. Cualquiera puede parecer duro cuando le entregan el balón, pero es lo que el jugador hace y lo lejos que llega *después* del contacto lo que separa a los grandes corredores de los del montón. Un principio similar se aplica también al liderazgo. Todos los líderes tienen que luchar contra alguna forma de resistencia u oposición, eso se da por hecho. Lo que más importa es cómo respondemos después de ese primer contacto con esa pared.

No deje que nada interrumpa su zancada.

Una de las mejores cosas que puede hacer para vencer la resistencia o los obstáculos que enfrentará en el liderazgo, es prepararse antes de que lleguen los obstáculos. Lo hace decidiendo con antelación que no se rendirá fácilmente, que usted no es de los que abandonan. Aunque la gente lo abandone a usted, aunque la vida le arroje algo inesperado, incluso aunque se caiga y se levante y se vuelva a caer, no se detendrá. Sus piernas del liderazgo nunca dejarán de moverse. Intente prever qué cosas podrían interrumpir su zancada y básese en ellas. Aprenda de las cosas que le detuvieron en el pasado y esté mejor preparado la próxima vez.

¿QUÉ INTERRUMPE SU ZANCADA?

No interrumpir la zancada significa que, a largo plazo, usted va progresando regularmente. Es una mentalidad enfocada a largo plazo. Los obstáculos a corto plazo no le harán descarrilar si usted está decidido a seguir avanzando hacia sus metas a largo plazo. Los líderes que mantienen su zancada son líderes que están comprometidos a mantener el rumbo.

Aunque su zancada se vea interrumpida temporalmente por algo, los líderes encuentran una manera de recuperar el paso.

Por lo general, su zancada tiende a interrumpirse por algo concreto, no solo debido al desgaste general por el uso que produce la vida. Si alguna vez ha ido a correr al parque o por un campo y se ha tropezado con una piedra en su camino, conocerá el sentimiento de quebrar su zancada (y quizá también su tobillo) por algo inesperado. Es algo dramático, estremecedor y doloroso.

Del mismo modo, hay áreas u ocasiones concretas que pueden quebrar nuestra zancada como líderes. A continuación, tenemos cuatro de las principales áreas que he observado. Si se mantiene atento a ellas mientras continúa por su camino de liderazgo, es mucho más probable que pueda evitar tropezarse con ellas.

1. CONFLICTO RELACIONAL

Cierto grado de conflicto es inevitable cuando seres humanos imperfectos trabajan juntos. No es la presencia de conflicto lo que amenaza con interrumpir su zancada, sino su habilidad para procesarlo de una forma saludable. Es difícil avanzar cuando está teniendo conflicto en su familia o cuando los miembros de su equipo no se llevan bien. Es difícil enfocarse en el futuro cuando el dolor, el lamento o la amargura mantienen su mente atrapada en el pasado. Aunque no hay una solución de talla única para el conflicto relacional, puede decidir ser el tipo de persona que se involucra y trabaja en esos problemas en lugar de permitir que detengan su progreso.

2. PRESIONES ECONÓMICAS

Como ocurre con las dificultades relacionales, los retos financieros son parte de la vida para la mayoría de nosotros, al menos de vez en cuando. La falta de dinero puede ser un obstáculo genuino y frustrante para el avance. Sin embargo, aunque los problemas económicos son reales, el dinero no tiene por qué tener la última palabra en su liderazgo. Raras veces tendrá un presupuesto lo suficientemente grande para hacer todo lo que hay en su corazón o lo que está escrito en la pizarra de su sala de conferencias. Si lo tiene, ¡quizá necesite una pizarra más grande! Pero un límite financiero, como cualquier desafío, no es automáticamente algo malo. De hecho, puede fomentar la creatividad y el enfoque. Puede hacer que usted sea más eficaz. Puede hacer que se plantee preguntas difíciles que en algún momento tenía que hacerse; por ejemplo, si tiene que ajustar de alguna forma o no cierto programa, proyecto o posición. Cómo decida hacer frente a sus presiones económicas es una parte clave para no interrumpir su zancada. Mantenga los pies en el suelo, manténgase objetivo, manténgase positivo. Aunque tenga que hacer recortes o sacrificios, aunque no sepa lo que le deparará el futuro (y nadie lo sabe), no permita que entre el pánico. Eso nunca ayuda.

3. CIRCUNSTANCIAS INESPERADAS

Algunas circunstancias en la vida ya las esperábamos, o al menos nos dan algún aviso antes. Por ejemplo, usted tiene nueve meses para prepararse para un bebé. Eso no es suficiente, como cualquier papá o mamá le podrá decir, pero al menos sabe que llegará. Otras circunstancias, ya sean positivas o negativas, llegan sin previo aviso, como un repentino cambio de trabajo o una enfermedad.

El cambio raras veces es fácil, y a la vez la vida está llena de cambios. En la década de 1960 los psiquiatras Thomas Holmes y Richard Rahe conjeturaron que cualquier evento de la vida, deseable o no, que requiera un cambio importante es inherentemente estresante. Desarrollaron una herramienta llamada la Escala de Clasificación de Reajuste Social, que clasificaba varios eventos según el grado de reajuste necesario y el correspondiente nivel de estrés producido en los participantes. Ellos identificaron cuarenta y tres diferentes cambios de vida que la gente común enfrenta.[2] Y como el estrés es acumulativo, si usted está enfrentando varios cambios al mismo tiempo, sentirá el peso de todos ellos a la vez.

En resumen: el cambio es normal, y por lo general conlleva algún nivel de estrés, así que tiene que acostumbrarse a lidiar con ello. Solo porque la vida cambie no significa que tenga que interrumpir su zancada. Puede *ajustar* su zancada, establecer una nueva normalidad, y encontrar formas de seguir avanzando. Quizá cueste un poco recuperar la inercia, pero lo hará, porque es su zancada. Es quien es usted, es lo que hace, es cómo avanza. Si la pérdida le ha hecho descarrilar, duélase de forma sana, pero no viva así toda la vida. Digo esto con cuidado, porque algunas pérdidas viven con nosotros por mucho tiempo, pero incluso así, no tienen que paralizarnos. Evite cultivar el rencor hacia cualquier cosa que la vida le haya arrojado, y no se enoje cuando se vea ante obstáculos o resistencia en el futuro. En su lugar, enfóquese en ajustarse a cada nueva etapa y en aprender a dar otra vez pasos hacia delante.

4. FRACASO MORAL

Para mí, el fracaso moral se refiere a una acción que viola estándares ampliamente sostenidos que se espera razonablemente que la persona cumpla. No me refiero a áreas grises morales o asuntos de convicción personal, sino más bien a brechas de integridad importantes. Históricamente, si vemos el impacto de las decisiones morales de líderes clave, especialmente líderes que están en el ojo público, entenderemos que la moralidad es importante en todas las áreas de la vida: en el matrimonio y la familia, en la economía, en la comunicación y en todo lo que hacemos como líderes. Y quien es usted y lo que hace en un área traspasará inevitablemente a otras áreas, razón por la cual el fracaso moral puede tener un efecto tan grande sobre su zancada de liderazgo.

Si tiene problemas morales sin resolver, palabras y conductas que han comprometido su integridad, es probable que haya experimentado alguna interrupción en su zancada. Ejercite el autoliderazgo abordando lo que sea de manera directa. Reconozca el problema, discúlpese y restaure lo que sea posible restaurar. Dedique tiempo a tratar cualquier asunto que subraye su fracaso. ¿Mintió porque tenía miedo? ¿Gritó porque se sintió vulnerable? ¿Tomó malas decisiones porque tenía dolor? Busque ayuda, busque sanidad, busque perdón, pero no se retire de la vida.

Si no ha comprometido su integridad moral, pero se ve ante la oportunidad o está tentado a hacerlo, por favor considere las consecuencias a largo plazo. Busque la tercera opción, la que no conlleva una concesión moral, sino que lidia con cualquier conflicto a corto plazo que le esté empujando hacia alguna decisión lamentable. Aunque eso signifique consejería para la adicción, consejería matrimonial, restructuración organizativa, tiempos sabáticos, o cualquier otra serie de pasos que puedan tratar la dificultad inmediata o el dolor, todo eso es preferible a tomar una decisión que pueda lamentar durante el resto de su vida.

Estas cuatro cosas, conflicto relacional, presión económica, circunstancias inesperadas y fracaso moral, son algunos de los principales obstáculos que podrían interrumpir su zancada, pero hay otras. Según avanza por la vida, no pierda de vista su zancada, su ritmo de progreso, y aprenda a identificar (y evitar) asuntos concretos que podrían hacerle tropezar.

ESCOJA SU MENTALIDAD

No interrumpir su zancada en el liderazgo es, a menudo, una cuestión de actitud en lugar de circunstancias. Es decir, lo que importa incluso más que el problema que está enfrentando, incluyendo los cuatro mencionados arriba, es su fortaleza mental y su decisión de mantener una perspectiva positiva cuando le hace frente.

Napoleon Hill, autor de los libros *Piense y hágase rico* y *La actitud mental positiva: un camino hacia el éxito*, popularizó primero la idea de la AMP (actitud mental positiva) como una fuerza contributiva en el logro y el éxito. Para Hill, una actitud mental positiva está caracterizada por la fe, la esperanza, la valentía, la iniciativa, la generosidad, la tolerancia y otras mentalidades positivas. Estas características no son propiedad exclusiva de individuos dotados, sino más bien cualidades de carácter que cualquiera puede desarrollar. Lo cual significa que al margen de cuáles sean sus circunstancias, su actitud está bajo su control: puede escoger su mentalidad. Ese es el punto de inicio para su AMP.

El término "optimismo" es, en muchos aspectos, sinónimo de AMP. El autor y experto en liderazgo Peter Northouse define *optimismo* como "el proceso cognitivo de ver las situaciones desde una luz positiva y teniendo expectativas favorables sobre el futuro". Él afirma: "Los líderes con optimismo son positivos acerca de sus capacidades y los resultados que pueden conseguir".[3]

Los expertos debaten si los individuos son optimistas o pesimistas por naturaleza o por decisión propia, pero al margen de cuál sea su inclinación natural, su crianza o su experiencia en el liderazgo, aún podemos escoger adoptar un punto de vista positivo. De nuevo, usted decide su actitud. Y como nota al margen, también tiene algo que decir en cuanto a las personas de quienes se rodea. Las personas que hay en su vida y en su equipo pueden promover optimismo o luchar contra él. Hasta el punto en que usted sea capaz, busque personas positivas, pase tiempo con personas positivas, contrate a personas positivas, ascienda a personas positivas. Que usted sea optimista, y que esté rodeado de optimismo, depende en gran parte de usted.

Actitud Mental Positiva es una forma de describir el poder del pensamiento optimista, pero hay otras. En su libro *El liderazgo centrado en principios*, el educador y empresario Stephen Covey aporta una idea similar usando los términos *abundancia* y *escasez*. Según Covey, los líderes con una mentalidad de escasez tratan la vida como un juego de suma cero: las ganancias y las pérdidas tienen que estar balanceadas, así que la ganancia de una persona es la pérdida de otra.[4] En otras palabras, si usted tiene esta mentalidad y alguien gana algo como elogios, un ascenso o una oportunidad, usted lo experimentaría como una pérdida personal, lo cual crea inseguridad y competencia porque no quiere perder. Por el contrario, si tiene una mentalidad de abundancia, verá las ganancias de otros como ganancias para todos, y estará mucho más abierto a las contribuciones y los éxitos de quienes le rodean.

Cuando se encuentra batallando con una actitud en una situación desafiante, ¿cuál suele ser su mentalidad? ¿Tiene una mentalidad de abundancia o una mentalidad de escasez? ¿Cree que es posible que todos ganen, que hay suficiente para todos, y que pueden trabajar juntos para encontrar una solución? ¿O siente miedo y se pone a la defensiva, preocupado de que una solución que sea ganancia para otros pueda ser una pérdida para usted? Si ve que se dirige hacia una mentalidad de escasez, reconozca lo que está sucediendo y recupere una mentalidad de abundancia. Recuerde: usted se lidera a sí mismo, y puede determinar su actitud y escoger ser positivo.

Me encanta esta frase de la leyenda del básquet Michael Jordan, que era uno de los héroes de mi infancia:

He fallado más de 9000 lanzamientos en mi carrera. He perdido casi 300 partidos. Veintiséis veces han confiado en mí para lanzar el tiro ganador del partido y lo fallé. He fallado una y otra vez en mi vida. Y esa es la razón por la que tuve éxito.[5]

Fallo, resistencia, carencia, pérdida: son una parte inevitable del tejido del liderazgo. Pero no tienen que detenerlo. Si puede encontrar el "mensaje en su desgracia", como dijo Justice Roberts, puede que eso lo impulse hacia delante.

APLICACIÓN CLAVE

 No deje que nada interrumpa su zancada: a pesar de lo que pueda enfrentar, mantenga una actitud positiva, haga los ajustes necesarios y siga avanzando.

Capítulo 9

CONVIÉRTASE EN ALGUIEN A QUIEN QUIEREN SEGUIR

Dries Depoorter es un artista digital belga que combina la electrónica y un oscuro sentido del humor para crear obras de arte y aplicaciones que subrayan asuntos tales como la identidad social, la vigilancia, la codificación y la privacidad en el Internet. Una de sus primeras obras de arte, llamada "Arreglo rápido", es una máquina expendedora que funciona con monedas y que dispensa "me gusta" y "seguidores" para las redes sociales. Compuesta por poco más que una placa de circuito, un teclado y una pantalla LCD, su máquina montada en la pared permite a los clientes depositar entre uno y tres euros, teclear sus redes sociales y recibir de inmediato cierto número de "me gusta" o de "seguidores", todos ellos de cuentas falsas.[1]

El proyecto es un comentario perceptivo sobre la necesidad que sienten las personas de aumentar su presencia en las redes sociales. La historia bien podrá mirar atrás a esta era y definirla como la era de las redes sociales. Es imposible enfatizar en exceso el impacto de tener acceso instantáneo a la atención y las opiniones de tantas personas. Según los datos compilados por la agencia creativa "we are social" (somos sociales), casi la mitad de la población mundial, unos 3500 millones de personas, usan de forma activa las redes sociales.[2]

La naturaleza fácilmente cuantificable de las redes sociales (número de seguidores, visualizaciones, me gusta, comentarios, respuestas y más) se presta rápidamente a la comparación, y la comparación inevitablemente se convierte en competición. Esto es especialmente cierto cuando está en juego publicitar dólares. Y hay muchos dólares en juego en la economía en línea de hoy. Kim Kardashian West dijo en un documento legal, según *Business Insider*, que recibe entre 300 000 y 500 000 dólares por "una sola publicación en Instagram promocionando algún producto de otra compañía que me gusta".[3]

Una bloguera de belleza, un diseñador de moda, fotógrafo o *influidor* que quiera hacer dinero anunciando productos, o darse a conocer, debe tener una gran masa de seguidores para destacar entre la competencia. Y eso, predeciblemente, ha conducido al ambiguo negocio de comprar seguidores. Aunque la práctica no está bien considerada, generalmente parece funcionar, al menos en algunas ocasiones, porque los anunciantes siguen queriendo ver números. La consultora de redes sociales Anita Hovey le dijo a un entrevistador: "Todos hemos estado intentando verlo de otra manera, decir que la calidad importa más que la cantidad, pero aún quedan muchos clientes ahí fuera que piensan solamente en números. La gente ve su alcance como un número concreto y basa sus juicios en eso".[4]

En la economía *influidor*, donde se paga a muchas personas según su alcance en las redes sociales, las marcas están pagando de forma rutinaria dinero extra para tener seguidores que no existen. La marca de seguridad Cheq, junto al economista y profesor de la Universidad de Baltimore, Roberto Cavazos, realizó un análisis exhaustivo sobre el impacto de los seguidores falsos en el sector de la publicidad. Llegaron a la conclusión de que el mercado de los *influyentes* falsos les costó a los anunciantes 1300 millones de dólares en 2019.[5] Calculan que el costo en 2020 será mayor, unos 1500 millones de dólares. Claramente, los asuntos de los seguidores falsos, los líderes falsos y de la falsa influencia no van a desaparecer.

> **Si quiere una influencia genuina, tiene que ser una persona a la que quieran seguir genuinamente.**

No me malentienda: no creo que las redes sociales sean malvadas o que todos los *influyentes* sean unos estafadores, pero el debate y la controversia en torno a los seguidores en las redes sociales tienen una consecuencia importante para nosotros como líderes: ganar seguidores, y por lo tanto ganar influencia; eso no es algo que se pueda forzar, fingir o manipular sin que haya consecuencias. En las redes sociales, a los seguidores falsos se les mira mal, no solo porque sea deshonesto y poco ético que a alguien le paguen por una influencia que no existe, sino también porque la influencia sana y auténtica se produce de una manera: siendo alguien a quien se quiera seguir. Lo mismo ocurre en el verdadero liderazgo.

TRABAJE PRIMERO EN USTED MISMO

Los líderes tienen que preocuparse más por ser personas a quienes se quiera seguir que por ganar seguidores, y no estoy hablando ahora de las cuentas en las redes sociales. Estoy hablando sobre cada área de la vida y el liderazgo. Que lo puedan seguir simplemente significa que usted tiene lo que se necesita para que otros lo sigan. Significa que otros quieren aprender de usted, imitarlo y trabajar con usted.

Convertirse en alguien a quien otros quieren seguir implica trabajar primero en usted mismo, no en su imagen o en su marca, sino en *usted*. En el usted real. En la persona en la que otros se apoyarán en los momentos difíciles; la persona que es cuando nadie está a su alrededor. Significa desarrollar la habilidad, el carácter y el conocimiento necesarios para liderar a otros.

En numerosas ocasiones he escuchado a hombres jóvenes describir en detalle lo que buscan en su futuro cónyuge, y a menudo su lista de cualidades y calificaciones es lo suficientemente irreal como para asustar a cualquier mujer sensata. Yo suelo decir algo parecido a esto: "No se enfoque en encontrar a la mejor mujer que pueda. Enfóquese en ser el mejor hombre, el mejor futuro esposo, el mejor futuro padre".

Lo que *quiero* decir, pero raras veces digo, sonaría algo así: "Amigo, para empezar, esa mujer no existe. Y segundo, si existiera, Dios mismo no te va a dar alguien así si no tienes un empleo o alguna habilidad particular que no sea jugar a los videojuegos, porque ella se merece algo más que eso. Trabaja primero en ti mismo".

Si ignora quién es usted y se enfoca solo en ganar influencia y seguidores, será vulnerable a la misma tentación que tienen los influyentes de Instagram: hacer lo que sea necesario para engordar los números. La influencia auténtica, sin embargo, no se puede medir con un número. No se puede reducir a cuántas personas descargan su podcast, compran su libro, asisten a sus seminarios o lo etiquetan online. Esos pueden ser indicadores de influencia, pero nunca pueden contar toda la historia. La influencia es algo mucho más complicado que eso. Si usted es el tipo de persona a la que otros quieren seguir, los números se cuidarán de sí mismos, su influencia crecerá, y usted será capaz de empezar su propia línea de productos de belleza. Bueno, quizá no lo último, pero los dos primeros por lo general seguirán, al menos con el tiempo.

Enfóquese en que quieran seguirlo, porque la responsabilidad de liderar a otros no es poca cosa. Ya hemos visto que ningún líder es perfecto, así que no estoy hablando de soportar un peso que solo Dios mismo soportaría; pero si usted lleva el título de líder, también lleva la responsabilidad de un líder. En vez de enfocarse en los seguidores, enfóquese en ser la persona que necesitarán sus futuros seguidores para que esté preparado cuando estos lleguen. Cuando haga eso, descubrirá que la influencia y el liderazgo tienden a producirse de forma natural, con el tiempo, de una forma orgánica y auténtica. Y ese es el mejor tipo de influencia.

CINCO CARACTERÍSTICAS DE UN LÍDER AL QUE QUIEREN SEGUIR

Entonces ¿cómo se convierte usted en un líder al que quieren seguir? Convirtiéndose en el líder al que usted mismo querría seguir. ¿Qué busca *usted* en un líder? ¿Qué respeta o aprecia? ¿Qué lo decepciona o desmotiva? Preguntas de este tipo le ayudarán a convertirse en el líder que la gente está buscando.

Vale la pena destacar que no debería intentar ser el líder que las personas *piensan* que quieren, sino más bien el líder que *necesitan*. Liderar no tiene que ver con ganar popularidad o con acumular elogios. No se trata de ser el mejor amigo de todos. Los buenos líderes aprenden qué necesitan sus seguidores y les proporcionan eso consistentemente.

Entre todas las cualidades o características que los líderes podrían mostrar, hay varias que destacan como rasgos innegociables de un líder a quien los demás verdaderamente quieren seguir. Estas cinco cualidades tienen el poder de inspirar a otros a confiar en usted, a escucharle y seguirle, aún cuando el viaje no sea exactamente lo que ellos esperaban. Haga de estos rasgos parte de su vida, y no tendrá que preocuparse por encontrar seguidores: ellos lo encontrarán a usted.

1. INTEGRIDAD

Integridad significa que la persona es igual por dentro que por fuera, en público y en privado, hoy y el año que viene. Significa que no tiene estándares dobles. No estoy diciendo que no cambiará nunca, sino que incluso sus cambios serán auténticos y transparentes. Las personas tienen que saber que pueden contar con usted. La hipocresía y la falta de honestidad son dos de las maneras más rápidas de perder la influencia. Si usted engaña a alguien en un área, pierde credibilidad en todas las áreas. Su integridad es su credibilidad, y su credibilidad es su moneda de liderazgo. Cuando las personas saben que pueden contar con su integridad, eso les permite seguirle, aunque no entiendan del todo la dirección por la que usted va, o no estén plenamente de acuerdo con ella. Confiarán en usted, así que confiarán en su liderazgo.

2. ALTRUISMO

El altruismo es tener un interés genuino por el bienestar de los demás. En el liderazgo, se refiere a nuestro deseo de servir, ayudar y dar a otros, especialmente al equipo y la organización que lideramos. El liderazgo tiene que ver con servir, no con recibir. Las personas solo seguirán a un líder egoísta durante cierto tiempo, porque no querrán vincular su futuro a alguien que no tiene sus mejores intereses a la vista. Se puede fingir el altruismo por un tiempo, pero no para siempre, razón por la cual los buenos líderes son intencionales con respecto a ser conscientes de sus motivaciones y mantenerlas puras.

Dé todo lo que pueda, tantas veces como pueda, por tanto tiempo como pueda. Esa es esencialmente la descripción del trabajo de un líder en cualquier área de la vida. Y las recompensas a largo plazo como lealtad, relación, crecimiento de equipo y éxito organizacional, bien valdrán la pena el sacrificio.

3. SEGURIDAD

Los líderes seguros tienden a atraer seguidores; los líderes inseguros tienden a repelerlos. Los líderes seguros tienden a soltar a las personas en las áreas para las que tienen dones; los líderes inseguros a menudo los sabotean de forma sutil. Las personas seguras celebran el éxito de los miembros de su equipo; los líderes inseguros se sienten frecuentemente amenazados por ellos. Como líder, aprenda a ser seguro. Cuando lo consiga, creará un entorno seguro y empoderador que atraerá y mantendrá a seguidores de calidad.

4. POSITIVIDAD

Su actitud mental positiva tendrá un profundo efecto en su influencia. Cualquiera puede profetizar pesimismo y fracaso, cualquiera puede hacer de abogado del diablo, cualquiera puede enumerar las razones por las que un proyecto podría fallar, pero se necesita una mezcla especial de valentía, fe y fuerza mental para mantener regularmente la esperanza, y eso es algo que la gente busca en un líder. La positividad tampoco tiene que ver siempre con declarar éxito en las cosas grandes. Puede ser tan sencillo como expresar gratitud, apreciar los pequeños avances, reírse de las pequeñas cosas divertidas que suceden durante el camino, celebrar aniversarios e hitos, y reconocer las aportaciones de los miembros del equipo. Los buenos líderes aprovechan cada oportunidad para señalar lo mejor en la gente y en las situaciones que viven.

5. CONSISTENCIA

La consistencia está directamente ligada a la integridad. Si tiene usted integridad, significa que su moralidad y sus valores son constantes, no situacionales, que no cambian fácilmente. El resultado, a nivel práctico, es un liderazgo consistente. Usted trata a todas las personas igual, día tras día. Tiene las mismas funciones, establece las mismas expectativas, predica la misma visión y tiene las mismas reacciones, día tras día. Las personas aprenden que pueden depender de usted, lo cual produce el bien más valioso del liderazgo: confianza.

El experto en liderazgo Peter Northouse escribe: "La confianza tiene que ver con ser predecible o confiable, incluso en situaciones que son inciertas. Para las organizaciones, los líderes fomentan la confianza articulando una dirección y después implementando consistentemente esa dirección, incluso aunque pueda que la visión conlleve un alto grado de incertidumbre".[6] Las personas tienen que saber que la dirección no va a cambiar por capricho. Tienen que saber que lo que ellos están construyendo, a quienes están sirviendo y donde van, es relativamente estable. Como líderes, hay mucho que no podemos controlar en el mundo que nos rodea, pero podemos ser consistentes, firmes y fiables.

EL CARÁCTER VENCE A LA VISIÓN

¿Se dio cuenta de que "visión" no está en mi lista de cinco características? Hay dos razones al respecto. Primero, la visión es algo dado. Si no está persiguiendo una meta común, no irá a ninguna parte, y no es usted un líder. Quizá sea un gerente, pero los líderes, por definición, se dirigen a algún lugar. Tienen una visión.

Segundo, la visión está en segundo lugar, tras el carácter. Luego de haber analizado y entrevistado a líderes muy reconocidos, y al haber trabajado con innumerables líderes, he visto una y otra vez que las personas invierten en líderes antes de invertir en la visión. La visión es importante, pero las personas confían más en los líderes que en la visión. Por el contrario, quedan más decepcionados y heridos por los líderes que por la visión. La visión es, en gran parte, estática. Lo que hace que una visión sea dinámica es la pasión y la personalidad del líder. Conviértase en el líder basado en carácter que debería ser, y la visión se ocupará de ella misma.

Quien es usted siempre hablará más alto y liderará mejor.

Ralph Waldo Emerson escribió: "Enseñamos lo que somos, no de forma voluntaria sino involuntaria. Los pensamientos llegan a nuestra mente por avenidas que nunca dejamos abiertas, y los pensamientos salen de nuestra mente mediante avenidas que nunca abrimos voluntariamente. El carácter enseña más que nuestra cabeza".[7] La última frase, "el carácter enseña más que nuestra cabeza", resume el poder de un líder que es intencional con respecto a convertirse en alguien a quien otros quieren seguir. Lo que más importa no es lo que usted dice, lo que usted escribe, lo que usted predica, lo que usted dibuja en la pared o lo que se tatúa en el hombro.

APLICACIÓN CLAVE

 Conviértase en el tipo de líder que la gente quiere seguir, y la influencia se cuidará de sí misma.

Capítulo 10

¿A QUIÉN ESCUCHA?

En 2011, la compañía Boeing se hallaba en una carrera con su rival Airbus para diseñar y suministrar aviones de pasajeros para el mercado aéreo comercial. Airbus recientemente había lanzado su popular Airbus A320neo y estaba empezando a traspasar el territorio de Boeing en algunos sectores del mercado. Al verse ante restricciones de tiempo y presiones económicas, Boeing decidió modernizar el 737, su avión de pasajeros superventas presentado por primera vez en 1967, en lugar de diseñar un nuevo avión desde cero. Lo llamaron el 737 Max.

La primera prueba de vuelo se produjo en enero de 2016. El 737 Max recibió la certificación de la FAA en marzo de 2017 y comenzó el servicio comercial solo unos meses después, en mayo. Boeing ya tenía miles de pedidos, y la producción iba a toda máquina.

En menos de dieciocho meses después de que comenzaran los vuelos comerciales, llegó la tragedia. En octubre de 2018 una aeronave 737 Max, propiedad de la aerolínea indonesia Lion Air, se estrelló en el mar, matando a los 189 pasajeros. Aunque nadie sabía qué fue lo que provocó el accidente, las primeras sospechas apuntaban a un sistema de control de vuelo diseñado para impedir que el avión se ahogara. Boeing lanzó un boletín alertando a las compañías aéreas de la necesidad de un mejor entrenamiento del piloto en ese sistema.[1] Pero después se produjo una segunda tragedia. En marzo de 2019 un 737 Max de Aerolíneas Etíopes se estrelló con 157 pasajeros a bordo; de nuevo, no hubo supervivientes.

¿Dos desastres en la misma aeronave en menos de cinco meses? Realmente algo andaba mal. Boeing sufrió un escrutinio considerable de la FAA, los medios de comunicación y el mundo entero. Todos querían respuestas. Al mismo tiempo, las aerolíneas que habían solicitado comprar 737 Max querían saber cuándo recibirían sus aviones.

Por consiguiente, Boeing y su CEO, Dennis Muilenburg, sufrieron una serie de traspiés. Cuando el periodista Chris Isidore de *CNN Business* analizó las decisiones de la compañía después de los accidentes, concluyó que Boeing fue "demasiado optimista" en cuanto a un arreglo rápido y "parecía ignorar los problemas que acarrearía" conseguir la aprobación de la FAA para las soluciones que esperaban presentar. Según Isidore, Boeing estimó erróneamente la gravedad del problema, incumplió multitud de fechas límite, y finalmente cerró la producción sin un programa para volver a empezar. "Se calcula que los costos para Boeing serán de más de 10 000 millones de dólares", dijo él, y "Boeing tardará años en recuperarse de los problemas que provocó el avión".[2]

Isidore echó la culpa de lleno sobre los hombros del CEO. "Desde el comienzo de la crisis del 737 Max, el CEO de Boeing, Dennis Muilengurg, subestimó gravemente los muchos problemas que enfrentaría la empresa". Finalmente le costó a Muilenburg su empleo.

Solo el tiempo dirá cuánto habrá que culpar a Muilenburg verdaderamente de los errores de Boeing, tanto antes como después de los accidentes fatales. Él es solo una persona, a fin de cuentas, a la cabeza de una compañía que contrata a más de 150 000 personas.[3] Y, sin embargo, como CEO estuvo en pie y después cayó, por toda la empresa. "Boeing no ha sabido manejar todo esto", dijo Scott Hamilton, un consultor de la industria de la aviación, añadiendo que Muilenburg era "la cara de Boeing. Todo eso se produce bajo su mandato".[4]

Como la cara de Boeing que era, Muilenburg cargó con las consecuencias de tomar malas decisiones. Pero me pregunto por las fuentes que hay detrás de esas decisiones. ¿Sobre qué reportes basó él sus programas de producción? ¿Quién le aconsejó sobre cómo responder al accidente inicial? ¿Quiénes fueron los ingenieros que dieron sus reportes a los medios, al Congreso y a los clientes? Las decisiones importantes raras veces las toma una sola persona. Más bien, son el resultado de numerosos factores y voces que implican desde la parte más alta a la más baja de la cadena de liderazgo. Y sin embargo una persona, por lo general el CEO u otro alto ejecutivo, a menudo es el responsable de las decisiones de toda una organización, al menos para el ojo público.

Una de las verdades más aleccionadoras del liderazgo es que los líderes son los máximos responsables de las decisiones de la organización, pero deben depender de la información y el consejo de otras muchas personas en sus equipos. Una vez que los líderes tienen influencia y responsabilidad en las grandes organizaciones, no pueden tener conocimiento de primera mano de cada operación, lo cual significa que tienen que confiar en el consejo, la experiencia y las opiniones de las personas que se reportan a ellos. Por lo tanto, las personas a las que ellos deciden escuchar, los que les informan, aconsejan, mentorean e influencian de cualquier otra forma, son muy importantes.

Como líderes, las personas a las que influenciamos y afectamos pueden o no conocer las fuentes de nuestra información, pero nosotros *sí deberíamos* conocerlas. Es nuestra responsabilidad asegurarnos de que esas fuentes son una base fiable para las decisiones de liderazgo que afectan a muchas personas.

PERSONAS Y MOTIVACIONES

Al considerar a quién escucharemos, hay dos voces importantes a considerar: la voz externa y audible de otras *personas*, y la voz interna y silenciosa de nuestras *motivaciones*. La primera es bastante obvia, mientras que la segunda es mucho más sutil; ambas, sin embargo, influyen grandemente en nuestras decisiones. Veamos cada una de ellas con más detalle.

1. PERSONAS

Uno de sus principales desafíos como líder es rodearse de las personas correctas y escucharlas. Gran parte del liderazgo tiene que ver con la toma de decisiones, pero la toma de decisiones comienza con la información y el consejo. Si tiene un mal consejo, probablemente tome malas decisiones; si tiene un buen consejo, probablemente tome buenas decisiones. Los líderes tienen que enfocarse en ambos extremos del proceso: conseguir buen consejo de personas sabias, y después tomar decisiones informadas que avancen al equipo hacia la meta.

Puede sonar contradictorio en un principio, pero realmente no puede culpar a alguien por darle un mal consejo si usted sigue ese consejo y las cosas se van a pique. ¿Por qué? Porque usted escogió pedir consejo a esa persona, y decidió seguir el consejo. Esas decisiones le corresponden a usted. Por eso es tan importante asegurarse de tener a las personas correctas hablando a su vida. La primera decisión que usted toma (y las decisiones que afectan todas las demás decisiones) es la decisión acerca de a quién va a escuchar, creer, y quién influirá en usted.

Las personas que usted escucha deberían ser personas que hayan demostrado ser fiables, emocionalmente maduras y sabias. Debería ser consciente de sus tendencias, sus personalidades, sus fortalezas y debilidades, sus reacciones bajo presión, sus temores y sus metas. Fue aquí donde Roboam* se equivocó. Él escuchó a un grupo de iguales sin experiencia real de liderazgo antes que a consejeros que habían servido a su padre durante décadas.

Pase el tiempo que sea necesario hasta situar a las personas correctas en los puestos correctos en la mesa de toma de decisiones. En otras palabras, sepa a quién consultar según las diferentes áreas de necesidad. Esto incluye no solo a su equipo, sino también a consultores externos o consejeros.

 Usted necesita personas que puedan ver sus ángulos muertos y que no tengan miedo de hablarle de ellos, pero que también respeten su liderazgo.

Usted necesita personas que sepan cómo celebrar las cosas positivas y lidiar con las negativas. Necesita personas que sean buenas en lo que usted es malo y que se preocupen de las cosas que usted por lo general olvida. Necesita personas que piensen distinto a usted, pero que compartan su visión. Necesita personas que sean positivas, pero que no sean pusilánimes; que animen, pero no sean aduladores y manipuladores; sinceras, pero sin una lengua afilada; empáticas pero no casos perdidos emocionalmente.

Hace unos veranos atrás comí con el escritor y gurú de liderazgo Craig Groeschel, que es uno de mis héroes de liderazgo. Le pregunté qué haría él si tuviera mi edad, y respondió que invertiría en líderes. Me animó a tomar los principios que

---

* Ver 1 Reyes 12: 1-15.

yo había estado estudiando y las experiencias que había obtenido en el liderazgo de la iglesia y ponerlos a disposición de una audiencia más amplia. Fue esa conversación la que me incitó a empezar mi podcast de liderazgo, *Leadership Lean In*, y posteriormente a escribir este libro. Si no hubiera pedido consejo, dudo que hubiera sentido la urgencia o la valentía de dar esos pasos. Craig vio una necesidad, y vio algo en mí que yo no había visto. Sus palabras me alentaron a hacer lo que no habría hecho yo solo.

Ese es precisamente el poder de un buen consejo: ayudarnos a hacer cosas que de otra forma no habríamos hecho, o ayudarnos a evitar errores que estamos a punto de cometer. Más recientemente, la iglesia que lidero lanzó un segundo lugar de reuniones dominicales. Yo había sido parte de iglesias que habían hecho eso, y supuse que sabía lo que hacía. Estaba equivocado. Sobrevivimos, pero, para ser sincero, cometimos muchos errores evitables. Tras un año aproximadamente, finalmente hicimos lo que debíamos haber hecho desde el principio: enviamos a nuestros líderes clave a aprender directamente de un par de iglesias que estaban haciendo con éxito lo que nosotros habíamos intentado. Si hubiéramos pedido el consejo primero en vez de titubear por nuestra propia cuenta, probablemente nos podríamos haber ahorrado entre seis y nueve meses de trabajo perdido y algunos golpes y arañazos durante el camino.

Los buenos líderes escuchan las voces correctas no solo cuando su organización es pequeña, sino incluso más cuando empieza a crecer. Tengamos en mente que las opiniones se multiplicarán con el crecimiento organizacional. Mientras mayor se haga la organización, más críticos y resentidos tendrá usted como líder. Cuando eso ocurre, podría verse tentado a retirarse y cerrar filas, pero no ceda a la tentación de reducir su círculo de consejeros. Los buenos líderes tienen una mesa llena de voces de influencia. De hecho, a medida que crece su equipo u organización, necesitará mesas, en plural, porque probablemente usted será el responsable de varios equipos.

2. MOTIVACIONES

"Motivaciones" se refiere a las fuerzas o razones internas que están detrás de lo que hacemos y decimos. A diferencia de las voces fácilmente identificables de las personas a las que escuchamos, la voz de nuestras motivaciones a menudo es difícil de definir. Las motivaciones se esconden bajo la superficie; son intangibles e invisibles, reveladas principalmente a través de las acciones que incitan. Es difícil conocer las motivaciones de nuestro propio corazón, y es incluso más difícil, quizá imposible, conocer las motivaciones de otra persona. Y, sin embargo, casi todo lo que hacemos está basado en motivaciones. Incluso cuando esas motivaciones son inconscientes, siguen estando ahí, ejerciendo una poderosa influencia en cada aspecto de nuestra vida. Son voces que guían nuestras interacciones, nuestras decisiones y nuestro liderazgo.

Su reto como líder es aprender a identificar las voces internas que escucha. ¿Por qué hace lo que hace? ¿Por qué habla, actúa, piensa y gasta del modo en que lo hace? ¿Está influenciado por motivaciones negativas como el temor, la inseguridad o la avaricia? ¿O por otras positivas como la integridad, la excelencia y el amor? Para liderarse bien a sí mismo tiene que conocerse, y eso incluye conocer las motivaciones que influyen en sus decisiones. Usted puede justificar casi cualquier decisión de liderazgo si lo intenta las veces suficientes, pero eso no hace que la decisión sea la correcta, y mucho menos que sea una decisión tomada por las razones correctas.

Antes de tomar una decisión, revise las motivaciones. Hágase unas cuantas preguntas:

+ ¿Por qué quiero hacer esto?

+ ¿Cuáles son mis motivaciones superficiales, las que se ven a primera vista?

+ ¿Cuáles son mis motivaciones subyacentes, las que están escondidas en lo profundo?

Si sus motivaciones son principalmente egoístas, como orgullo, ambición, venganza, temor, lujuria, etc., no debería confiar en su propio corazón. Cuando su "sabiduría" interna está torcida por el egocentrismo, la autoprotección o el autoengrandecimiento, sus decisiones nunca funcionarán bien a largo plazo. Por el contrario, si sintoniza con las motivaciones altruistas de su corazón, como amor, bondad, perdón o generosidad, le resultará más fácil tomar decisiones saludables porque estará escuchando las voces correctas.

Al ser la naturaleza humana como es, a menudo somos lentos a la hora de reconocer en nosotros mismos esas motivaciones que tienden a estar escondidas u ocultas, como el orgullo, la ambición y la venganza, a menos que tengamos un poco de ayuda. Esa ayuda a menudo viene en forma de un amigo de confianza, familiar o miembro del equipo que nos desafía; un proyecto o empresa que se está desmoronando, y fuerza a realizar una introspección atrasada; o una autoevaluación humilde e intencional. De nuevo, estamos hablando sobre el liderazgo de uno mismo, así que, obviamente, el escenario ideal es el tercero: la autoevaluación. Pero no desechemos tampoco los dos primeros. Y si se producen, asegúrese de no descartar los fallos como si fueran culpa de otra persona. Cada fracaso es una invitación a aprender algunas lecciones valiosas sobre usted mismo. Acepte la invitación.

Ser consciente de las motivaciones que están detrás de sus acciones, decisiones y palabras es la única manera de asegurarse que está siendo guiado por las voces correctas. Usted decide qué influencias escuchar, a qué fuerzas ceder, qué urgencias atender. Aunque no siempre es fácil mantener puras sus motivaciones, es tanto posible como necesario, porque sus acciones y sus palabras finalmente reflejarán a quién está escuchando usted en su interior.

BALANCEAR EL PODER DE LAS OPINIONES

El liderazgo requiere balancear la delicada tensión de preocuparse lo suficiente, pero no demasiado, por lo que las personas dicen, piensan, escriben y hacen. Usted lidera a personas, y por lo tanto sus opiniones importan, especialmente en el caso del círculo interno de consejeros del que hablábamos antes. Pero no puede dejar que sus decisiones se vean afectadas por cada opinión que oiga, porque hay tantas opiniones como personas existen.

¿Alguna vez ha oído la fábula de Esopo titulada "El hombre, el niño y el burro"? La historia comienza con un hombre y su hijo que van caminando al mercado con su burro. Por el camino, algunos se ríen de ellos por ir caminando junto al burro en lugar de ir montados en él, así que el niño se monta en el burro. Llega otro y critica al niño por dejar que su papá vaya caminando, así que se cambian de lugar. Otra persona se acerca y ridiculiza al papá por ir montado mientras su hijo va caminando, así que deciden montarse los dos. Eso, naturalmente, provoca críticas en defensa del pobre animal, así que el hombre y su hijo finalmente deciden cargar al burro llevándolo en un palo que sostienen entre lo dos. Esa ridícula decisión hace que todos se rían incluso más de ellos. Finalmente, el burro se escapa, se cae a un río y se ahoga. ¿La moraleja? "Agrade a todos, y no agradará a nadie".[5]

Si no le importa lo que dice la gente, podría convertirse en un dictador: frío, egoísta e intratable. Probablemente tomará malas decisiones porque estará emitiendo decretos desde dentro de una burbuja. Pero si le importa demasiado lo que dice la gente, podría terminar pensando demasiado en todo, cediendo en sus estándares, y tomando decisiones en base a quién es menos probable que se ofenda. Ninguna opción es una buena base para el liderazgo.

A menudo, se reduce a estar seguro en sus decisiones. "Si no defiende algo, no defenderá nada", dicen algunos. Cuando sabe usted quién es y dónde se dirige, y cuando está seguro de que ha tomado sus decisiones informado por las personas correctas, no tiene que dejarse llevar por la crítica. Es más probable que tome decisiones sabias, empáticas y maduras, y menos probable que ahogue a su burro en un río.

————

Escuchar las voces erróneas puede tener consecuencias negativas trascendentales para los líderes, como desgraciadamente ilustra la historia del CEO de Boeing, Dennis Muilenburg. Por eso, *a quién* escucha usted es muy importante. Ya sean las personas que se sientan alrededor de la mesa o las motivaciones dentro de su cabeza, usted es quien escoge las voces que influencian lo que usted dice y hace. En cada decisión importante, vale la pena tomarse el tiempo de escuchar cuidadosamente para tomar decisiones informadas, sabias y transformadoras.

APLICACIÓN CLAVE

A quién escucha y quién influencia sus decisiones afectará profundamente su liderazgo, así que escoja sabiamente qué voces permite en su liderazgo.

————

Liderarse a usted mismo, ya sea que eso signifique identificar sus fortalezas, aceptar sus debilidades, llegar a ser emocionalmente inteligente o escuchar a las personas correctas, es el fundamento esencial para liderar a personas. Pero aunque el liderazgo comienza con usted, no termina en usted. El liderazgo tiene que ver con *personas*. Hay personas a su alrededor que necesitan lo que usted tiene y que están esperando seguirle. Y si hay una lección de liderazgo que sobresale por encima de las demás, es esta: lo que más importa son las personas. En la Parte 2 exploramos la parte del liderazgo que tiene que ver con lo que significa ser mejor con las personas.

Parte 2

LAS PERSONAS SON LO MÁS IMPORTANTE

El liderazgo comienza con usted porque no puede liderar a otros si primero no puede liderarse a sí mismo. Por eso los capítulos en la Parte 1 se enfocaron en el conocimiento de uno mismo, el autoliderazgo y el autocontrol.

Pero aunque el liderazgo comienza con usted, no se trata de usted.

Las personas pueden oler nuestra falta de autenticidad. Pueden decir si estamos en esto por causa de ellos o meramente por nosotros mismos. Podrían seguir a un líder egoísta por un tiempo, pero al final se irán a algún otro lugar. Los mejores líderes no son los que mandan a las personas, sino los que sirven a las personas, enseñan a las personas, aman a las personas y empoderan a las personas.

El liderazgo se trata de influencia, influencia significa seguidores, y los seguidores son personas. Por definición, nadie puede ser un líder a menos que tenga seguidores, y esos seguidores son seres humanos con nombres, necesidades y sentimientos. Debemos creer genuinamente que lo que más importa son las personas, y después mantener esa creencia en el centro de nuestra filosofía y sistema de valores.

La finalidad de su liderazgo no puede ser usted mismo; deben ser otras personas.

La Parte 2, por lo tanto, habla sobre ganar con la gente, o para usar un término más común, sobre *habilidades sociales*. Cualquiera puede aprender habilidades sociales, y todos deberían hacerlo. "Habilidades" implica algo que se puede mejorar y dominar. Los buenos líderes, como los buenos deportistas, los buenos músicos y los buenos maestros, nunca dejan de aprender. Por lo tanto, sea que usted se considere una persona introvertida o extrovertida, si es hábil socialmente o torpe socialmente, siempre puede mejorar en trabajar con la gente. En los próximos capítulos veremos maneras prácticas de llegar a ser una persona que tenga mucha habilidad para relacionarse con otras personas.

Capítulo 11

EL TEMA FAVORITO DE TODOS

La investigación científica reciente respalda lo que la mayoría de nosotros podríamos haber imaginado: el tema de conversación favorito de todo el mundo es hablar de uno mismo. Lo único necesario es unos minutos escuchando hablar a personas o navegando en las redes sociales para ver eso desempeñado en tiempo real.

Los estudios sobre la conversación humana muestran que, como promedio, entre el 30 y el 40 por ciento de la conversación diaria de las personas se utiliza para comunicar información sobre experiencias privadas o relaciones personales,[1] y un análisis científico de Twitter indicaba que hasta el 80 por ciento de las entradas son básicamente anuncios sobre experiencias inmediatas de personas.[2] Investigadores del Laboratorio de Neurociencia Social Cognitiva y Afectiva de la Universidad de Harvard, afirman que los humanos son los únicos primates que intentan consistentemente comunicar a otros lo que saben, como por ejemplo destacar cosas interesantes o modelar una conducta para que otros la imiten.[3] Añaden que, a los nueve meses de edad, los bebés ya comienzan a intentar atraer la atención a cosas que les resultan importantes en su entorno.

El estudio de Harvard utilizó imágenes por resonancia magnética y otras herramientas para analizar de modo preciso lo que sucede en el cerebro humano cuando las personas hablan de sí mismas. Se pidió a un grupo de participantes que hablaran de sí mismos estando a solas, sin nadie que escuchara, y a otro grupo que hablaran de sí mismos a otra persona. Sus cerebros fueron monitoreados durante las conversaciones, y los resultados mostraron que se activaban partes del cerebro relacionadas con el pensamiento sobre uno mismo (como se esperaba), pero también se activaban áreas del cerebro que se relacionan generalmente con la recompensa, el placer y la motivación. Esto era igualmente cierto (aunque en un menor grado) incluso cuando los sujetos hablaban solamente consigo mismos. En otras palabras, hablar sobre nosotros mismos simplemente nos hace sentir bien, incluso si no hay nadie escuchando.

Esto no significa que la humanidad esté ensimismada irremediablemente. Más bien, habla a nuestra necesidad innata de compartir la vida con otras personas y ser conocidos y necesitados como individuos dentro de una comunidad. Estamos formados para compartir con otros lo que sabemos, lo que nos gusta, lo que tememos o lo que nos importa. Necesitamos pertenecer.

El psicólogo Abraham Maslow fue el primero en proponer su famosa jerarquía de necesidades el año 1934 en un trabajo titulado "Una teoría de la motivación humana". En él enumeraba cinco categorías de necesidades, y exactamente en la mitad de la lista está "amor y pertenencia". Es la siguiente después de necesidades básicas como "seguridad" (empleo, estabilidad financiera, salud) y "necesidades fisiológicas" (alimento, techo, sueño, ropa). En otras palabras, las personas tenemos una necesidad inherente de conexión, amistad y pertenencia que es tan solo ligeramente menos poderosa que la necesidad de supervivencia y seguridad.

Por lo tanto, ¿qué tiene que ver con el liderazgo toda esta ciencia sobre nuestra necesidad de conexión y de pertenencia?

Como líder y una persona de influencia, usted puede facilitar entornos que satisfagan estas necesidades humanas dando a las personas una comunidad, un sistema de apoyo y una voz. Si entiende que las personas necesitan pertenecer y aportar, su liderazgo se tratará menos de usted mismo, y sus metas tendrán que ver más con las necesidades y metas de las personas que le siguen. Ganará con las personas no dándoles órdenes, sino edificándolas, escuchándolas y aceptándolas.

Recuerde que las habilidades sociales son sobre *personas*. Eso debería ser obvio, pero es sorprendente cuán fácil es pensar que nuestras habilidades sociales tienen que ver con *nosotros*. A veces hacemos eso menospreciándonos a nosotros mismos, y nos criticamos por no ser mejores en el trato con las personas o por no ser más simpáticos. Quizá usted piensa que necesita ser un mejor conversador, un mejor polemista, contar chistes mejor o vestir mejor; o que necesita estar más informado, ser más atractivo o más dinámico. Podría parecer humilde el menospreciarse a sí mismo de ese modo, pero en realidad hace que el asunto de las habilidades sociales se trate de usted, lo cual es pensar al contrario. Las habilidades sociales tienen que ver con las personas, no con nosotros, lo cual significa que la mejor manera de mejorar nuestras habilidades sociales es enfocarnos en pensar más en los demás, y no más en nosotros mismos.

INTERÉS Y CONEXIÓN

Ser un líder hábil en relacionarse con las personas significa interesarse por ellas y saber conectarse. El *interés* se refiere a la empatía y el amor que nos motivan a relacionarnos con los demás en un principio, y la *conexión* se refiere al vínculo humano que creamos con ellos. Ambas cosas son importantes, y juntas mantienen nuestro enfoque en el lugar adecuado: en las personas a las que servimos.

Seamos conscientes de que es posible *conectar con las personas sin interesarnos por ellas*. Los líderes pueden ser muy diestros para apelar a los deseos, sueños y motivaciones de sus seguidores y ser ventajeros todo el tiempo. Pero los líderes que conectan sin interesarse están participando en la manipulación, y no en el liderazgo de servicio. Los líderes que saben cómo reunir a las tropas y motivar a la gente, pero que lo hacen sin tener en su corazón los mejores intereses de sus seguidores, no son verdaderamente buenos en liderar a personas; tan solo son buenos en utilizar a las personas.

Por otro lado, a los líderes *que se interesan por las personas, pero no conectan con ellas* les resultará difícil reunir impulso para avanzar. Estos líderes pueden tener las mejores intenciones; pueden saber lo que necesitan las personas; pueden desear marcar una diferencia en su mundo, pero si no pueden construir puentes hacia los corazones de las personas, no serán capaces de liderarlas o influenciarlas hacia una meta común, lo cual es la esencia de nuestra definición de liderazgo.

Tanto el interés como la conexión comienzan al decidir interesarnos por los demás. No son rasgos de personalidad ni talentos mágicos que se tienen o no se tienen. Son una decisión, un esfuerzo consciente de dirigir la flecha de nuestro enfoque exterior hacia otros en lugar de dirigirla hacia nosotros mismos. ¿Cómo se sienten las personas que le rodean? ¿Qué necesitan? ¿De qué tienen miedo? ¿Qué están esperando? ¿Qué las motiva? ¿Qué las emociona o las desalienta? ¿En qué son buenas o son malas? ¿Dónde esperan estar en uno, cinco o diez años desde ahora?

Como líder, nada me causa un gozo mayor o más duradero que ver a personas participar, crecer, estar seguras y realizadas. El liderazgo que olvida a las personas es un liderazgo que se ha apartado de la razón por la cual precisamente existe. Ese tipo de liderazgo no puede prosperar o perdurar, porque las personas son la razón, el medio y la meta del liderazgo, todo en uno. Lo que usted y su equipo construyan importa, pero el equipo de personas que hace la construcción importa aún más. Las personas, en sí mismas y por sí mismas, son el punto del liderazgo.

Tener buenas habilidades sociales no es lo mismo que tener habilidad para hablar en público, saber cómo liderar equipos, o ser "el alma de la fiesta". Esas cosas tienen que ver más con atraer la atención de un grupo, mientras que ser bueno con las personas tiene con ver con la capacidad de interactuar con los individuos. Eso debería ser una buena noticia si es usted una persona introvertida, porque no tiene que iluminar una sala cada vez que entra en ella; simplemente puede enfocarse en servir a las personas una a una. De hecho, a veces creo que las personas ruidosas (como yo) en realidad tienen que trabajar más duro en esto, porque podemos ocultarnos tras el carisma o la imagen pública en los entornos sociales, y en raras ocasiones hablamos con individuos a nivel del corazón.

Sin embargo, tener habilidades sociales requiere algo más que relacionarse con los individuos. Hay que ser consciente del efecto que nuestra interacción está teniendo sobre las personas con las que estamos, y tenemos que hacer que ese efecto sea todo lo positivo y saludable posible. Se dice que las personas olvidarán lo que usted dice y hace, pero nunca olvidarán cómo las hizo sentir. Ellos podrían denominarlo su onda, su energía, o cualquier otra cosa, pero se están refiriendo a lo que sienten en presencia de usted. Los líderes con estupendas habilidades sociales saben cómo añadir algo a las personas con las que conectan, alentándolas, elogiándolas, sirviéndolas o ayudándolas de algún modo.

En su libro *The Great Rivalry* (La gran rivalidad), el biógrafo Dick Leonard cuenta una historia que ilustra esta dinámica. Él narra una cita de las memorias de Jennie Jerome, la madre de Winston Churchill, que en un breve periodo de tiempo tuvo la oportunidad de cenar con dos destacadas figuras británicas (que finalmente llegaron ambos a ser primeros ministros): Benjamin Disraeli y William Gladstone. Ella resumió sus experiencias de este modo: "Cuando salí de la sala después de estar sentada al lado de Gladstone, pensé que él era el hombre más inteligente de Inglaterra. Pero cuando me senté al lado de Disraeli, me fui sintiendo que yo era la mujer más inteligente".[4]

Si es usted consciente del efecto que tiene en las personas mientras está con ellas, puede hacer todo lo posible para añadir valor y edificar confianza mediante cada interacción.

¿Es usted más parecido a Gladstone o a Disraeli? ¿Cómo se sienten las personas cuando están con usted y después de irse? ¿Quedan impresionados por *usted*, o tienen más seguridad en sí mismos? ¿Rebaja con sus palabras y su conducta la autoeficacia de ellos o la impulsa? ¿Creen que lo que ellos dicen importa, o que no marca ninguna diferencia? ¿Creen ellos que usted los quiere en el equipo, o que no son tan importantes? Obviamente, usted no puede controlar lo que piensen las personas o las percepciones que se lleven de una conversación.

Ser consciente de cómo hacen sentir a las personas sus palabras y su conducta, no se trata de manipulación, sino de decidir mostrar *interés* y después comunicar ese interés mediante la *conexión* humana. Se trata de ser intencional en su modo de relacionarse con las personas, y el resultado es de auténticas conexiones humanas que facilitan un liderazgo de servicio eficaz.

TRES PRÁCTICAS PARA CONECTAR CON LAS PERSONAS

No hay un gran misterio en conectar con las personas; simplemente es necesaria cierta intencionalidad y mucha práctica. Aunque podemos encontrar libros enteros que hablan sobre el arte de la interacción humana, aquí tenemos tres sugerencias sencillas y fáciles de aplicar para conectar con las personas al instante.

1. APRENDER SUS NOMBRES

Los nombres importan porque las personas importan; usted no está liderando masas sin nombres y sin rostros, sino individuos. Como líder, no puede tener una conexión de corazón con personas sin nombre, y no puede ganarse para su causa a personas sin nombre.

A todo el mundo le gusta escuchar su nombre. Podemos usar términos como *hermano, amigo, colega* o *compañero,* pero no comunican el mismo poder que el uso del nombre de alguien. Usar nombres ayuda a las personas a sentirse conocidas y cuidadas; por el contrario, olvidar nombres puede hacer que las personas se sientan olvidadas o poco importantes. Llamar a alguien con el nombre equivocado es un temor secreto de la mayoría de los líderes, estoy seguro, porque es un error fácil y dañino, y porque todos lo hemos hecho.

Algunas personas están bendecidas con la capacidad de recordar fácilmente nombres y caras. El resto de nosotros tenemos que trabajar en eso. Una vez escuché que si usamos el nombre de alguien seis veces en la conversación dentro de los primeros minutos, lo recordaremos. No sé si eso está demostrado científicamente, pero a mí me funciona. Conozco a personas nuevas todo el tiempo, lo cual no es inusual para un líder en cualquier campo. Yo soy intencional en cuanto a repetir el nombre de una persona durante esa conversación inicial, y este sencillo hábito no solo me ayuda a recordar sus nombres sino también a que la conversación sea más profunda y vaya más allá del típico "¿Cómo está?" o "¿En qué trabaja?".

2. TRANQUILIZAR A LAS PERSONAS

Si su meta al mantener conversaciones es ayudar a las personas a relajarse y estar cómodas, por naturaleza se enfocará en ellos en lugar de enfocarse en sí mismo. Por otro lado, si se concentra principalmente en lo que los demás piensen de usted, tenderá a rebosar de autoprotección, lo cual a menudo pone nerviosa a la otra persona. Eso es contraproducente porque los separa a ambos en lugar de acercarlos en un entorno de seguridad mutua. Sin duda, hay ciertas reuniones o conversaciones que son de naturaleza controvertida o que requieren cierto nivel de negociación, de modo que no estoy sugiriendo que su única meta sea hacer que las personas se sientan bien. Pero incluso las conversaciones difíciles pueden facilitarse si usted trabaja en crear confianza al tranquilizar a las personas.

¿Cómo se hace eso? Creo que el lenguaje y la postura corporal son las dos claves más importantes, seguidas muy de cerca por el volumen y el tono de la voz. Algunas veces no somos conscientes de que estamos comunicando cierta agresividad o nerviosismo. Necesitamos ralentizar, abrir nuestra postura, sonreír un poco más, y dar a las personas una oportunidad para relajarse.

3. HACER MÁS PREGUNTAS

En un trabajo que exploraba el valor de hacer preguntas, investigadores de Harvard concluyeron: "Las personas pasan la mayor parte de su tiempo durante las conversaciones hablando sobre sus propios puntos de vista, y tienden a promoverse a sí mismos cuando conocen por primera vez a otras personas. Como contraste, quienes hacen muchas preguntas, los que indagan para obtener información de otros, son percibidos como más receptivos y caen mejor a los demás". Añadieron: "Nuestros descubrimientos sugieren que las personas no hacen suficientes preguntas".[5] En otras palabras, no causamos una buena impresión en las personas hablando sobre nuestros propios logros, opiniones o planes, sino simplemente haciendo preguntas. No podemos ganar con las personas si hacemos que todo se trate de nosotros mismos. Podríamos edificar una audiencia, pero no edificaremos conexión y tampoco comunicaremos interés.

En cada conversación establezca como su meta hacer más preguntas que la otra persona, y hablar más sobre la otra persona que sobre usted mismo. Mi meta cuando hablo con alguien, especialmente alguien a quien acabo de conocer o que no conozco bien, es encontrar un terreno común. Quiero descubrir un tema con el que podamos "rodar la pelota". ¿Le gustan los deportes, la comida, la moda o los viajes? ¿Tienen sus hijos las mismas edades que los míos? ¿Comparte la misma fe, perspectivas políticas, o el gusto por el café? Las buenas preguntas nos ayudan a encontrar ese terreno común.

Estas sugerencias, como aprender sus nombres, tranquilizar a las personas y hacer más preguntas, son tres maneras sencillas de conectar con los demás y hacer que hablen sobre el tema que en última instancia es más importante para las personas: ellas mismas. Estas conexiones, a su vez, nos empoderarán para entender mejor a los demás y, por lo tanto, servirles mejor.

Todo el mundo tiene la necesidad innata de pertenecer, de conectar con los demás, y de encontrar su lugar. Cuando usted es intencional en cuanto a permitir a las personas expresar sus metas, opiniones y sentimientos, los valida como individuos. Su tiempo y atención les dicen que ellos importan y que sus historias importan. Si puede integrar esta habilidad social en sus hábitos de liderazgo, nunca carecerá de influencia.

APLICACIÓN CLAVE

 Proporcione a las personas una sensación de pertenencia, valor y conexión enfocando en ellos la conversación y la atención, no en usted mismo.

Capítulo 12

CUESTIÓN DE MODALES

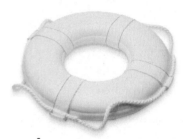

La frase "los modales hacen al hombre" podría haber encontrado una popularidad renovada debido a la película *Kingsman*, pero ha estado ahí al menos desde el siglo XV.[1] Por lo general, comunica la idea de que nuestros modales revelan quiénes somos. Pero en su uso más temprano, la frase tenía un significado más amplio: que los modales son lo que nos hace ser humanos, y la etiqueta, la educación y las virtudes sociales son elementos que caracterizan a la civilización.[2] Los modales se consideran parte del fundamento de la sociedad civil porque la sociedad está compuesta por personas, y las personas se necesitan unas a otras para sobrevivir.

Tener modales podría parecer una idea anticuada, pero eso no significa que los modales estén obsoletos: los modales son atemporales. Lo que constituye los buenos modales puede variar mucho de una cultura a otra, pero la cortesía nunca pasará de moda; la consideración nunca perderá su poder; decir "por favor" y "gracias" nunca será anticuado.

La palabra *modales* se refiere a cómo actuamos o nos comportamos cuando estamos cerca de otras personas. Puede incluir nuestra expresión facial, nuestro vocabulario, el volumen de la voz, nuestras acciones, o cualquier otro número de cosas que decimos o hacemos. Los modales son públicos y sociales: tienen que ver con nuestro porte y nuestra conducta cuando estamos con otras personas. Las personas importan, y por lo tanto los modales importan, porque los modales describen nuestro trato con las personas.

Los modales son tan necesarios ahora como lo eran hace siglos, especialmente si queremos liderar e influenciar a otros. Si usted quiere ganar con las personas, muestre honor. Muestre clase. Muestre gusto. Perderá con las personas si es grosero o mezquino; ganará elevando sus palabras, acciones y actitud con sus modales. Para parafrasear la vieja máxima: *los modales hacen al líder.*

LOS MODALES EN ACCIÓN

Si los modales son tan importantes, ¿qué significa tener buenos modales? En primer lugar, y quizá lo más importante, *tener modales significa mostrar respeto por otras personas.* Los modales son una expresión directa y visible de cuánto estimamos a quienes nos rodean. Los buenos modales son un modo de reconocer y valorar a los demás. Por otro lado, tener malos modales se refiere a una falta de respeto o consideración por los demás. Describimos a las personas que habitualmente demuestran malos modales con términos como *rudo, mezquino, impaciente, ofensivo* o *irrespetuoso.* Los buenos modales no son una decisión o acción de una sola vez, sino un estilo de vida de respeto y de honra por los demás. Nuestra consideración, educación y cortesía son manifestaciones externas de una decisión interna de valorar a las personas.

En segundo lugar, *tener modales significa reconocer el papel que otras personas desempeñan en nuestra vida.* Cada vez que decimos *por favor,* reconocemos que necesitamos ayuda; cada vez que decimos *gracias,* reconocemos que otra persona aportó algo a nuestro éxito. Cada vez que decimos *perdón* o *lo siento*, afirmamos que somos parte de una comunidad más amplia y que nuestra vida está entrelazada con las vidas de los demás. Los modales nos mantienen arraigados como líderes, recordándonos nuestras conexiones con las personas que nos rodean y nuestra dependencia de ellas.

En tercer lugar, *tener modales significa manejar la frustración con dignidad*. Nadie está exento de tener momentos de impaciencia y frustración, pero el modo en que manejemos esos momentos dice mucho sobre nosotros. El papa Francisco asistía a un evento público reciente cuando una mujer le agarró la mano abruptamente y lo acercó hacia ella. Se negó a soltarlo incluso cuando el Papa intentó zafarse. De repente, con una aparente frustración, él le dio un manotazo y se alejó rápidamente. Ese momento tan franco y tan humano fue captado en la televisión en directo y causó un furor internacional. Un medio de comunicación católico lo denominó "el manotazo que se vio en todo el mundo".[3] Los medios en todo lugar mostraron titulares sobre que el papa había dado un manotazo a una mujer, lo cual sin duda suena terrible se diga como se diga. Los defensores y los críticos del papa igualmente recurrieron de inmediato a las redes sociales para expresar su punto de vista sobre lo que ocurrió. ¿Por qué? Porque incluso en momentos en los que la frustración o la impaciencia es comprensible, se sigue esperando de los líderes que se comporten con buenos modales.

Sin embargo, la historia no termina aquí. Al día siguiente el papa se disculpó públicamente con humildad y con una clara muestra de emoción. Su respuesta destacó una cuarta característica de los buenos modales: *tener modales significa disculparse rápidamente cuando fallamos o herimos a alguien.* "El amor nos hace pacientes", dijo el papa en su declaración pública. "Muchas veces perdemos la paciencia, incluso yo mismo, y me disculpo por el mal ejemplo de ayer".[4] Él podría haber afirmado que temía por su seguridad, o que la mujer empeoraba su ciática, o cualquier otro tipo de cosas. En cambio, el papa Francisco fue lo suficientemente sincero para admitir que su reacción fue lamentable, y su disculpa habla muy bien de él.

En quinto lugar, *tener modales significa participar en "actos de clase" específicos y deliberados.* Un acto de clase, tal como yo lo defino, es ir por encima y más allá de lo que se espera para mostrar respeto, honor o gratitud.

Tener clase es lo contrario a ser común. Es algo más que simplemente no ser grosero; significa hacer algo más que lo mínimo.

Un acto de clase es una demostración tangible de consideración, de bondad o de cortesía. Eso podría significar recoger el correo, escribir una tarjeta de agradecimiento, enviar un regalo, dar una disculpa, abrir la puerta, dejar una propina generosa, hacer un comentario positivo, sujetar la puerta, ser voluntario para ayudar con una tarea, esperar para hablar en lugar de interrumpir, enviar un correo de cortesía, o cualquier otro número de pequeñas cosas. Con frecuencia son los detalles los que hablan con más fuerza.

Finalmente, *tener modales significa tratar a todos con honor, todo el tiempo.* Tristemente, a menudo es más fácil ser ofensivo con quienes están más cerca de nosotros e, irónicamente, son más importantes para nosotros, simplemente porque no sentimos la necesidad de intentar con tanta fuerza tratarlos con respeto. Otra vieja máxima, "la familiaridad produce desprecio", expresa esa dinámica. Podemos llegar a estar tan familiarizados con personas que no las valoramos, y subestimamos sus sentimientos y su persona. Los modales no son solamente para la compañía educada; son para cada relación, incluida la que tenemos con las personas más allegadas. Esto requiere salud emocional y autocontrol, no porque algunas personas sean más difíciles de tratar con respeto que otras (pero, seamos sinceros, algunas lo son), sino porque el estrés, el agotamiento y otras presiones físicas y emocionales pueden convertirnos temporalmente en versiones groseras de nosotros mismos. Los buenos modales no son situacionales o superficiales; son un hábito, una manera de vivir, que nos esforzamos por seguir independientemente de con quiénes estemos o cómo nos sintamos.

LO BÁSICO IMPORTA

Para ser sincero, los cuatro modales más importantes son los mismos que nuestros padres o maestros probablemente nos enseñaron cuando éramos niños: decir *hola*, decir *por favor*, decir *gracias*, y *no interrumpir*. Mientras que idealmente aprendimos a emplear esos hábitos en nuestros tratos diarios con los demás, tienen un significado especial cuando se aplican al liderazgo. Echemos un vistazo breve a cada uno de ellos y el modo en que pueden ayudarnos a conectar con los demás y servirlos mejor.

1. DECIR HOLA: SALUDAR A LAS PERSONAS

Saludar a las personas es una señal de respeto. Es un reconocimiento no solo de su presencia sino también de su valor. Siempre que pueda, tome tiempo para saludar a la gente de manera personal y cálida. Solo son necesarios unos segundos, pero crea una impresión perdurable. A veces, como líderes, podemos ir tan apresurados para llegar a la oficina, o para que comience la reunión, o para lograr que todos regresen al trabajo, que olvidamos el valor de relacionarnos con la gente como *personas* y no solo como trabajadores. Puede ser algo tan sencillo como caminar más despacio y observar a las personas que le rodean. Podría detenerse por un momento y preguntar por la familia de alguien, su salud, su trabajo o sus pasatiempos. Encuentre maneras de llegar a conocer a la gente, de conectar con las personas un poco más cada día.

Cuando se acerque a un grupo, preséntese a todos los que no conozca. Cuando vea a amigos y conocidos, salúdelos por sus nombres. Establezca contacto visual, salude con la mano, dé un apretón de manos, un abrazo, o lo que sea apropiado. Sin importar cuán ocupado esté, no use la prisa como excusa para evitar relacionarse con la gente. Casi siempre puede emplear un par de minutos de su tiempo para relacionarse con las personas. Su disposición a saludar a otros expresa honor y dignidad, y eso llega muy lejos hacia el objetivo de ganar con las personas. Es una de las cosas más sencillas que podemos hacer para obtener más influencia, crear una cultura más acogedora, y construir conexiones más significativas.

2. DECIR POR FAVOR: HACER PETICIONES, NO DEMANDAS

El término *por favor* comunica respeto; no estamos simplemente demandando algo, sino pidiéndolo con educación, aunque seamos el líder. La mayor parte del tiempo podemos expresar nuestras indicaciones no como órdenes desde arriba sino como peticiones. Sí, una petición de un líder es en cierto modo retórica; si las peticiones están dirigidas a personas que trabajan para ese líder y las peticiones son razonables, es improbable que reciba un "no" como respuesta. Pero las peticiones preservan la dignidad de quienes están bajo su liderazgo porque reconocen que las personas tienen libre albedrío: pueden escoger seguirlo a usted (o no). También dan a las personas permiso para retirarse, o incluso decir "no" si tienen una razón legítima, sin parecer que están desobedeciendo las órdenes cuando lo hacen.

Tampoco tiene que utilizar necesariamente el término *por favor*. Por favor es una actitud más que una fórmula, y hay muchas maneras de hacer peticiones si es usted intencional acerca de las palabras que usa y su tono. Por ejemplo:

- ◆ ¿Podría…
- ◆ Cuando tenga la ocasión, ¿podría…
- ◆ ¿Le importaría hacer…
- ◆ ¿Qué pensaría con respecto a…

Puede que haya ocasiones cuando alguien dice "no" o pone una excusa que usted no cree que sea válida, y en ese punto podría tener que dejar a un lado la objeción y dar una orden más directa. Pero si usted primero ha escuchado la objeción o la opinión, su indicación se sentirá menos como una orden de un superior desconectado y más como un juicio informado emitido por un verdadero líder. La mayor parte del tiempo, las personas apreciarán eso y responderán bien.

3. DECIR GRACIAS: EXPRESAR GRATITUD

El escritor William Arthur Ward dijo una vez: "Sentir gratitud y no expresarla es como envolver un regalo y no entregarlo".[5] Siempre que sea posible, reconozca a las personas por su nombre y celebre sus aportaciones. De ese modo no solo edificará a esa persona, sino también comunicará a todos los demás que usted es un jugador de equipo y que cada miembro del equipo importa. Hay pocas cosas que sean más motivadoras para una persona que una gratitud expresada por un líder, e incluso más cuando esa gratitud se expresa delante de sus iguales. De este modo asegurará a las personas que usted no lidera desde una torre de marfil, desconectado y desinteresado; más bien es usted consciente del sacrificio que ellos hacen y está agradecido por eso.

Hay muchas maneras de dar las gracias. Yo no tengo un sistema o proceso. De hecho, en realidad me encanta pensar en maneras creativas para expresar gratitud, y dependen de la situación y de la persona. Algunos de los voluntarios en nuestra iglesia son estudiantes universitarios, y a veces me llevan al aeropuerto o hacen algún recado. Ellos no esperan nada a cambio, pero yo a menudo les enviaré cincuenta o cien dólares vía Venmo u otra aplicación solamente para darles las gracias. Siempre significa mucho para ellos. La meta no es devolver a las personas cada favor que hacen, pero ninguna relación debería ser tampoco de una sola dirección. Si alguien hace algo hermoso por usted, encuentre maneras creativas de expresar su gratitud.

4. NO INTERRUMPIR: ESCUCHAR

"No interrumpir" y "escuchar" son dos caras de la misma moneda, especialmente para los líderes. ¿Por qué? Porque el liderazgo a menudo requiere de manera natural que el líder hable y lidere desde el frente, de modo que nos acostumbramos a escuchar nuestra voz primero, principalmente, y con más fuerza. Podemos llegar a caer en el hábito de sobrepasar y descartar otras voces en lugar de tomar el tiempo para escuchar genuinamente. Pero tan solo porque su rol requiere hablar en público no significa que usted sea la única voz que debería ser escuchada, que su opinión sea siempre la correcta, o que usted sea la persona más inteligente en la sala.

Escuchar no es tan solo buenos modales, es una táctica de liderazgo sabia y efectiva.

En primer lugar, porque usted aprende cosas nuevas cuando deja hablar a otros; y, en segundo lugar, porque la apropiación que las personas sienten del equipo y de la visión aumenta cuando tienen una voz.

En sus reuniones de equipo aprenda a plantear preguntas excelentes, y después deje de hablar. Permita que las personas respondan sin juzgarlas, hacerlas callar, o salir corriendo emocionado con sus respuestas. Deje que las personas interactúen entre ellas, incluso si la conversación se acalora un poco o se desvía del tema. Haga preguntas que plantean "y si…" para lograr que las personas comiencen a soñar: *¿Y si abriéramos una nueva ubicación en esa ciudad? ¿Y si contratamos a esta persona? ¿Y si intentáramos resolver ese problema? ¿Y si nuestro producto pudiera hacer eso? ¿Y si intentáramos ayudar a personas que tienen esa necesidad?* Haga que las personas imaginen, interactúen y compartan ideas, y después recuéstese en la silla y escuche lo que ellos hayan pensado.

Usted es el líder, de modo que de vez en cuando tendrá que interrumpir con comentarios o preguntas para guiar la conversación, y probablemente querrá concluir la discusión cuando haya terminado. Pero no tenga prisa por hacer que sus propias ideas se escuchen. Su silencio atento es una herramienta de liderazgo eficaz, y comunica confianza y valor a su equipo.

———

Los modales no solo hacen al hombre y a la mujer; hacen al líder, hacen al equipo, y hacen a una organización. Nunca podremos dejar atrás la necesidad de tratar a las personas con cortesía y respeto. Y a medida que crezca su influencia, también se elevará su necesidad de buenos modales. Cada interacción es importante, y los momentos casuales y no planeados con las personas que se encuentra a lo largo del día son oportunidades de oro para construir conexiones. Tener el hábito de los buenos modales recorre un largo camino hacia construir habilidades sociales y edificar a las personas.

APLICACIÓN CLAVE

 Desarrolle el hábito de tratar a las personas con cortesía y respeto en cada interacción, porque sus modales comunican quién es usted y cuánto valora a los demás.

Capítulo 13

LEER LA SALA, LEER A LAS PERSONAS

Si alguna vez ha asistido a un concierto de una orquesta sinfónica, probablemente recuerde los segundos de silencio absoluto antes de comenzar la música, seguidos por el instante en el que el director, batuta en mano, hizo indicaciones a la orquesta y comenzó la pieza musical. Es una transición poderosa y conmovedora desde el silencio hasta el sonido: una persona liderando a decenas de músicos en una actuación sincronizada y cautivadora. En realidad, existe el arte de escoger el momento de transición, según el importante director de orquesta Leonard Bernstein (1918-1990).

Bernstein fue uno de los primeros directores de orquesta estadounidenses en recibir aclamación mundial. Entre las muchas cosas por las que es conocido está la composición de la música para los musicales *West Side Story, Peter Pan* y *Candide*. Además de ser director, compositor, autor, conferencista musical, pianista y genio musical en general, era un escritor consumado que compartía su amor y su conocimiento de la música con los demás por medio de sus libros. Dijo estas palabras sobre dirigir una orquesta:

> ¿Cómo puedo describir la magia del momento del inicio de una pieza musical? Hay tan solo una posible fracción

de segundo que se siente exactamente como la correcta para comenzar. Hay una espera mientras la orquesta se prepara y reúne su impulso; mientras el director concentra toda su voluntad y su fuerza hacia el trabajo que tiene a la mano; mientras la audiencia se queda en silencio, y el último tosido se ha desvanecido. No hay ni el más ligero sonido de las hojas del programa; los instrumentos están en posición y entonces, ¡bang! Es ahí. Un segundo después es demasiado tarde y la magia se ha desvanecido.[1]

No hay que ser músico para captar la importancia del momento oportuno en la descripción que hace Leonard Bernstein. Lo que más me fascina, sin embargo, es cuán sintonizado estaba él con su orquesta y su audiencia; dicho de otro modo, con sus seguidores y con el mundo en general. Él sabía que las personas que había en la sala importaban tanto como la música, y que su papel no era solamente dirigir la orquesta sino también discernir el momento oportuno, ser sensible al entorno en el cual se tocaría la música.

Los líderes necesitan una sintonía y sensibilidad parecidas con aquellos a quienes lideran y con su entorno. No podemos forzar nuestras propias ideas sobre personas o situaciones. Tenemos que ser capaces de leer el entorno y responder apropiadamente. Tenemos que estar en sintonía con donde estén nuestros seguidores y donde esté el mundo en general en cualquier momento dado. No es suficiente con tener las ideas correctas, tenemos que cultivar el arte de saber cómo presentarlas mejor, cuándo presentarlas y cuándo ejecutarlas. Se trata de coordinar a un equipo y elevar su trabajo para el mundo que observa. Y todo eso requiere desarrollar una sensibilidad parecida a la de Bernstein para leer la sala y leer a las personas.

TOMAR EL TIEMPO

Leer, tal como estoy usando el término, se refiere a ser consciente del estado de una persona o de una sala llena de personas. Eso incluye sus emociones, sus expectativas, sus necesidades, sus deseos, sus metas, y mucho más. "Leer a una persona" se refiere a un individuo, y "leer una sala" se refiere a un grupo de personas, pero ambos términos significan tomar el tiempo para entender el entorno en el que estamos antes de ponernos manos a la obra.

Los líderes a veces pueden cometer el error de suponer que su audiencia está en la misma sintonía que ellos, y se lanzan a cualquier cosa que hayan planeado decir sin tener en consideración el estado emocional y mental de quienes escuchan. No es que estén equivocados en lo que dicen, pero si las personas no están listas para recibirlo, el mensaje no alcanzará su meta.

En realidad, no se puede ejecutar una estrategia en cualquier reunión o conversación hasta haber leído la sala y haber leído a las personas. Usted puede tener un plan, puede tener una meta, pero su estrategia debería ajustarse si es necesario cuando entra en ese auditorio, se sienta en esa reunión de la junta, o comienza a negociar ese trato. ¿Por qué? Porque siempre hay un componente humano, y ese componente es impredecible. Es un cóctel de emociones, necesidades, temores, experiencias y personalidades de las personas presentes.

Cuando esté en cualquier entorno social de negocios, tome un momento para leer la situación que le rodea. No entre allí solamente con su agenda, y no suponga que todos están en la misma página que usted. Si no entiende dónde están las personas, nunca será capaz de servirlas, y nunca ganará con ellas. Un poco de sabiduría y paciencia en la comunicación recorren un largo camino hacia el logro de metas de liderazgo, mientras que una falta de consciencia situacional puede arruinar oportunidades, dejar malas primeras impresiones e incluso hacer daño a personas que le rodean.

Leer a las personas incluye inteligencia emocional, como mencionamos anteriormente, pero va más allá de eso. Se trata de empatía, sabiduría y paciencia. Su meta, después de todo, es servir a las personas de modo que haga todo lo posible por entender a las personas con las que está tratando antes de intentar cambiarlas, liderarlas o motivarlas.

Quizá le encantaría cerrar un *trato de negocios*, pero la otra persona no está preparada para tomar una decisión. Simplemente espere. Simplemente escuche. Un *quizá* es mejor que un *no*, y es más probable que obtenga un "no" si fuerza una decisión prematura.

Tal vez le encantaría conocer a una *persona*, pero el entorno es demasiado apresurado o caótico. No lo fuerce. Probablemente tendrá una oportunidad de conocer a esa persona en otra ocasión y, cuando lo haga, se alegrará de no haberse mostrado como desesperado o desconsiderado.

Quizá es necesario tomar una *decisión*, pero hay demasiadas distracciones para que su equipo piense con claridad, o usted no tiene la información que necesita, o está sucediendo algo más importante en el mundo en ese momento y tienen que posponer sus decisiones. Las decisiones apresuradas raras veces son decisiones correctas. Aminore la marcha y espere hasta poder evaluar apropiadamente el paso siguiente a tomar.

Tal vez es una *corrección o confrontación* lo que debe tener lugar, pero la persona no está en un buen lugar emocionalmente, o quizá usted no está en un lugar saludable en ese momento. Hágase un favor a los dos y espere el momento oportuno. Prepare la conversación para que todos ganen. Particularmente si es un asunto que se ha estado desarrollando durante meses, probablemente puede esperar unos días más para abordarlo.

Quizá le gustaría presentar una *idea* nueva y emocionante, pero el equipo acaba de llevar a cabo exitosamente su última idea asombrosa, pero ligeramente loca, y están agotados. Lea la sala. Entienda que ellos necesitan celebrar, relajarse y recuperarse. Su tarea es ver el futuro, pero eso no significa que tenga que hacer que el futuro suceda ahora. Dé a las personas un poco de tiempo libre y después aborden la nueva idea asombrosa y un poco loca.

Leer a las personas y leer salas le ayudará a hacer dos cosas: determinar el *momento adecuado* y determinar el *enfoque* correcto. Ambas cosas son importantes, y aprender a evaluarlas y después hacer ajustes aumentará su eficacia como líder.

El *momento adecuado* se refiere a cuando usted plantea un tema, impulsa un contrato, o aborda un problema. "El momento lo es todo", dice la popular frase. ¿Por qué? Porque la idea correcta en el momento equivocado es, para todos los propósitos prácticos, la idea equivocada.

Todo cónyuge ha aprendido por el camino difícil que hay un momento adecuado y un momento equivocado para plantear ciertas cosas. Las 10:00 de la noche, tras una larga semana, probablemente es el peor momento para hablarle a su pareja sobre su hábito molesto que le frustra, por ejemplo. Lo mismo se aplica en cualquier contexto en el que usted tenga influencia o liderazgo. Evalúe el entorno que le rodea y espere el momento adecuado.

Escoger el mejor enfoque es una expresión práctica de empatía.

Enfoque se refiere al modo en que presentamos un tema. Cuando haya captado el mejor momento para sacarlo a colación, decida cómo será mejor presentarlo. Esto no es manipulación, y no es "dar la vuelta" a las cosas a su favor. Es simplemente acercarse a las personas donde ellas están. Significa mostrarles por qué deberían interesarse por lo que usted está diciendo y cómo ayuda, sirve o resuelve un problema. Escoger el mejor enfoque es una expresión práctica de empatía porque, a fin de presentar algo de una manera que satisfaga las necesidades de las personas, usted mismo tiene que ponerse en el lugar de ellas.

DESARROLLE SUS HABILIDADES DE LECTURA

Ya sea que esté tratando con una persona, un grupo pequeño o un auditorio lleno de oyentes, su momento adecuado y su enfoque dependerán de la situación específica que encuentre. Deberá tener en cuenta todos los factores y variables que sean posibles, y tal vez sea útil que se ponga usted en el lugar de aquellos a los que está liderando o hablando. Esto es más arte que ciencia; es decir, está basado más en intuición, experiencia y habilidad que en un conjunto de reglas. Sin embargo, hay varios factores que debería observar siempre que entre en una sala o comience una conversación, los cuales le llevarán a recorrer un largo camino hacia poder leer a su audiencia.

1. LENGUAJE CORPORAL

Leer el lenguaje corporal es una de las claves más importantes para leer a las personas y también leer salas, porque desempeña un papel fundamental a la hora de comunicar emociones y actitudes. Un clásico estudio del Dr. Albert Mehrabian, de la Universidad de California, Los Ángeles, descubrió que solamente el 7 por ciento de la comunicación emocional de un mensaje está basada en las palabras que se usan. El resto, hasta llegar a un asombroso 93 por ciento, proviene de indicaciones vocales, como el tono de voz, el volumen, la velocidad de las palabras, y la tesitura vocal (38 por ciento) y de expresiones faciales, gestos de las manos y otras formas de lenguaje corporal (55 por ciento).

Eso no significa que usted pueda conocer el 93 por ciento de lo que las personas están *pensando* por su tono y su lenguaje corporal, pero probablemente podría captar mucho de lo que están *sintiendo*, y algunas veces eso es lo que más necesita conocer. Esto es algo que desarrollamos de modo subconsciente a medida que crecemos y maduramos, pero es también una habilidad que podemos desarrollar con la práctica.

Observe a las personas y busque indicaciones de lenguaje corporal que podrían ayudarle a captar lo que están sintiendo. Entonces hable no solamente a sus mentes, sino también a sus corazones. ¿Están inclinados hacia adelante y participando? ¿Tienen los brazos cruzados a la defensiva? ¿Están mirando sus teléfonos por aburrimiento? ¿Puede usted escuchar estrés, temor, inseguridad, felicidad, alegría o emoción en sus voces? Podemos captar muchas cosas al observar la postura de las personas, sus expresiones faciales y su tono.

2. NECESIDADES FÍSICAS

Preste atención al momento del día y cómo están las personas físicamente. ¿Están cansadas o con hambre? ¿Están bien descansadas? ¿Se sienten cómodas? ¿Se sienten amenazadas? ¿Necesitan ponerse de pie y estirarse antes de continuar la reunión? ¿Es la hora del almuerzo? ¿Es el final de un largo día de trabajo o una semana de trabajo? Según la jerarquía de necesidades de Abraham Maslow, nuestras necesidades humanas más básicas son físicas. Eso significa que hasta que esas necesidades físicas sean satisfechas, nos resulta difícil enfocarnos en cualquier otra cosa. Piense en un momento en el que tuvo que estar sentado en una reunión interminable mientras necesitaba ir al baño, y sabrá cuán rápidamente los puntos que hay en la agenda ocupan un asiento trasero con respecto a las necesidades físicas.

3. DISTRACCIÓN O ABURRIMIENTO

Si alguna vez se ha dirigido a una sala llena de alumnos de secundaria (o incluso a un solo alumno de secundaria, si vamos al caso), conocerá el reto de intentar comunicarse con alguien que tiene un rango de atención muy breve. Sus opciones son luchar contra ello o trabajar con ello. Ha sido mi experiencia que luchar contra ello es una situación en la que todos pierden, de modo que recomiendo trabajar con ello. Su meta es servir a las personas donde ellas están, no hacer que se conformen a las expectativas que usted tiene o a su tipo de personalidad. Usted es el líder, de modo que puede añadir más recesos, contar más bromas o encontrar maneras de ser más dinámico.

También es importante saber cómo lidiar con distracciones inesperadas. Tales cosas pueden trabajar a favor de usted si no permite que le desvíen. A veces, un fuerte estornudo desde algún lugar del pasillo o una taza de café derramada es una oportunidad estupenda para dar a las personas una oportunidad de reír, relajarse y tomar un receso mental. Sin embargo, las personas captarán las indicaciones de usted mismo. Si usted está irritado, los demás se pondrán nerviosos o a la defensiva, pero si usted ve el humor en la situación y hace alguna broma al respecto, eso disipará la tensión y unirá a la gente. Además, cuando mostramos a las personas que no nos tomamos a nosotros mismos demasiado en serio, nos ganamos respeto.

4. ANGUSTIA EMOCIONAL

Emergencias familiares, necesidades económicas u otras fuentes de preocupación, pueden tener un impacto drástico en el modo de actuar de los individuos. Parte de leer a las personas es aprender a reconocer cuando alguien está lidiando con algo en su vida privada y eso se muestra en su trabajo. No se tome personalmente esa distracción, y no se limite a querer avanzar con su agenda. Recuerde que la vida es más grande que sus propias metas, su dinero o su idea. La persona que tiene delante es lo más importante en ese momento. Él o ella probablemente estarán en su equipo mucho después de que el punto que hay en su agenda sea una vieja noticia, de modo que déjelo a un lado y enfóquese en ser compasivo en el momento.

5. EVENTOS EXTERNOS

El término "no tener oído" se utiliza frecuentemente para describir a personas que dicen lo que piensan sin tener consideración por el entorno cultural o social del momento, o sin reconocer un actual desastre natural, crisis u otro evento noticiable que debería tener prioridad. Eso sucede, a menudo, de modo inadvertido cuando el comentario programado de una empresa en redes sociales, que resulta ser poco serio o trivial, aparece precisamente cuando se está desarrollando una tragedia mundial o una noticia internacional. De modo similar, los líderes puede que parezcan no tener oído cuando están tan enfocados en la idea o en el problema que enfrentan, que son insensibles o demasiado ajenos a otros eventos más importantes. Las personas viven en el mundo real, no en el mundo del líder, de modo que hemos de ser conscientes de los eventos y preocupaciones que les importan a ellos.

> **Aunque no podemos saber todo sobre lo que las personas están pensando o sintiendo, es sorprendente cuántas indicaciones podemos descifrar solamente por tomar unos momentos para prestar atención y situarnos nosotros mismos en el mundo de otras personas.**

Estos cinco factores (lenguaje corporal, necesidades físicas, distracción o aburrimiento, angustia emocional y eventos externos) son los puntos principales que pueden ayudar a informar nuestro momento oportuno y enfoque.

––––––

Los beneficios de leer a las personas y leer las salas, bien valen la pena el tiempo y el esfuerzo que empleamos en ello: mejor entendimiento con los oyentes, comunicación más enfocada y mejor recepción del mensaje. Ya sea que usted dirija una orquesta sinfónica como Leonard Bernstein, lidere una reunión de equipo, o dé discursos de presentación, aprender a leer a las personas y a leer la sala es un componente clave para ganar con las personas y tener éxito como líder.

APLICACIÓN CLAVE

Tome tiempo para ser consciente de dónde están las personas, individualmente y como grupo, antes de decidir cómo y cuándo comunicar lo que está en su corazón.

Capítulo 14

CONVIÉRTASE EN EL MAYOR ANIMADOR DE LOS DEMÁS

¿Qué hace usted cuando está demasiado desalentado o demasiado cansado para mantener una actitud mental positiva? Como alguien que ha jugado al básquet toda la vida, puedo decirle exactamente lo que yo hago: escucho a los animadores que me rodean. Son animadores figurados, claro está, pero aprendí esto en la secundaria cuando las animadoras eran animadoras literales. Y aunque yo sabía que su tarea era animarme, aun así era estupendo escuchar que gritaban mi nombre desde las bandas, o apoyarme en su energía cuando enfrentaba a un oponente difícil. Sin embargo, esas personas no eran mis únicas animadoras. Mi mamá, por ejemplo, me apoyaba incondicionalmente, y mis entrenadores (cuando no me estaban reprendiendo) también me animaban.

Los deportes en la secundaria son un microcosmos de la vida, y al igual que los deportistas necesitan animadores que los apoyen, las personas que están dentro de su esfera de influencia necesitan su aliento y apoyo. Como líder, haga el compromiso de ser su mayor animador. Las tareas que ellos tienen pueden ser desafiantes, el progreso puede parecer lento, y pueden llegar a establecerse sentimientos de incapacidad, desaliento y fatiga. Su voz de aliento ayudará a darles ánimo y renovar su determinación.

CREA EN LA GRANDEZA DE ELLOS

La mayoría de las personas necesitan tener animadores, aquellos que creen en su grandeza, porque la mayoría de las personas batallan con la autoestima (y eso también se aplica a los líderes, si somos sinceros). Las personas a menudo se preguntan si realmente son grandes, si tienen potencial, si son capaces de alcanzar sus metas. Esos sentimientos de duda de uno mismo no son necesariamente una señal de debilidad. Una medida razonable de duda podría significar que las personas tienen una perspectiva realista de sí mismas y que se toman en serio el reto que enfrentan. No quieren comprometerse con demasiadas cosas, y no quieren defraudar a los demás. Esas son preocupaciones válidas y deberían apreciarse como tales.

A veces, sin embargo, una baja autoestima llega demasiado lejos y se convierte en un obstáculo para lo que las personas son capaces realmente de alcanzar. Parte de la tarea del líder es destacar la grandeza que hay en las personas, una grandeza que podría estar enterrada debajo de la inseguridad o el temor. Un líder echa una mirada a las dudas que albergan las personas o que ocultan en un segundo plano, a fin de determinar si están a la altura de un reto en particular. Y si lo están, el líder trabaja con ellos para que se sobrepongan a sus dudas y para ayudarles a creer en su propia grandeza.

 Sea el tipo de líder que ve la grandeza en las personas y la saca a la luz con sus palabras.

Eso significa alentarlos en su potencial incluso cuando ellos no lo ven, y significa declarar lo que ellos pueden hacer incluso antes de que hagan nada. Después de todo, la fe viene antes de la vista, y el creer viene antes de obtener resultados tangibles. Los líderes tienen fe en la gente, una fe que vence la duda.

Y tenga cuidado de no definir la grandeza de una manera demasiado estrecha. La grandeza adopta muchas formas. La grandeza se trata más de fidelidad que de fama. Se trata de alcanzar el potencial, de lograr sueños, y de influenciar a otros para bien. Grandeza es llegar a ser la mejor versión de uno mismo. Eso podría significar ser un papá o una mamá que no trabaja fuera de casa y que educa a sus hijos. Podría significar dirigir un negocio exitoso. Podría significar regresar a la escuela y comenzar una nueva carrera académica. Podría significar lanzar una organización sin fines de lucro dedicada a ayudar a los demás. La grandeza yace en el interior de todo el mundo, y los líderes están posicionados de un modo único para reconocerla y alentarla en su gente, y después ayudarles a superar cualquier obstáculo a lo largo del camino.

Todo ser humano tiene el potencial para la grandeza. Preguntemos a los niños lo que quieren ser de mayores, y sus sueños son, por lo general, sueños a nivel de héroe, libres de pensamientos de fracaso u obstáculos, y a menudo enfocados en ayudar a los demás: bombero, policía, astronauta, médico, veterinario. Su futuro va a ser grande; ellos están seguros de eso. A medida que pasa el tiempo y se establece "la vida real", no obstante, esos niños se convierten en adultos que tienen deudas de estudios, hipotecas y sus propios hijos. A menudo, comienzan a renunciar a la grandeza y conformarse con la supervivencia. Sus expectativas se hunden, su autoeficacia sufre y sus vidas se caracterizan más por el manejo del riesgo que por tomar riesgos.

El papel que usted tiene como líder no es el de crear grandeza en las personas, sino el de restaurar la creencia que ellos tienen en su propia grandeza. Usted no puede hacer que sean grandes, pero puede ayudarles a superar los obstáculos y los bloqueos mentales que se interponen en el camino de su potencial. Usted puede animarlos a aprender, crecer, volver a intentarlo, perdonar, creer y ganar. Shakespeare escribió:

Nuestras dudas son traidores,
y nos hacen perder lo bueno que con frecuencia
podríamos ganar,
por el temor a intentarlo.[1]

Sea la voz que ayude a las personas a superar sus temores y cumplir sus sueños. Cuando enfrenten un oponente difícil, hágales saber que usted los está animando, que cree en ellos incluso cuando ellos mismos dudan. La mayoría de las personas tienen hambre de aliento porque obtienen muy poco; y sin embargo, el aliento es lo más fácil que se puede dar a las personas: lo único que se necesita es una decisión de ser un animador y un poco de discernimiento para descubrir el potencial único que tienen para la grandeza.

EDIFIQUE SU CONFIANZA

Convertirse en el mayor animador de su equipo comienza con creer en su grandeza y animarlos a que ellos también crean en ella. Pero ¿cómo exactamente podemos convencer a las personas de que son capaces de hacer grandes cosas, especialmente cuando puede que hayan pasado la mayor parte de sus vidas creyendo lo contrario?

Anteriormente vimos la importancia de la conversación interior y la confianza en uno mismo, y mencioné el trabajo del psicólogo Albert Bandura y su teoría de la autoeficacia, la cual se refiere a cuán confiadas están las personas en sus propias habilidades. Parte de la investigación de Bandura se enfocaba en lo que él denominó la *persuasión verbal* o *persuasión social*. Contrariamente a la conversación interior, la persuasión verbal se refiere al hecho de que lo que *otros* piensan y dicen sobre nuestras capacidades tiene el poder de moldear lo que *nosotros* pensamos sobre nuestras habilidades. Bandura creía que la persuasión verbal estaba entre los factores clave para desarrollar autoeficacia. Él escribe:

Las personas que son persuadidas verbalmente de que poseen las capacidades para dominar actividades dadas, es probable que movilicen un mayor esfuerzo y lo sostengan, que si albergan dudas de sí mismos y se quedan en las deficiencias personales cuando surgen problemas.[2]

Desde entonces, incontables estudios han aplicado las ideas de Bandura a todo, desde la secundaria hasta el éxito en la universidad y las decisiones sobre carreras profesionales, todo ello con resultados consistentes: existe un vínculo directo entre el aliento verbal que reciben las personas y su posterior confianza y niveles de desempeño.

Esto tiene implicaciones importantes para los líderes. Cuando usted cree en los demás y los alienta, moldea la visión que tienen de sí mismos, edifica su confianza, y contribuye a su éxito. Por el contrario, si usted expresa incredulidad en sus habilidades, o si señala continuamente sus errores y deficiencias, en realidad puede debilitar su confianza y obstaculizar su avance. Por eso la negatividad es raras veces —si es que alguna— una buena estrategia de motivación. Para expresarlo de otro modo, podemos alentar a las personas hacia su destino, pero no podemos hacer que lleguen avergonzándolas.

¿Cómo es el aliento verbal? En primer lugar, *el aliento verbal debería ser sincero*. Tenemos que creer en lo que estamos diciendo. Si usted no puede decir algo enteramente alentador a alguien, quizá tendría que reevaluar su actitud o reevaluar el papel de esa persona, porque los líderes tienen que creer en las personas que están en su equipo.

En segundo lugar, *el aliento verbal debería ser concreto*. Esto requiere un poco de trabajo. Los elogios que valen para todos y los clichés podrían ser más fáciles, pero significan menos. En lugar de decir "eres el mejor" o "eres increíble", podríamos decir:

"me sorprenden tus habilidades organizacionales" o "me encantó cómo manejaste la queja de ese cliente".

Finalmente, *el aliento verbal debería ser frecuente.* La confianza en uno mismo tiene goteras, y las personas necesitan ser llenadas regularmente. Los animadores nunca dejan de animar: gritan ánimo a lo largo del partido, sin importar si el equipo está ganando o no, y sin importar si parece que los jugadores lo necesitan o no. De igual modo, los líderes deberían enfocarse continuamente en edificar la confianza de los miembros de sus equipos.

Además del aliento verbal, la investigación de Bandura identificó otro factor importante que contribuye a la autoeficacia, algo que él denomina *experiencias de dominio.* El término, tal como él lo define, se refiere a las experiencias personales de éxito. En otras palabras, si usted ha tenido ya una medida de éxito, tendrá más probabilidades de creer que seguirá teniendo éxito. "Los éxitos edifican una creencia robusta en la eficacia personal de uno mismo", escribe.[3]

Los buenos líderes utilizan ambas cosas, el aliento verbal y las experiencias de dominio, para edificar confianza en los demás. Bandura continúa:

> Quienes edifican eficacia exitosamente hacen algo más que comunicar elogios positivos. Además de elevar las creencias de las personas en sus propias capacidades, también estructuran situaciones para ellos, de manera que causen éxito y eviten colocar prematuramente a las personas en situaciones en las que es probable que fracasen a menudo. Miden el éxito en términos de automejora en lugar del triunfo sobre otros.[4]

Eso significa que los líderes buscan maneras de preparar a las personas para el éxito. Los buenos líderes no son solamente animadores; son animadores *realistas.* No mienta a las personas sobre lo que pueden hacer, pues eso solamente conduce a la decepción cuando lo intentan y fracasan. Usted necesita conocerlos y creer en ellos, ver lo mejor en ellos y hacer que eso salga. Eso significa animarlos a intentarlo, y también significa darles oportunidades adecuadas para que tengan experiencias de dominio, y apoyar activamente su progreso y mejora.

¿Cómo creamos experiencias de dominio para las personas? ¿Cómo los preparamos para el éxito? Antes de dar una respuesta a eso, pensemos por un momento en cómo aprenden a caminar los bebés. Mi esposa y yo hemos experimentado esa etapa varias veces, y es a la vez emocionante y aterradora.

Cuando los niños pequeños dan sus primeros pasos, los padres hacen todo lo posible por prepararlos para el éxito (y para evitar viajes al hospital). En primer lugar, despejan un camino moviendo mesas, lámparas, floreros y cualquier otra cosa que pudiera romperse o causar daño. Comienzan con distancias muy cortas, porque los bebés no caminan realmente al principio; se caen con estilo, para parafrasear una frase icónica de la película *Toy Story*. Los padres se mantienen cerca del niño, con los brazos extendidos y preparados para amortiguar potenciales caídas. Y con cada paso, con cada nueva etapa, ellos animan y celebran como si el niño hubiera terminado una maratón.

Ahora, apliquemos eso al liderazgo. En primer lugar, en cuanto sea posible, hay que *prever obstáculos*. Piense con antelación en posibles obstáculos y ayude a las personas a evitarlos o superarlos. Puede que ellos no conozcan los problemas en los que podrían meterse, pero probablemente usted sí los conoce; en lugar de permitir que esos obstáculos desalienten potencialmente a las personas, ayúdelos a hacer planes con antelación. Proporcione herramientas, estrategias o recursos para evitar cosas que podrían obstaculizar su éxito.

En segundo lugar, *hay que comenzar con metas pequeñas*. No le encargue su cuenta más importante a alguien que acaba de salir de la universidad. No sitúe a un diseñador novato a cargo de dirigir una campaña publicitaria nacional. No le encargue un discurso de presentación a alguien que nunca ha hablado en público por más de cinco minutos. Comience con lo pequeño, deje que las personas saboreen el éxito, y después encárgueles retos incrementalmente mayores.

 Las personas tienen grandeza en su interior, pero a menudo necesitan a alguien que crea consistentemente en ellos a fin de cumplir su potencial.

En tercer lugar, *hay que mantenerse cerca*. O para expresarlo de otro modo, hay que hacer lugar para el fracaso. Probablemente no alcanzarán un éxito completo en el primer intento. Esté disponible para ayudarlos en lugar de mantenerse a distancia viendo cómo fracasan espectacularmente. Igual que hacen los niños pequeños, es probable que los miembros de su equipo se den algunos golpes a lo largo del camino, y aprenderán también de esas cosas. Pero haga todo lo posible para minimizar el dolor y maximizar la alegría del proceso de crecimiento.

Finalmente, *hay que celebrar cada etapa*. El crecimiento y el progreso son importantes y merecen ser reconocidos. Cada etapa es una victoria en miniatura, una pequeña experiencia de dominio, de camino a triunfos cada vez mayores.

Los éxitos personales de las personas a las que usted lidera se convierten en baldosas en una plataforma de confianza en uno mismo. Proporcionan un lugar donde estar de pie, una posición sólida desde la cual enfrentar los retos de la vida. Cuando damos aliento verbal y creamos experiencias de dominio para nuestro equipo, sustituimos la duda que hay en ellos mismos por confianza en su potencial, y los preparamos para alcanzar metas más audaces.

————

Si quiere ganar con las personas, conviértase en su mayor seguidor, su animador más ruidoso, su partidario más comprometido.

A lo largo de los años he visto una y otra vez que la lealtad es una calle de doble sentido, e igualmente lo es creer en las personas. Mientras más creamos en otros, más creerán ellos en nosotros. Las personas abrirán sus corazones a alguien que tenga confianza en su potencial y su grandeza, y seguirán a un líder que los anime.

APLICACIÓN CLAVE

 Sea el mayor animador de las personas creyendo en ellas y ayudándolas a creer en sí mismas.

Capítulo 15

LA DIVISA MÁS IMPORTANTE

En enero de 2014 Gerald Cotten, de treinta años de edad y dueño de la empresa de criptomoneda más grande de Canadá, QuadrigaCX, murió repentinamente mientras estaba en su luna de miel en India. En su única posesión estaban las contraseñas para acceder a todos los fondos de sus usuarios, un total de aproximadamente 190 millones de dólares canadienses (145 millones de dólares estadounidenses). Sus colegas reportaron inicialmente que los fondos eran inaccesibles debido a la información de acceso faltante. La revista *Business Insider* resumió bastante bien la situación con su titular: "Un cambio de cripto no puede reponer 190 millones de dólares que debe a sus clientes porque su CEO murió con la única contraseña".[1]

Sin embargo, la historia no terminó ahí. Unas semanas después, un auditor nombrado por el tribunal consiguió la computadora portátil de Cotten y otros aparatos y determinó que las carteras digitales que supuestamente contenían millones en bitcoins habían sido vaciadas en secreto ocho meses antes de la muerte de Cotten. También descubrió que QuadrigaCX no tenía establecido un sistema básico de contabilidad, y que Mr. Cotten tenía acceso único y total a todo el dinero invertido. Al final de la auditoría, los inversores se quedaron sin fondos, sin respuestas, y sin ningún camino fácil para conseguir que les reembolsaran los fondos.

Como muchos casos de mala gestión y fraude, puede que nunca conozcamos la historia completa de lo que sucedió o dónde fue a parar el dinero, pero si es usted como yo, probablemente se esté preguntando cómo pueden 145 millones de dólares ser guardados, y perdidos, de "carteras digitales". Pero lo que quiero decir con esta historia no es que deberíamos evitar las criptomonedas; es que incluso una divisa invisible puede tener gran valor. El bitcoin y otras criptomonedas puede que sean intangibles y difíciles de entender, pero no hay modo de negar que tienen un valor muy tangible y un efecto directo y de amplio alcance.

Lo mismo podría decirse de otra "divisa" invisible a la que todos tenemos acceso. Esta divisa no está guardada en carteras digitales y es monitorizada en Wall Street, y sería difícil asignarle un valor monetario; sin embargo, tiene un efecto profundo y de amplio alcance sobre nuestro éxito en prácticamente todas las áreas de la vida. Es la divisa de las *relaciones*.

VALOR RELACIONAL

A veces se hace referencia al concepto de que las relaciones tienen un valor como *valor relacional*. Mohanbir Sawhney, profesor de la Universidad Northwestern y destacado consultor de gerencia, define el valor relacional en el contexto empresarial como "el potencial de crear riqueza que reside en las relaciones de la firma con sus accionistas".[2] En otras palabras, las conexiones que tenemos con las personas son activos, al igual que el dinero en efectivo, las acciones, el inventario, los bienes raíces, u otras propiedades tangibles. Podrían no estar listadas en nuestra hoja de balance, pero de todos modos son activos.

Sawhney continúa: "La ventaja competitiva ya no surge en primer lugar, y, sobre todo, de la propiedad de activos físicos por parte de la firma, como ha sido generalmente el caso desde el nacimiento de la Revolución Industrial, sino más bien de su capacidad de construir y hacer uso de las relaciones con clientes, colaboradores, proveedores y empleados".[3] Su punto es que vale la pena invertir, cultivar y proteger las relaciones. El valor relacional puede que no sea fácilmente cuantificable, pero eso no hace que sea menos real que el dólar, el yen o el bitcoin.

Creo que la mayoría de los líderes saben intuitivamente que las relaciones pueden ser activos valiosos. Ya sea que estén liderando en el mundo de los negocios, el entretenimiento, la iglesia, la educación, los deportes, o cualquier otra cosa, *a quién conocemos* puede abrir puertas y crear oportunidades. Por lo tanto, tiene muy buen sentido empresarial "construir y hacer uso de las relaciones", tal como lo expresa Sawhney. Pero, aunque creamos que las relaciones importan, podemos llegar a estar tan enfocados en el balance, en el crecimiento o en los sistemas y estrategias, que olvidamos hacer de las relaciones una de nuestras principales prioridades.

No estoy diciendo que deberíamos invertir en las personas solamente para poder obtener algo de ellas más adelante. Cuando Sawhney dice que deberíamos "hacer uso de las relaciones", no utiliza el hacer uso en sentido manipulador, sino más bien práctico: necesitamos saber con quién podemos contar y a quién acudir en momentos de necesidad.

 Si invierte sinceramente en las personas, las valora, les sirve, y cultiva una relación genuina con ellas, recibirá un retorno de su inversión.

Mientras que sus relaciones principales (fuera de la familia y los amigos, desde luego) serán con personas directamente relacionadas con su área de trabajo o de servicio, como empleados, clientes, donantes, miembros de la iglesia o proveedores, tenga en mente que *todas* las personas importan, no solamente quienes contribuyen directamente a sus metas. Usted puede y debería construir conexiones con personas siempre que sea posible, incluso cuando no estén participando directamente en su proyecto o visión.

A propósito, de vez en cuando he escuchado decir lo contrario. He visto a algunas personas, especialmente en redes sociales, que defienden apartar de nuestra vida a cualquiera que no nos esté ayudando a alcanzar nuestras metas. Eso me hace sentir un poco incómodo por dos razones. En primer lugar, haría que su mundo gire en torno a usted mismo y sus metas, el cual, sin ofender, es un mundo pequeño. En segundo lugar, uno nunca sabe quién, cuándo o cómo alguien le ayudará realmente con sus metas. Sospecho que las personas que defienden apartar a las personas, principalmente intentan evitar distracciones o críticas poco sanas, y hay un lugar para eso. Anteriormente vimos la importancia de escuchar las voces correctas. Pero no seamos demasiado rápidos en apartar a las personas de nuestra vida simplemente porque no están sirviendo a nuestros propósitos inmediatos. Son personas y, por lo tanto, tienen valor. Hasta donde podamos, debemos esforzarnos por honrarlos, amarlos y añadirles valor.

DEPÓSITOS Y RETIROS

Sabemos intuitivamente que las relaciones importan, como dije anteriormente, pero ¿cómo las construimos? ¿Cómo añadimos valor y construimos confianza? ¿Cómo invertimos en las personas de tal modo que nuestra conexión con ellas crezca? Las relaciones no suceden porque sí. Requieren intencionalidad, trabajo y tiempo. Si entendemos cómo construir relaciones adecuadamente, soportarán los altibajos de la vida y los golpes inevitables en el camino.

Una manera de pensar en construir relaciones es en términos de *depósitos* y *retiros*. No en el sentido de reducir la amistad y el afecto a una mera transacción, desde luego, sino en el sentido de invertir. Mientras más invertimos en una relación, más se desarrollará, crecerá y generará un retorno. Pero si lo único que hacemos es tomar o retirar de una relación, el balance rápidamente caerá hasta cero y dejará de ser un activo con el que podamos contar.

Todo líder necesita entender cómo hacer depósitos y retiros en la esfera relacional. Las personas toman nota, ya sea intencionalmente o no, del modo en que las tratamos; y tenemos un balance, lo sepamos o no, que es o bien positivo o negativo. Como líder, parte de aprender a ganar con las personas es ser consciente de ese balance relacional y administrarlo bien.

Usted construye su balance relacional cuando hace depósitos, como mostrar amor, hacer elogios, servir, expresar lealtad y pasar tiempo juntos. Los depósitos relacionales construyen lealtad, longevidad y confianza. Ese balance positivo es lo que le permite hacer retiros cuando sea necesario. Un retiro es cualquier cosa que podría "tomar" de la relación, como una petición, una confrontación, un malentendido, un cambio, una decisión difícil o una ausencia.

Tanto los depósitos como los retiros son parte de cualquier relación normal. Usted no siempre será capaz de ser un líder paciente, sabio y perfecto, ¡ni por asomo! Pero si es intencional acerca de construir un balance positivo con las personas, acerca de fortalecer su relación mediante depósitos regulares, entonces el retiro ocasional no "dejará al descubierto su cuenta".

Mi meta con mi equipo, mis empleados e incluso mi familia y amigos, es mantener siempre un balance positivo. Intento ser consciente de dónde estoy con las personas en cada esfera de mi vida. No quiero tener una deuda relacional con nadie: no quiero sentirme culpable cuando piense en esa persona, ocultarme cuando la vea, o no poder pedirle nunca otro favor porque ya le he pedido demasiados. A continuación, hay una lista de cosas prácticas que yo hago para hacer depósitos relacionales. Observará que muchas de ellas son simplemente buenas habilidades sociales y buenos modales, de lo cual ya hemos hablado antes.

+ Recordar sus nombres.

+ Decir palabras alentadoras (ser un animador).

+ Expresar gratitud con frecuencia, especialmente en público.

+ Recordar cumpleaños y celebrarlos de algún modo, incluso si es solamente un abrazo o un reconocimiento.

+ Estar presente cuando hablen; escuchar con atención.

+ Enviar un mensaje de texto o llamar, y devolver textos y llamadas.

+ Enviar tarjetas, flores u otros pequeños regalos.

+ Dar abrazos, palmadas, golpecitos en la espalda u otras expresiones apropiadas de aspecto físico

+ Cumplir los compromisos a tiempo.

+ Ayudar con los proyectos.

+ Comer, reír y divertirnos juntos.

Aprenda lo que tenga un mayor significado y hable con más fuerza a las personas, y enfóquese en esas cosas. Por el contrario, evite defraudar a los demás en áreas que usted sabe que son importantes para ellos. Como en todo, se trata de servir mejor a las personas.

El libro de éxito de ventas perenne del autor Gary Chapman, *Los cinco lenguajes del amor*, afirma que cada uno de nosotros tiene un lenguaje del amor primario y otro secundario, o una manera de mostrar y percibir amor. Él identifica cinco lenguajes concretos: regalos, tiempo de calidad, palabras de afirmación, actos de servicio y toque físico. Su premisa es que si alguien intenta mostrarnos su afecto utilizando un lenguaje diferente al que tenemos, no nos sentiremos tan queridos, y si otra persona nos falla en un área relacionada con nuestro lenguaje del amor principal, nos herirá más profundamente que si hubiera sido un tipo distinto de fallo. Las parejas casadas, por ejemplo, con frecuencia tienen distintos lenguajes del amor, de modo que pueden terminar haciéndose daño el uno al otro inconscientemente, sencillamente porque no entienden cuán profundamente les afectan mutuamente sus acciones y sus palabras. Chapman alienta a sus lectores a identificar cuál es su propio lenguaje y el de su cónyuge, sus hijos y otras personas que hay en sus vidas, a fin de comunicar mejor el amor y evitar malentendidos.

 Construir valor relacional tiene que ver principalmente con consideración y con identificar lo que sirve mejor a la otra persona.

Construir un balance relacional positivo se reduce a ser consciente de dónde estamos con las personas y tener eso en cuenta en nuestras interacciones con ellas. Póngase en el lugar de ellos. Tome nota de cuán bien le ha ido en cumplir expectativas y compromisos con ellos. Solamente podrá llegar tarde a reuniones unas veces limitadas antes de que los seguidores pierdan respeto o su jefe lo deje ir. Solamente puede olvidar enviar un mensaje de texto a un amigo unas cuantas veces antes de parecer desinteresado o grosero. Solamente puede quedarse hasta tarde en la oficina unas noches limitadas antes de que su familia deje de apreciar su duro trabajo y comience a tener resentimiento. Ya sea usted jefe, cónyuge, padre, madre, maestro, pastor u otro líder, simplemente ser consciente del estado de la relación le ayudará a gestionarla mejor.

MANTENER UN BALANCE POSITIVO

Los líderes no pueden suplir cada necesidad y cada expectativa, lo cual significa que fallaremos a las personas o las defraudaremos de vez en cuando. También tendremos que participar en cierta cantidad de corrección, lo cual no es necesariamente agradable, y en cierta tarea de "conseguir" que las personas hagan cosas que son parte de su trabajo, lo cual tampoco es divertido. Pongamos juntas todas esas cosas, y los líderes tienen el potencial de hacer muchos retiros relacionales.

Eso significa que tenemos que ser, incluso, *más intencionales con respecto a compensar* los inevitables retiros a fin de mantener un balance saludable. Por una parte, no podemos tomar cada decisión para satisfacer las expectativas de la gente o para proteger sus sentimientos. Pero, por otra parte, no podemos descartar el efecto negativo de esos momentos difíciles de liderazgo. Por lo tanto, ¿cómo mantenemos un balance positivo?

Lo primero es *enfocarnos en hacer depósitos proactivos.* En otras palabras, hacer depósitos siempre que podamos, dondequiera que podamos y del modo que podamos, sabiendo que se producirán retiros en algún momento. Los depósitos relacionales regulares construyen un balance que permite retiros ocasionales sin entrar en un déficit relacional. Por otro lado, si existe un balance cero o un balance negativo, cada retiro se sentirá mucho más negativo porque estaremos incurriendo en una deuda relacional aún mayor.

Para ilustrarlo, imaginemos que usted tiene una empleada a la que no conoce bien. Quizá ella trabaja en otra parte del edificio o está un par de escalones más abajo en la escalera organizacional. Un día, ella comete un error grave y usted comprende que tiene que hablar con ella al respecto. Se presenta en su escritorio, explica claramente el problema (incluso enfáticamente), acepta sus disculpas y su promesa de cambiar, y después se va. ¿Fue un encuentro exitoso? Yo argumentaría que probablemente no lo fue, o al menos estuvo lejos de lo ideal. No porque usted dijera algo incorrecto o sobrepasara sus límites (usted es el líder, de modo que presumiblemente no lo hizo) o porque ella reaccionara mal (tampoco hizo eso), sino simplemente porque usted ahora tiene un balance claramente negativo con ella. Su única interacción significativa con usted en toda su carrera consistió en que usted fue hasta su escritorio para señalar un error, y esa no es una buena sensación para nadie. Sin embargo, si usted ya hubiera construido un balance relacional positivo con ella (elogiando su trabajo o expresando gratitud por el papel que desempeña), la corrección habría tenido un impacto emocional mucho menor porque se habría producido en el contexto de una relación de confianza.

No estoy diciendo que tenga que elogiar a alguien antes de decirle dónde ha fallado, o que nunca pueda confrontar a alguien a quien no conozca bien. Tan solo digo que el enfoque ideal es ser proactivo acerca de construir un balance relacional y desarrollar confianza, porque uno nunca sabe cuándo lo necesitará.

Los retiros relacionales suceden por muchas razones, no solo la corrección. Pero el mismo balance positivo, construido mediante las mismas palabras y acciones consideradas, ayudará a proteger la relación de los momentos dolorosos o difíciles que llegarán.

La segunda clave para mantener un balance relacional positivo es *disculparnos cuando hayamos fallado*. Las disculpas recorren un largo camino hacia restaurar el balance. Contrariamente a las deudas que se miden en monedas, y que raras veces se perdonan, las personas por lo general reciben bien las disculpas y son rápidas para perdonar. Si no lo son, es posible que esté sucediendo algo más profundo, o que la ofensa sea más grave que uno o dos fallos. En una relación saludable, ambas partes quieren que las cosas funcionen. Eso significa que la persona ofendida probablemente esté esperando que el otro también querrá arreglar las cosas, y responderá bien cuando la otra parte reconozca humildemente la situación.

El perdón es una herramienta poderosa, y funciona en ambos sentidos. Cuando otorgamos perdón a otros por los errores que han cometido, o cuando pedimos perdón por errores que nosotros hemos cometido, ayudamos a compensar los efectos negativos del error. No espere a que la otra persona tome la iniciativa, sin importar de quién sea la culpa; busque solamente la reconciliación. Por lo general, ambas personas tienen parte de culpa, de todos modos, así que hágase responsable de la parte que pueda, pida perdón como sea necesario y trabaje hacia una resolución.

Si ha hecho usted un retiro debido a una corrección o confrontación necesaria, no se disculpe, pues usted no hizo nada mal. Como líder, debe tener la libertad para liderar, y eso incluye mantener conversaciones difíciles y tomar decisiones difíciles. Sin embargo, puede asegurarse de que la persona no se lo tome de modo demasiado personal, puede darle las gracias por responder bien y mantener una buena actitud, y puede encontrar maneras de dar afirmación en otras áreas. En otras palabras, incluso cuando no necesite disculparse, aun así debería buscar maneras de compensar los impactos negativos de las retiradas.

La tercera manera de mantener un balance relacional positivo es *ser intencional con respecto a cancelar la deuda*. Sin duda, si tuviera bastante valor relacional incorporado en la equivocación, o la confrontación, o cualquier retiro que se haya producido, puede que no se produzca ninguna deuda; pero incluso las relaciones más fuertes pueden ser sacudidas de vez en cuando por la ofensa, el error, insultos, malentendidos y conflictos. Como líderes, debemos ser conscientes de las ocasiones en que decepcionamos a alguien, y debemos buscar compensarlo.

Por desgracia, a menudo se necesitan varios depósitos para compensar un retiro grande. Si usted ha olvidado alguna vez el cumpleaños de su cónyuge, sabrá cuán difícil es lograr salir de ciertos agujeros. Eso se debe a que los humanos tendemos a sentir las emociones negativas más fácilmente y más intensamente que las positivas. En economía, se hace referencia a eso como *aversión a la pérdida*: las personas prefieren evitar la pérdida que adquirir ganancias equivalentes. Algunos estudios han sugerido que psicológicamente las pérdidas se sienten el doble que las ganancias.[4] Eso significa que, si usted tiene que desafiar o corregir a alguien, o se olvida de un cumpleaños, o llega tarde a una reunión importante, o grita a alguien, o comete otra ofensa o fallo percibido, es probable que la persona lo sienta más profundamente que un acto de bondad comparable. Entiendo que eso no es terriblemente alentador, pero es la realidad.

De nuevo, las disculpas y el perdón obran maravillas. Ese es el primer paso, pero no se detenga ahí. Busque maneras de restaurar, de reparar, de enmendar las cosas de nuevo. Eso podría requerir un poco de esfuerzo, pero normalmente no es tan difícil y no toma tanto tiempo como podríamos pensar. Las personas tienden a ser rápidas en perdonar a los líderes que verdaderamente quieren hacer lo correcto con ellas.

Esas tres cosas (depósitos regulares, disculpas rápidas y enderezar las cosas) recorrerán un largo camino hacia mantener en buena salud sus cuentas relacionales. Con el tiempo, esas relaciones se convertirán en sus activos más apreciados.

———

Igual que el bitcoin, la divisa invisible de las relaciones tiene un valor real y tangible. Pero contrario al bitcoin, las relaciones no se guardan en carteras digitales o se encierran tras contraseñas: están en nuestros corazones; están sentadas a la mesa de nuestras salas de juntas; son accesibles por email, mensaje de texto o llamadas telefónicas. Algunas de ellas están viviendo en nuestro hogar. Las personas importan, y por lo tanto las relaciones importan, y vale la pena invertir en ellas en cada oportunidad.

APLICACIÓN CLAVE

 Invierta en su activo más valioso, las relaciones, haciendo depósitos de modo intencional y continuo en otras personas.

Capítulo 16

EL NARCISISMO NUNCA GANA

En la mitología griega, Narciso era un joven cazador conocido por su belleza y por rechazar a cada pretendiente que lo buscaba. Un día, mientras estaba en el bosque, la ninfa Eco lo vio y se enamoró inmediatamente. Ella captó su atención, pero él la rechazó. Con el corazón roto, Eco fue vagando por el bosque, quejándose del amor no correspondido hasta el punto de desvanecerse, dejando atrás solamente el sonido de su voz. Cuando la diosa Némesis escuchó del incidente, decidió castigar a Narciso. Lo condujo hasta un arroyo, donde él pudo ver su propio reflejo en el agua y enseguida se enamoró... de sí mismo. Se quedó allí, mirando fijamente el agua, cautivado por su propia belleza pero incapaz de que su reflejo le devolviera su amor, hasta que se consumió y murió.

De esta historia de dos mil años de antigüedad obtenemos el término *narcisismo*, que se usa frecuentemente en la cultura popular como sinónimo de egoísmo y egocentrismo. Una persona narcisista es ensimismada y vanidosa. En una sola palabra: egoísta.

El narcisismo hasta el extremo es una enfermedad clínica llamada *trastorno de personalidad narcisista*. La Asociación Psiquiátrica Americana lo define como "un patrón de necesidad de admiración y falta de empatía por los demás. Una persona con trastorno de personalidad narcisista puede tener una grandiosa sensación de arrogancia, una sensación de merecimiento, se aprovecha de los demás, o carece de empatía".[1] La Clínica Mayo lo denomina "una condición mental en la cual las personas tienen una sensación exagerada de su propia importancia, una profunda necesidad de atención y admiración excesivas, relaciones turbulentas, y una falta de empatía por los demás". Es interesante que añaden: "Pero detrás de la máscara de confianza extrema subyace una frágil autoestima que es vulnerable a la más ligera de las críticas".[2]

En la mayoría de las personas, sin duda, el narcisismo no alcanza el nivel de un trastorno de personalidad desarrollado. Pero tendencias hacia el egoísmo, el ego, el ensimismamiento, una necesidad excesiva de admiración, y una falta de empatía, son todos ellos rasgos comunes en la sociedad y en el liderazgo actualmente; y en ese sentido, el narcisismo está muy vivo. Como líderes, debemos ser conscientes de estas tendencias en nosotros mismos y también en las culturas que construimos en nuestros equipos y organizaciones.

MÁS ALLÁ DEL EGOÍSMO

Los seres humanos nacemos con una inclinación egoísta; cualquier padre o madre puede atestiguar eso. Las primeras palabras de un niño después de *mamá* y *papá* son por lo general *no* y *mío*, acompañadas por gritos. Una tarea clave de la crianza de los hijos es ayudar a los niños a entender que no son un universo en sí mismos, sino miembros de una familia y parte de un mundo más grande. Buenos modales, compartir con otros, empatía, deferencia, resolución de conflictos… estas cosas deberían aprenderse primeramente en la familia, con la meta de preparar a los hijos para el mundo que espera. Es un mundo donde, contrariamente a la opinión popular, el egoísmo realmente no hace ningún bien. Enseñamos a los niños habilidades sociales y rasgos de carácter porque sabemos que necesitarán esas cosas para tener amistades, para mantener empleos, para aportar a la sociedad, y para liderar a otros.

Los seres humanos han de crecer por encima del egoísmo, y no interiorizarlo e institucionalizarlo. Madurez es ver más allá de lo inmediato, más allá de la burbuja que es nuestro mundo. Es entender que nuestra vida está conectada completamente con las de los demás. El éxito de ellos es nuestro éxito, y su dolor es nuestro dolor, porque nadie vive a solas. El famoso ensayo del siglo XVII de John Donne "Ningún hombre es una isla", dice lo siguiente:

Ningún hombre es una isla entera por sí mismo.
Cada hombre es una pieza del continente, una parte del todo.
Si el mar se lleva una porción de tierra, toda Europa queda disminuida, como si fuera un promontorio, o la casa de uno de tus amigos, o la tuya propia.
La muerte de cualquiera me afecta,
porque me encuentro unido a toda la humanidad;
por eso, nunca preguntes por quién doblan las campanas; doblan por ti.[3]

Es también para inspirar a otros a servir y a dar, participar en las relaciones y en el trabajo en equipo. Sin embargo, no podemos ayudar a otros si estamos atascados en el egoísmo, y hasta que podamos sobreponernos a nosotros mismos, nunca serviremos a los demás. Rechazar el narcisismo y abrazar el altruismo y la generosidad, son retos constantes para cualquier líder.

 Como líder, su papel es servir y dar, lo cual va en contra del narcisismo.

Un título más elevado o una mayor esfera de influencia simplemente nos dan más capacidad para servir. En otras palabras, la grandeza en el liderazgo no está en el poder que tenemos sobre las personas, sino en el poder con el cual servimos.

Si usted sirve a las personas en lugar de utilizarlas, siempre tendrá a personas estupendas a su alrededor. Las personas no quieren ser usadas; no quieren ser manipuladas ni que se aprovechen de ellas. Quieren ser creídas y edificadas. El liderazgo narcisista podría parecer funcionar a corto plazo; incluso un líder ensimismado puede amenazar, sobornar y manipular a las personas hasta cierto grado de productividad. Pero este tipo de liderazgo egoísta y hueco no ganará a largo plazo. Si quiere tener éxito, afirme a las personas. Haga que su vida se trate de otros, no del ego.

SIETE SEÑALES DE UN LÍDER NARCISISTA

¿Cómo puede identificar el narcisismo en usted mismo como líder? No es fácil. Por un lado, el egoísmo es una cuestión de grados y no una distinción entre dos opciones. Es normal y saludable cuidar de uno mismo, mirar por los intereses propios, y estar orgullosos de nosotros mismos. Pero cuando esas cosas toman la prioridad, cuando superan a la empatía y la compasión, hemos comenzado a cruzar una línea. Ya que los seres humanos tendemos a darnos a nosotros mismos el beneficio de la duda mucho después de lo que deberíamos, se podría pensar que tenemos buenas motivaciones y una perspectiva balanceada cuando, en realidad, estamos empleando demasiado tiempo mirando nuestro propio reflejo en el agua.

La definición de narcisismo de la Asociación Psiquiátrica Americana, citada anteriormente, nos da una imagen del egoísmo llevado al extremo. Destaca varias características del narcisismo que son muy aplicables a los líderes. Para dejar las cosas claras, no estoy diciendo que si tenemos una de esas características, entonces tenemos un trastorno de personalidad clínico. Pero existe una posibilidad de que hayamos permitido que una tendencia interna hacia el egoísmo y el ensimismamiento eche raíces en nuestro liderazgo, y tiene que ser corregida antes de que crezca más. Eso es hacer un autoexamen saludable, y es parte de liderarnos a nosotros mismos en primer lugar. A continuación, por lo tanto, tenemos siete señales de un líder narcisista.

1. NECESIDAD DE ADMIRACIÓN EXCESIVA

La admiración causa una buena sensación, pero es un monstruo que nunca se sacia. Un líder ensimismado nunca se cansa de recibir alabanza o gloria para quedar satisfecho. Si usted se apoya en su equipo o en su cónyuge para que llene ese vacío dándole elogios, hará que se quemen. Separe su valor de sus logros y tenga seguridad incluso si nadie le está pidiendo su autógrafo. De ese modo, cuando llegue la fama, estará usted preparado para manejarla adecuadamente.

2. FALTA DE EMPATÍA

Esta puede que sea la consecuencia más peligrosa del narcisismo. Los líderes egoístas tienden a utilizar a las personas, a ignorarlas, a rechazarlas y pisotearlas. No es que lo hagan a propósito, pero simplemente hay poco espacio para el entendimiento o la compasión en sus procesos de pensamiento porque toda su existencia está enfocada en sí mismos. Y como realmente no piensan en los sentimientos o las necesidades de otras personas, terminan haciendo daño a otros. Si usted se encuentra regularmente tratando mal a las personas, o si hay un rastro creciente de personas a sus espaldas que han abandonado su equipo con dolor o con enojo, evalúe su nivel de empatía. Asegúrese de que piensa no solo en usted mismo sino también en los demás

3. SENSACIÓN EXAGERADA DE ARROGANCIA

Usted *es* importante; simplemente no debería pensar en eso todo el tiempo, y también debería recordar que otras personas son tan importantes como usted. Si puede conseguir aferrarse a la verdad dual de que usted y también quienes le rodean son importantes, será capaz de tener una seguridad en sí mismo y una autoestima saludables sin caer en el egocentrismo. Una buena pregunta para plantearse es la siguiente: *¿qué alimenta mi sensación de arrogancia?* Si la respuesta es algo tan transitorio como un título de trabajo, dinero o fama, ajuste la base de su autoestima antes de que el ego se descontrole (o se choque y arda si las cosas dan un giro más adelante). Enfóquese, en cambio, en cosas que sean más permanentes y que estén más bajo su control: sus relaciones, fuerza moral, crecimiento de carácter, espiritualidad, y su aportación a otros.

4. SENSACIÓN DE MERECERSE TODO

Todos hemos estado cerca de personas que pensaban que el mundo les debía algo, y ese no es un rasgo atractivo. Los líderes, incluso los buenos, pueden adoptar esta misma actitud, a menudo sutilmente y con el tiempo. Recuerde que usted hará sacrificios que ninguna otra persona hace. Usted cargará un peso que nadie más entiende. Si no procesa correctamente esa realidad a lo largo del camino, puede comenzar a resentir los sacrificios, o peor aún, resentir a quienes lidera, y sentirse merecedor de "extras". La corrupción sigue fácilmente al sentido de merecerse todo, porque podemos comenzar a sentirnos por encima de la ley, como si las reglas que se aplican a mortales más bajos en cierto modo no se aplican a nosotros.

Tenga cautela si en su cabeza se encuentra regodeándose en la autocompasión regularmente.

Eso puede ser una indicación de que está desarrollando una mentalidad de víctima, lo cual es, con frecuencia, un precursor de sentimientos de merecimiento y las tentaciones que le siguen.

5. APROVECHARSE DE LOS DEMÁS

El narcisismo ciega a los líderes de las necesidades, sueños y derechos de los demás, y crea líderes que utilizan a las personas en lugar de servir a las personas. Si sus pensamientos se tratan enteramente de usted mismo, verá a los demás mediante unos lentes narcisistas: cómo pueden servirle a usted, cómo pueden alcanzar sus metas, si son dignos o no de su tiempo y su inversión. Como líder, sí tiene que mantener la integridad de su causa, pero no puede quemar a las personas en el servicio de su causa. Incluso si alguien sale de su grupo, usted puede seguir valorando y honrando la relación. Además, no cometa el error de limitar su atención y su interés solamente a las personas que le ayudarán a alcanzar sus objetivos. El modo en que trata usted a las personas que no le son útiles es una buena prueba de fuego de su carácter como líder.

6. RELACIONES ROTAS O LIMITADAS

En su libro *The Narcissism Epidemic: Living in the Age of Entitlement* (La epidemia de narcisismo: vivir en la época del merecimiento), los autores. Jean Twenge y Keith Campbell afirman que una persona narcisista tiende a carecer de "calidez emocional, interés, y relaciones amorosas con otras personas". Añaden: "Esta es una de las principales diferencias entre un narcisista y alguien que meramente tiene una autoestima alta: la persona con la autoestima alta que no es un narcisista valora las relaciones, pero el narcisista no lo hace".[4] En otras palabras, las personas centradas en sí mismas y ensimismadas tienden a tener malas relaciones, pero ni siquiera les importa porque no valoran la conexión con otros en un principio.

Como líderes, nuestras relaciones sirven como barómetro de nuestro corazón. Revelan cuán enfocados en los demás están nuestros pensamientos y nuestras acciones. Si carecemos de relaciones fuertes y vibrantes con las personas, o si por rutina nos aislamos de los demás, puede que nos estemos desviando hacia patrones narcisistas. Por otra parte, las relaciones fuertes y a largo plazo probablemente indican que nuestro ego está bajo control.

7. REACCIÓN EXCESIVA A LA CRÍTICA

La crítica es inevitable, especialmente cuando estamos en el liderazgo, y puede ser difícil tomarla con dignidad. Sentimientos temporales de daño, orgullo herido, o estar a la defensiva son probablemente normales; pero si la crítica desencadena importantes reacciones negativas, podríamos tener un problema con el narcisismo. Esas reacciones podrían incluir emprenderla con venganza contra los críticos, poner excusas o culpar a otras personas de nuestros errores, proclamar nuestra inocencia de modo constante y ruidoso, caer en la depresión o experimentar cambios de humor prolongados, y muchas otras cosas.

¿Por qué el narcisismo desencadena una reacción excesiva ante la crítica? En parte, porque un ego demasiado inflado frecuentemente oculta una profunda inseguridad. Una de las verdades más sutiles sobre el narcisismo es que a menudo involucra un tipo oculto de rechazo de uno mismo. La persona puede llegar a estar tan consumida con arreglar o esconder sus faltas que no puede pensar en ninguna otra cosa. La humorista y escritora Emily Levine lo expresó del modo siguiente: "Soy una narcisista en recuperación. Pensaba que el narcisismo tenía que ver con el amor a uno mismo hasta que alguien me dijo que hay otra cara de la moneda. Realmente es más temible que el amor a uno mismo; es amor a uno mismo no correspondido".[5] Esta es la razón por la cual es tan importante que los líderes se acepten a sí mismos y se lideren a sí mismos: si no puede usted dejar atrás sus fracasos y errores, tendrá tendencia a reaccionar en exceso y a la defensiva ante cualquiera que amenace su frágil ego.

———

El joven Narciso, mirando fijamente su reflejo, habría sido un líder terrible. No podía apartar los ojos de sí mismo, de modo que no pudo apartarse del borde del agua. Lo mismo puede suceder si apartamos nuestros ojos de la visión, de los retos que hay por delante y, lo más importante, de las personas que nos rodean, y dirigimos nuestra mirada hacia el interior en una narcisista adoración a nosotros mismos. Cuando hacemos eso, dejamos de liderar a otros y terminamos simplemente sirviéndonos a nosotros mismos. Eso es totalmente lo contrario del liderazgo productivo y visionario.

El narcisismo es inherentemente insatisfactorio y, a la larga, nunca gana. ¿Qué es lo que gana? La bondad gana. El altruismo gana. El liderazgo de servicio gana. Celebrar a otras personas gana. El éxito no se mide por cuántas personas conocen nuestro nombre, y ni siquiera se mide por lo que logramos en nuestra vida. Se mide por nuestro árbol de coaching, nuestra cadena de mentoría. Se mide por el fruto que cultivamos en las vidas de otras personas. Se mide por las inversiones que hacemos en las personas y que, veinte años después, siguen ganando interés compuesto. Se mide por lo que damos, no por lo que recibimos; y por a quién servimos, no por quién nos sirve a nosotros.

APLICACIÓN CLAVE

 Asegúrese de que su liderazgo está enfocado no en usted mismo, sino en servir, edificar e interesarse por los demás.

Capítulo 17

EL TIEMPO LO DIRÁ

Las citas amorosas en Internet son un mundo único, como podrá decir cualquiera que las haya probado. Tienen beneficios, retos, peligros y peculiaridades que la sociedad todavía está aprendiendo a manejar. Y es algo más que una tendencia pasajera: un análisis de datos de Stanford, en 2017, descubrió que el 39 por ciento de las nuevas parejas ese año se conocieron en el Internet, y que "para parejas heterosexuales en los Estados Unidos, conocerse en el Internet se ha convertido en la manera más popular en que las parejas se conocen".[1] Las *app* de citas son un elemento esencial de la experiencia de citas en el Internet, razón por la cual términos como "deslizar a la izquierda" y "deslizar a la derecha" se han convertido tan rápidamente en parte de la cultura dominante. Esto obedece a que, en estas *aplicaciones*, al deslizar el dedo hacia la derecha, está diciendo "sí" y le da un "me gusta" a alguien, y al deslizar el dedo hacia la izquierda, está diciendo "no".

Y eso plantea dos importantes preguntas que enfrentan quienes tienen citas en el Internet en la actualidad: *¿Cómo es posible que alguien pueda decir quién soy yo solamente mirándome? ¿Cómo puedo saber si alguien es una buena pareja solamente mirando su fotografía y su perfil?*

Según un sondeo citado por la página de citas eHarmony, un 53 por ciento de los usuarios de páginas de citas han mentido en su perfil, proporcionando información falsa sobre cosas como altura, peso, estilo de vida, edad e ingresos.[2] Claramente, deslizarse por una línea de fotografías y perfiles tiene sus limitaciones. Sabemos eso. Tan solo mirando una fotografía y una descripción, no podemos saber realmente si alguien es confiable, inteligente, amable, responsable, honesto o maduro. Pero lo seguimos intentando. Es sorprendente cuán rápidamente nuestro cerebro hace juicios basándose en ver caras y en primeras impresiones, y cuánto confiamos en esos juicios rápidos.

Alexander Todorov, autor del libro *Face Value: The Irresistible Influence of First Impressions* (La irresistible influencia de las primeras impresiones), realizó un estudio en el cual se pedía a los participantes que llegaran a conclusiones según el aspecto facial de otras personas. Quería descubrir cuán rápidamente las personas toman decisiones acerca de otros basándose únicamente en sus caras. Estudió cinco características de esos juicios: atractivo, simpatía, confiabilidad, competencia y agresividad. Con cada rasgo, descubrió que los juicios que hacían las personas en 1/10 de segundo eran esencialmente los mismos juicios que se hacían sin tener ningún límite de tiempo. En otras palabras, solo necesitaban una fracción de segundo para evaluar asuntos clave referidos a moralidad y carácter.[3] Eso es asombroso, y un poco aterrador si usted todavía está en la escena de las citas amorosas.

En ciertos contextos, juicios rápidos como esos podrían ser útiles. Por ejemplo, si está sopesando una nueva situación social e intentando encajar, o si se encuentra en una situación amenazante y necesita saber en quién confiar. Por otro lado, esas decisiones subconscientes tan rápidas también tienen en parte la culpa de cosas como perfiles raciales y estereotipos étnicos. Suponer cualquier cosa sobre el carácter de alguien basándonos en el color de su cabello, o de su piel, o en su idioma, es inherentemente equivocado.

Hay muchas maneras en las que formamos nuestras impresiones y juicios de las personas. Podrían estar basados en *cosas que observamos o sabemos* sobre los demás, como sus rasgos físicos, clase económica, trasfondo educativo, trasfondo familiar, nacionalidad, o habilidades de conversación o hábitos. O podrían provenir de *cosas que hemos oído sobre ellas*: experiencias pasadas, fracasos, éxitos, conflictos, errores o fortalezas. Finalmente, podrían estar determinados por *nuestros primeros encuentros* con ellos, como juicios iniciales sobre su inteligencia, habilidades, carácter o potencial. Todas estas cosas no son necesariamente equivocadas, pero tampoco son necesariamente correctas.

Debería estar claro que aunque sí necesitamos establecer cierto nivel de juicio basado en las primeras impresiones (sin duda, no podríamos dejar de hacerlo aunque lo intentáramos), también debemos reconocer la naturaleza inherentemente subjetiva y superficial del proceso. Y deberíamos estar dispuestos a cambiar nuestras opiniones a medida que el tiempo revela la verdad sobre las personas. Esto es especialmente cierto, como veremos, en el liderazgo.

LENTOS PARA JUZGAR

Conocemos a personas nuevas todo el tiempo. Esto incluye a posibles nuevos contratados, clientes, inversores potenciales, voluntarios, y otros. Evaluar a las personas rápidamente, por lo tanto, es en cierto modo un mal necesario en el liderazgo. Es a la vez una habilidad que hay que desarrollar y un lastre que hay que mantener a raya, una necesidad apremiante y un gran riesgo. Juzgar de modo preciso el carácter de alguien, su confiabilidad, capacidades y potencial requiere una gran dosis de humildad y una disposición a reevaluar continuamente nuestros juicios.

Preste atención a sus juicios rápidos y manéjelos sabiamente. Aunque quizá no pueda deshabilitar su característica de escáner facial, puede decidir reservar el juicio final sobre las personas hasta saber algo más de ellas. Hágales preguntas sobre sí mismos. Indague un poco para obtener una imagen más clara, como pedir referencias. Permita que su evaluación inicial sea informada, modificada o sustituida completamente por datos actuales y reales a medida que pase el tiempo. Y a lo largo del camino, hasta que el tiempo demuestre si tiene usted razón o no, puede esforzarse por darles el beneficio de la duda, creyendo lo mejor en lugar de esperar lo peor.

Los juicios apresurados pueden ser positivos y también negativos, y necesitamos manejar también los segundos. A veces los líderes contratan, ascienden o colaboran con personas con demasiada rapidez. Es posible tener una perspectiva demasiado optimista de las personas y ubicarlas en roles para los cuales no son una buena opción o todavía no están preparados. Sean sus juicios positivos, negativos, o algo intermedio, tenga cuidado de cuánto peso da a sus primeras impresiones.

Las personas que le rodean son demasiado complejas para ser reducidas a unas cuantas etiquetas muy rápidas. Igual que usted quiere que los demás le permitan ser usted mismo, sin etiquetarlo y ubicarlo en una categoría arbitraria en su cerebro, así también usted debe dar tiempo a los demás para que lo sorprendan. Las personas a menudo tienen talentos ocultos, y fallos ocultos, que solamente el tiempo revelará. Los líderes deberían ser buenos jueces de carácter y de habilidad, pero el buen juicio es con frecuencia un juicio *lento*. Tómese su tiempo y construyan juntos una historia.

LA HISTORIA ES LA MEJOR MAESTRA

Los juicios rápidos, como hemos visto, tienen sus limitaciones, pero la historia es un indicador mucho más preciso del verdadero carácter y las capacidades de las personas. Esa es, precisamente, la razón por la que se solicita un currículum para la mayoría de los empleos. Si usted está sentado frente a alguien a quien acaba de conocer y está considerando a esa persona para un puesto importante, querrá saber con quién ha trabajado, qué hizo él o ella allí, cuánto tiempo estuvo en ese empleo y, quizá más importante, por qué la persona dejó ese puesto.

Fuera de solicitantes de empleo, sin embargo, generalmente no tenemos la oportunidad de revisar los currículums de las personas cuando las conocemos por primera vez. Y, sin embargo, su historia sigue siendo muy importante. Como líderes, ¿cómo podemos permitir que la historia de las personas forme nuestra opinión sobre ellas? ¿Cómo podemos hacer uso del poder revelador del tiempo para tomar las mejores decisiones sobre con quién trabajar, a quién contratar, a quién ascender, con quién colaborar, a quién comprar o a quién vender, con quién construir, en quién confiar? Aquí tenemos tres maneras prácticas de hacer que la historia trabaje a favor nuestro.

1. CONOCER SU TRASFONDO

Todo el mundo tiene un trasfondo: una historia personal, un pasado, un contexto. Ese trasfondo influye en todo acerca de la persona de maneras evidentes, algunas veces sutiles y hasta de forma inconsciente. Afecta quién es, cómo reacciona a la corrección, qué cosas teme, cuánto riesgo puede manejar, cómo responderá a su autoridad, cuánto confiará en usted, y cómo trabaja con otras personas. Un trasfondo no es una cosa buena o mala, es simplemente un punto, algo a tener en mente en todas sus interacciones, especialmente si la persona se reporta directamente con usted en algún trabajo o puesto voluntario. Quizá un líder anterior lo trató mal, y ahora lo ve a usted bajo esa misma luz. Tal vez lo consintieron mucho de pequeño, y usted es la primera persona que le dice no. Quizá ha fracasado varias veces y duda en intentarlo, y quizá volver a fracasar.

Obtenga tanto contexto como pueda sobre las personas, tanto antes como después de incorporarlas a su equipo, porque no puede servir a alguien a quien no entiende. Un poco de contexto recorre un largo camino hacia entender reacciones, necesidades y emociones. Si usted sabe lo que esa persona ha experimentado y de dónde proviene, tendrá más probabilidad de mostrar compasión y paciencia en lugar de descartarla demasiado rápido al enfrentar una conducta inesperada.

No estoy sugiriendo que haga preguntas invasivas y personales sobre el pasado de la persona. Eso puede llegar a ser problemático no solo a nivel social, sino también a nivel de recursos humanos. Simplemente digo que el presente de las personas está relacionado con su pasado, y mientras más pueda usted ser consciente del pasado que tienen, mejor entenderá su presente; sin embargo, eso les corresponde principalmente a ellos: los detalles que quieran compartir son una decisión personal, y la confianza que le otorguen a usted debe ser según sus tiempos y sus términos.

Si puede, una buena regla general es esperar unos meses antes de tomar cualquier decisión importante con respecto a alguien a quien no conoce tan bien: por ejemplo, darle un ascenso a una persona que acaba de contratar, o entregar un papel de liderazgo a un voluntario nuevo, o ubicar a alguien con quien no ha trabajado en una posición crítica de toma de decisiones. Eso le da tiempo para pasar la etapa de los comentarios amables y la fase de luna de miel y llegar a conocer a alguien tal como es realmente. No se pueden acelerar las habilidades sociales, y no se puede acelerar el construir la historia.

En una línea relacionada, es probable que las personas que estén considerando aceptar un empleo con usted o seguir su liderazgo en cualquier otro puesto se sientan un poco vacilantes también acerca de usted, y eso es bueno. Un estudio reciente de dos mil personas buscadoras de empleo, descubrió que esa búsqueda en promedio tomaba cinco meses e incluía cuatro currículums diferentes, siete solicitudes de empleo, y cinco entrevistas de trabajo.[4] Las personas quieren estar en el rol adecuado y estar relacionadas con los líderes correctos, tanto como los líderes quieren tener a las personas adecuadas. Por lo tanto, cuando se toma el tiempo para asegurarse de que las personas son una buena opción o tienen las calificaciones necesarias para el puesto, es para beneficio de todos. Mientras mejor conozca a alguien, más eficaz será en servir y liderar a esa persona. Tomarlo con calma es mucho mejor que tomar una decisión mala y apresurada que termina dañando a usted mismo, a la persona y al equipo.

2. CONSTRUIR JUNTOS LA HISTORIA

Al trabajar juntos a lo largo de semanas, meses o incluso años, comenzarán a construir juntos una historia compartida. Aprenderán a trabajar juntos y a confiar los unos en los otros. Esto no sucede de la noche a la mañana, pero sucede, de modo que no pretenda apresurar las cosas.

Construir una historia compartida es importante por varias razones. En primer lugar, *nos da tiempo para aprender a trabajar juntos*. También usted tiene un trasfondo que influencia su liderazgo. También usted tiene un modo de hacer las cosas que es único; tiene un equipo, sistemas, estructuras, cosas que le gustan y le disgustan, peculiaridades e idiosincrasias. Las personas a las que lidera se merecen tiempo para llegar a conocerlo a usted mejor como persona y como líder. Necesitan entender su estilo de liderazgo y encontrar su lugar en el equipo.

Para utilizar otro ejemplo de las citas amorosas, la mayoría de los expertos en relaciones recomiendan tomar con tranquilidad una nueva relación (no que todos estén de acuerdo en lo que significa "con tranquilidad"). Como mínimo, probablemente no querrá declarar su amor eterno a la otra persona en la primera cita, incluso si está seguro de que está completamente enamorado. No hay prisas. Usted espera pasar el resto de su vida con esa persona, así que al menos puede esperar a la segunda cita, o el segundo año de noviazgo, para comenzar a hablar de amor, de matrimonio y de tener hijos. Se necesita tiempo para que dos personas encajen, para aprender a caminar juntos, trabajar juntos y soñar juntos.

Del mismo modo, hay un beneficio en tomar con tranquilidad las relaciones organizacionales: eso da a todos una oportunidad de comprobar cómo encajan sus habilidades, necesidades y metas. Vamos a estar ahí por mucho tiempo, de modo que no hay que apresurarse por llenar cada posición en el equipo de nuestros sueños. Hable primero con las personas y conozca un poco de dónde han llegado y a dónde se dirigen. Compruebe si son realmente compatibles antes de hacer grandes cambios estructurales o ubicar a las personas en roles de los que sería difícil apartarlos más adelante.

Construir una historia compartida también es importante porque *los prepara para los momentos de estrés*. La relación líder-seguidor raras veces se desmorona en las dos primeras semanas, porque la vida real todavía no ha hecho su efecto. Utilice los primeros meses juntos para construir confianza, habilidades de comunicación, y para entenderse mutuamente. De ese modo estará preparado cuando lleguen los tiempos difíciles: tiempos de presión, de estrés, de trabajo duro, de corrección, de conflicto. Si tienen una historia conjunta, será más probable que crean los unos en los otros incluso cuando las emociones estén a flor de piel o la comunicación sea menos que perfecta.

Finalmente, la historia compartida *crea y protege las relaciones a largo plazo*. Vimos anteriormente que las relaciones son un activo clave para los líderes y la organización. Una de las mejores maneras de construir esas relaciones es simplemente experimentando la vida juntos. La historia compartida es uno de los vínculos más estupendos que un equipo puede tener, y es una buena razón para no abandonar fácilmente una relación. Mientras más tiempo conozcamos a las personas, mejor podremos predecir su conducta y más podremos depender los unos de los otros.

Como pastor de una iglesia, la historia compartida entre nuestro equipo y los voluntarios es una de las cosas de las que más orgulloso estoy. Muchos de los miembros originales de nuestro equipo, personas que sacrificaron tiempo y esfuerzo para comenzar una iglesia en Los Ángeles, siguen estando con nosotros. No ha sido fácil, pero son precisamente esos momentos difíciles, esos retos que enfrentamos juntos, lo que ha entretejido con unión nuestros corazones con una fuerza mucho más potente que descripciones de trabajo o salarios.

3. DEJAR QUE ELLOS ESCRIBAN SU PROPIA HISTORIA NUEVA

Dejar que las personas escriban la historia significa no tomar una fotografía de quiénes son ahora y mantenerlos cautivos a esa foto para siempre. Hemos de darles espacio para crear una nueva historia. Los seres humanos no somos estáticos; cambiamos. Crecemos, mejoramos, maduramos, nos desarrollamos. También usted cambia, sin ninguna duda, y también cambia el mundo que lo rodea.

Eso se aplica al liderazgo, el entorno laboral, las organizaciones que trabajan con voluntarios, iglesias y escuelas, familias, o cualquier otro entorno en el cual usted podría estar ejerciendo influencia.

La única constante en la vida es el cambio.

Como las historias de todos se están escribiendo todavía, tendrá que cambiar continuamente su comprensión de las personas y de sus roles. Necesitará ser consciente de cómo cambian ellos personalmente y profesionalmente. Quizá cuando comenzaron con usted tenían veintidós años, eran solteros, y estaban dispuestos a trabajar el día entero y la mitad de la noche. Ahora tienen un cónyuge, dos hijos, una casa, un poco de precioso tiempo libre o energía extra. El hecho de que no respondan sus mensajes de texto a las 10:00 de la noche no es un defecto de carácter ni una falta de compromiso: es la realidad de la vida adulta y una mejor comprensión de los límites. Es muy probable que compensen el trabajar menos horas extra cometiendo también menos errores, así que permita que crezca su aprecio por la experiencia y la sabiduría que tienen ahora, y ajuste sus expectativas en cuanto a su disponibilidad.

Todo eso significa que no podemos simplemente ubicar a las personas en una gráfica organizacional perfecta e ideal y no volver a pensar nunca en sus roles. Son personas, no objetos, y tienen libre albedrío, curiosidad, sueños y opiniones. Entre su humanidad y la tendencia que tienen las necesidades organizativas a cambiar una y otra vez, tendremos que reformar la gráfica. Como líder, su tarea no es apilar a las personas como si fueran ladrillos en filas ordenadas. Su tarea es más parecida a mantener platos en equilibrio. O levantar un castillo de naipes. O acompañar en una excursión de secundaria. No es nunca algo tranquilo, nunca es estático, nunca termina.

 Cuando se trata de trabajar con personas, la historia importa.

A medida que su equipo u organización crece y cambia, las personas tienen que crecer igualmente. A veces las personas pueden estancarse en sus roles y quedar atrás por los cambios que se producen en su organización. Parte de su papel como líder es animar a la gente a crecer y adaptarse con el tiempo. Si no están dispuestos o son capaces de cambiar tal como se necesite, tal vez haya que cambiarlos a otro puesto diferente. De modo ideal, sin embargo, su propio crecimiento reflejará el del resto de la organización, fomentando nuevos talentos y una mayor capacidad en sus propias vidas.

Ya sea la historia de ellos, su propia historia, una historia compartida, o futura historia (admito que es un poco un oxímoron), una parte clave de trabajar con personas es dejar que el tiempo nos diga lo que necesitamos saber sobre ellos y cómo trabajar mejor juntos.

———

Por fortuna, el liderazgo es algo más que un proceso de deslizar a la izquierda o deslizar a la derecha. Es más que hacer juicios rápidos y primeras impresiones. Puede (y debe) conocer verdaderamente a las personas que están en el mismo viaje que usted. Y a medida que lo haga, construirá algo que va mucho más allá de una hoja de balance o un reporte de beneficios y pérdidas: construirá un equipo de personas que se conocen, se valoran, e incluso se aman los unos a los otros. Vale la pena tomar el tiempo para hacerlo bien, porque juntos están edificándose mutuamente y construyendo el futuro.

APLICACIÓN CLAVE

 No tenga prisa por hacer juicios sobre el carácter o la habilidad de las personas: llegue a conocerlos primero, y deje que el tiempo y la historia compartida le muestren cómo trabajar mejor juntos.

Capítulo 18

ESCUCHE PARA LIDERAR

Uno de los lanzamientos más emocionantes en el béisbol es la bola rápida. Las bolas rápidas alcanzan como promedio las 92 mph (148 km/h) y constituyen cerca del 60 por ciento de todos los lanzamientos.[1] El actual poseedor del récord Guinness de lanzamiento más rápido es el lanzador nacido en Cuba Aroldis Chapman. En 2010, cuando jugaba con los Cincinnati Reds, hizo un lanzamiento que se cronometró a 105,1 mph (169,1 km/h),[2] lo cual está en los límites de lo que el ojo humano puede seguir. A velocidades por encima de las cien millas (160 km) por hora, los bateadores tienen cerca de cuatro décimas de segundo para ver la bola, tomar una decisión y batear. Es decir, literalmente, el tiempo necesario para un parpadeo.

Las bolas rápidas puede que sean emocionantes, pero no son el único lanzamiento disponible para los lanzadores, y no siempre son las más efectivas. Hay otro lanzamiento, con cambio de velocidad (llamada también bola lenta), que los buenos lanzadores utilizan para sacar a los bateadores del juego. Con una velocidad promedio de 83 mph (133 km/h), y formando el 10 por ciento de los lanzamientos,[3] la bola lenta se lanza con la intención de engañar al bateador para que se mueva demasiado pronto. El exlanzador profesional Phil Rosengren dice:

"Una buena bola lenta puede ser la mejor amiga de un lanzador. Nada frustra más al bateador que una buena bola lenta". Después añade: "Pero la bola lenta también puede ser uno de los lanzamientos más difíciles de dominar".[4] Los buenos lanzadores saben cómo lanzar con rapidez, pero también saben cómo ralentizar las cosas con una bola lenta.

Existe una dinámica similar en las comunicaciones en el liderazgo. La mayoría de los líderes tienen que ser buenos habladores: en salas de juntas, salas de conferencias, charlas promocionales, presentaciones, reuniones estratégicas, discursos, llamadas telefónicas y reuniones personales. Somos mentores, corregimos, enseñamos, dirigimos e inspiramos, utilizando principalmente nuestra voz. Hablar es el lanzamiento más común en nuestro conjunto de habilidades de comunicación. Es nuestra bola rápida, y la usamos todo el tiempo. Pero si *hablar* es nuestra bola rápida, *escuchar* es nuestra bola lenta. Es otra estrategia que ayuda a alcanzar nuestros propósitos. Como líder, usted no está en un equipo contrario intentando defender a aquellos con los que juega, de modo que la analogía del béisbol llega solamente hasta cierto punto; probablemente debería haber hablado sobre escoger distintas herramientas de una caja de herramientas cuando queremos arreglar un fregadero, o algo parecido. Pero entiendo mucho mejor los deportes que las mejoras de bricolaje en el hogar, de modo que voy a quedarme con lo que conozco.

Igual que un lanzador que cambia entre las bolas rápidas y las lentas, los líderes que hablan y también escuchan son capaces de relacionarse con su equipo de distintas maneras. Hablar con su equipo los anima a escuchar y aprender, escuchar a su equipo les enseña llegar a ser participantes activos, no solo en la conversación sino también en los objetivos del equipo. Escuchar es una manera muy eficaz –y que se pasa por alto con frecuencia– para liderar a un equipo, si se hace bien.

ESCUCHAR CON EFICACIA

Escuchar con eficacia logra algo. Eso podría parecer una contradicción, porque a menudo pensamos que escuchar es algo pasivo. Podríamos suponer que hablar consigue que se hagan cosas, pero escuchar es básicamente esperar a que llegue nuestro turno para hablar. Esa perspectiva no ayuda en nada a escuchar, porque a menudo podemos lograr más cosas tan solo estando callados de lo que podemos lograr proclamando al mundo nuestras ideas. Pero para que escuchar sea eficaz, debemos escuchar con intención. Aquí tenemos siete maneras en las que un líder puede escuchar eficazmente en cualquier conversación.

1. ESCUCHAR PARA SERVIR

Escuchar eficazmente es, en primer lugar, escuchar con la intención de servir. Eso se merece ser la meta subyacente de la mayor parte del diálogo, si no todo, o de la interacción social, pero es especialmente importante en la escucha. Nuestra meta es ayudar y servir a las personas, y escuchar es el primer paso para saber cómo poder hacer mejor eso. Ya sea compartir una idea, un problema, un sueño, una pasión o una historia, esté atento a cualquier manera en que podría servir mejor a los demás basándose en la información que ellos están compartiendo.

Cuando la conversación gira en torno a un punto de dolor en la vida de alguien, tengamos en mente que hay una diferencia entre escuchar para solucionar y escuchar para servir. Lo primero puede ser, en realidad, egoísmo disfrazado: quizá su confusión o su dolor nos hace sentir incómodos, y queremos que eso desaparezca, de modo que damos una respuesta rápida e intentamos avanzar rápidamente. Escuchar para servir, sin embargo, es una escucha empática. Significa ponernos en lugar del otro e intentar entender, hasta lo mejor que podamos, las complejidades del problema. Si podemos dar a alguien una respuesta en dos segundos para un problema con el que ha estado lidiando por dos semanas, sospechemos de esa respuesta. Probablemente sea demasiado simplista.

Incluso si usted cree conocer la respuesta, aun así debería escuchar durante un rato y evaluar en qué punto está. Quizá la persona no esté preparada para la respuesta, o podría ofenderle la respuesta. O quizá sea demasiado educada para decirle que su respuesta es, en realidad, terrible. Si siente que la persona se pone a la defensiva cuando usted intenta presentar ideas, a menudo eso es una señal de que debe dar un paso atrás y escuchar más, porque normalmente hay más cosas que subyacen en la historia que lo que acaban de decir hasta ese momento. Quien escucha de manera eficaz se interesa más por servir a la persona que por expresar una opinión o encontrar un arreglo rápido.

2. ESCUCHAR PARA DESARROLLAR LA RELACIÓN

Escuchar con eficacia construye relaciones y entendimiento. En un estudio reciente, investigadores de Harvard examinaron lo que ellos denominaron "la conducta conversacional sustituta" de hacer preguntas. Teorizaron que hacer preguntas es una señal de capacidad de respuesta en un oyente y, por lo tanto, un buen indicador de si las personas escuchan bien. Su investigación identificó "una relación robusta y consistente entre hacer preguntas y caer bien: las personas que hacen más preguntas, particularmente preguntas de seguimiento, caen mejor a sus compañeros de conversación".[5] En otras palabras, escuchar hará que caigamos mejor a la gente.

En una faceta del estudio, los investigadores miraron la conducta conversacional de los sujetos que participaban en tener citas rápidas. Los participantes se reunían en parejas por cuatro minutos, conversaban sobre lo que deseaban y después pasaban a la siguiente pareja. Los individuos que hicieron un mayor número de preguntas de seguimiento durante sus citas tenían más probabilidades de suscitar acuerdo para una segunda cita (tan solo digo eso para cualquiera que esté ahí y pudiera necesitarlo).

Escuchar atentamente le hará ser más cercano, más accesible y eficaz como líder.

La meta del liderazgo no es conseguir caer bien a los demás, desde luego, pero es sin duda mejor que la alternativa. En lugar de intentar impresionar a las personas con nuestra conversación inteligente, nuestro sentido del humor o nuestras ideas profundas, impresionemos a los demás escuchándolos. Obtengamos amigos haciendo preguntas. Edifiquemos entendimiento con nuestro equipo y nuestros seguidores expresando un interés genuino en lo que ellos tienen que decir.

3. ESCUCHAR PARA APRENDER

Otra manera de escuchar eficazmente, y quizá la más obvia, es enfocarnos en aprender algo que antes no sabíamos. No se limite a esperar a que llegue su turno para hablar, y no solo piense en lo que va a decir a continuación. Todos tenemos amigos así; no sea usted esa persona. En cambio, preste atención a lo que las personas están diciendo y aprenda lo que pueda.

Como mencioné anteriormente, haga que sea su meta que la conversación se mantenga más centrada en la otra persona que en usted mismo. Cree un ambiente en el que las personas se sientan cómodas al ser sinceras. Establezca el objetivo de hacer preguntas que atraigan el corazón, las ideas y las experiencias de la otra persona. Escuchar nos dará ventaja, porque no aprendemos nada nuevo cuando hablamos, pero casi siempre aprendemos cuando escuchamos.

¿Qué podemos aprender? Hechos e información, para empezar. Pero eso es solo el inicio. Escuchar verdaderamente es la mejor manera de ampliar nuestros horizontes al ser expuestos a otras cosmovisiones, culturas y perspectivas. Si es usted un varón de raza blanca, por ejemplo, nunca llegará a entender completamente la experiencia de ser una mujer negra, pero escuchar sus historias con atención, con humildad y con empatía le ayudará mucho. Podemos hacer que nuestro mundo sea más grande cuando escuchamos a otras personas.

4. ESCUCHAR PARA VALIDAR

En cuarto lugar, *escuchemos para validar y respetar a la otra persona*. Esto es especialmente cierto como líder, porque su atención y su tiempo son valiosos, y las personas saben eso. Cuando escuchamos a las personas las ayudamos a sentirse cuidadas, valoradas y parte del equipo. Incluso si la "gran idea" que están compartiendo con usted no es en realidad tan estupenda, incluso si están hablando principalmente desde la emoción o la inmadurez, incluso si usted no está aprendiendo nada de ellos, tome unos momentos para escuchar. No será una pérdida de tiempo, porque su atención está logrando algo positivo en *la otra persona*.

Si tiene en mente este objetivo mientras escucha, hará algo más que preguntarse en silencio si ciertas personas dejarán de hablar alguna vez, una idea que probablemente todos hemos tenido de vez en cuando. En cambio, buscará activamente maneras de afirmar a la persona, validarla y animarla durante la conversación. No se limite a escuchar pasivamente o con una mente ausente; sea intencional sobre mostrar respeto y valor. Eso es una escucha eficaz.

5. ESCUCHAR PARA CONSTRUIR CONFIANZA

Escuchar es una de las maneras más fáciles y más eficaces de ganarse la confianza y la autoridad, y el respeto que conlleva.

Se ha dicho con frecuencia que a las personas no les interesa cuánto sabemos hasta que saben lo mucho que nos interesamos, y escuchar con atención es un modo de mostrar a los demás que nos interesamos, que estamos de su lado, que se puede confiar en nosotros. Cuando usted es un lugar seguro para ser sincero, cuando demuestra que se interesa lo suficiente para escuchar, obtiene confianza e influencia.

 Cuando ofrece a las personas su completa y enfocada atención, hace depósitos relacionales que pagarán dividendos de confianza.

Por otro lado, si hablamos demasiado podemos perder la confianza pronto; por ejemplo, si usted intenta solucionar algo antes de entenderlo, o si comienza a asignar culpas, o si dice cosas como "ya te lo dije" o "esa fue una decisión muy necia". Una buena meta de liderazgo (y una buena meta de la educación de los hijos, a propósito) es no asombrarnos por nada que la gente diga. Miremos más allá de la rabieta, de la metedura de pata o de la inmadurez, y afirmemos a la persona. Ese es el primer paso y el más importante. Cuando queda establecida la confianza, podemos lidiar con el problema.

Escuchar para construir confianza, al igual que escuchar para validar, debe ser intencional. No podemos estar mirando nuestra cuenta de Instagram o el teléfono y esperar que las personas se abran con respecto a sus sueños y sus temores.

6. ESCUCHAR PARA RESOLVER OFENSAS

No me gusta nada ser el portador de malas noticias, pero sus críticos se multiplicarán en proporción a su influencia. Mientras más crezca y más lidere, más probable será que ofenda, decepcione o haga daño a alguien. No siempre es posible (o incluso sabio) dirigirse a las voces que critican desde la distancia. Pero ¿qué hacemos con respecto a quienes están cerca, y con nuestros compañeros de equipo o los voluntarios en nuestra organización? ¿Cómo respondemos a personas que nos siguen sinceramente, pero fueron heridas por algo que dijimos o hicimos (o algo que *no* dijimos o hicimos)?

A menudo, la mejor respuesta a una queja o una crítica es simplemente escuchar, dar las gracias, y disculparnos si es necesario. No siempre tenemos que explicar los matices de nuestras decisiones o convencer a otros del por qué tenemos la razón. Escuchar puede ser una herramienta eficaz para calmar emociones y dar a las personas la oportunidad de expresar lo que están pensando o sintiendo. Con frecuencia, nuestra disposición a escuchar los ayudará, incluso si no necesariamente aceptamos sus sugerencias o estamos de acuerdo con sus puntos de vista. Las personas necesitan hablar para encontrar paz, algunas con más frecuencia que otras.

En realidad, el hecho de que las personas tengan una fuerte convicción acerca de algo para enfrentar las emociones negativas y los potenciales efectos colaterales de retar a un líder, dice mucho acerca del compromiso que tienen. Eso es increíble, si lo pensamos. En lugar de resentirlo, hemos de agradecerlo. Están comprometidos personalmente, han hecho sacrificios y creen en el equipo. Sus opiniones les importan, y necesitan que también nos importen a nosotros, incluso si no estamos de acuerdo. Aprenda a dejar atrás la emoción y las exageraciones y a enfocarse en el elemento de verdad que hay en lo que ellos quieren comunicar. Por lo general, hay algo que podrá usted aprender de cada queja. Para ellos significa una montaña; para usted significa un grano de arena. Sin embargo, la realidad probablemente esté en un punto intermedio, y una pequeña corrección de rumbo por parte de usted podría, en realidad, ser muy útil.

7. ESCUCHAR PARA GUIAR

Escuchar con eficacia nos guía y enseña. Escuchar no es tan solo silencio: podemos hacer preguntas, podemos incluir algunos comentarios o ideas, y podemos ayudar a las personas a encontrar respuestas por sí mismas. Es interesante cuánto valor daban los mentores y filósofos de antaño a la escucha y el diálogo con sus alumnos. Sócrates era tan conocido por enseñar por medio de preguntas y respuestas, que su filosofía es conocida actualmente como el Método Socrático. Él hacía preguntas a fin de ayudar a sus seguidores a entender la superficialidad de su conocimiento y lograr que profundizaran.[6] Jesús frecuentemente respondía las preguntas de la gente con una pregunta propia, en lugar de simplemente dar respuestas rápidas. A menudo, sus preguntas tenían la intención de ayudar a las personas a entender por sí mismas que tenían una perspectiva equivocada de Dios o de la moralidad.[7] Confucio, Platón, Aristóteles y otros filósofos alentaron a sus discípulos a aprender mediante el diálogo y la exploración, en lugar de mediante la memorización o la enseñanza desde arriba.

Las personas muchas veces quieren nuestros oídos en lugar de nuestros consejos, así que seamos rápidos para escuchar y lentos para hablar. Ser invitado a escuchar no es lo mismo que ser invitado a dar una opinión. Un buen líder conoce la diferencia. Hay veces en que las personas piden ayuda explícitamente, pero ese no es siempre el caso: no suponga que solo porque le están contando sus problemas, esperan que usted los solucione. Muchas veces, el mero acto de hablar de algo, de procesar un problema con un confidente de confianza, será suficiente para que las personas descubran respuestas por sí mismas.

Eso lo protege a usted, porque dar consejos puede ser arriesgado. ¿Por qué? Pensemos en los posibles escenarios. En primer lugar, si usted da un consejo, la persona lo acepta y funciona, las cosas van estupendamente y es usted un héroe, suponiendo que él o ella recuerde que usted le aconsejó (una gran suposición). Sin embargo, si acepta su consejo y no funciona, probablemente lo culpará a usted. Y si acepta su consejo, lo hace totalmente mal y no funciona, probablemente también lo culpará a usted. Finalmente, si la persona no acepta su consejo, probablemente se sentirá culpable por ignorar su consejo, lo cual podría afectar también a la relación. En tres de los cuatro escenarios anteriores, dar un consejo no terminó bien para el consejero. Es solo algo a tener en mente.

No se sienta nunca obligado a dar consejos, especialmente si no sabe verdaderamente qué hacer. En cambio, escuche. Haga preguntas inquisitivas y mordaces. Ayude a las personas a que lleguen a sus propias conclusiones. Realmente se ganará confianza con los demás si saben que usted no se inventará cosas bajo presión, y que les ayudará a encontrar soluciones en las que crean de verdad porque llegaron a ellas (principalmente) por sí mismos.

Aprenda a usar la bola lenta de la escucha. No sea usted quien más habla, incluso si se le da bien, lo cual es probable. En cambio, esfuércese por hacer buenas preguntas, prestar atención a lo que hace que el otro hable, a estar plenamente presente y participando en las conversaciones. Escuchar recorre un largo camino hacia ganar con las personas y obtener influencia de liderazgo.

APLICACIÓN CLAVE

 Si toma tiempo para escuchar verdaderamente lo que las personas tienen que decir, se ganará su confianza, obtendrá influencia en sus vidas, y servirá mejor a sus necesidades.

Capítulo 19

A UNA CONVERSACIÓN DE DISTANCIA

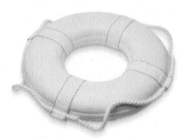

Hace unos años atrás, investigadores de la Universidad de Stanford hicieron un sondeo a doscientos CEO, directores de comités, y altos ejecutivos de empresas estadounidenses públicas y privadas. Querían saber qué tipo de consejos e influencia de liderazgo estaban recibiendo sus CEO y altos ejecutivos, y hacia qué habilidades estaban apuntando para mejorar. El área de principal interés entre los CEO (casi el 43 por ciento) fue habilidades de manejo de conflictos.[1]

Stephen Miles, CEO de The Miles Group, que ayudó a realizar el sondeo, afirmó: "Cómo manejar eficazmente el conflicto es claramente una de las principales prioridades para los CEO, ya que ellos hacen malabares con múltiples grupos cada día. Cuando estamos en el papel de CEO, la mayoría de las cosas que llegan a nuestro escritorio solo llegan allí porque hay que tomar una decisión difícil, la cual a menudo tiene que ver con cierto nivel de conflicto asociado a ella".[2] El estudio señalaba lo que la mayoría de los líderes han experimentado ya: el conflicto; y, por lo tanto, la resolución del conflicto, que es una parte importante del liderazgo. El estudio también señaló la respuesta: habilidades de manejo de conflictos.

Por "conflicto" no me refiero necesariamente a una pelea declarada, por cierto. El conflicto es, por lo general, más sutil y más complejo que un enfrentamiento a gritos en una mesa de conferencias. Un conflicto es simplemente cualquier situación en la que dos o más cosas están en oposición: opiniones contrarias, decisiones contrarias, valores contrarios, personalidades contrarias, propuestas presupuestarias contrarias, y otras muchas situaciones. Podríamos llamarlo desacuerdos, diferencias o perspectivas opuestas, pero lo fundamental es que dos o más personas no están en la misma página con respecto a un asunto en particular. Y como los equipos y las organizaciones, por definición, incluyen a más de una persona, es de esperar cierto nivel de conflicto. Los líderes deben saber manejar las diferencias y los desacuerdos de todo tipo. Deben tener *fe* en que el conflicto puede resolverse y *valentía* para participar en las conversaciones que sean necesarias.

En su libro *Crucial Conversations: Tools for Talking When Stakes Are High* (Conversaciones cruciales: Claves para gestionar con éxito situaciones críticas), el autor Kerry Patterson y sus coautores definen una conversación crucial como "una discusión entre dos o más personas donde (1) la situación es crítica, (2) las opiniones varían, y (3) las emociones son fuertes".[3] Dicen que "cuando las conversaciones más importan, es decir, cuando las conversaciones pasan de lo casual a lo crucial, generalmente mostramos nuestra peor conducta". Los autores también hacen esta valiente declaración:

> En el corazón de casi todos los problemas crónicos de nuestras organizaciones, nuestros equipos y nuestras relaciones yacen las conversaciones cruciales, las que no estamos manteniendo o no mantenemos bien. Veinte años de investigación que involucró a más de cien mil personas revela que la habilidad clave de los líderes, miembros de equipo, padres y seres queridos eficaces, es

la capacidad de abordar con maestría asuntos arriesga-
dos emocional y políticamente.[4]

Casi todo conflicto, todo desacuerdo y toda ofensa está, en
un sentido, a una conversación de distancia para ser resuelto.
Tiene que ser la conversación adecuada, y las partes involucradas deben tener las actitudes correctas, como consideraremos a
continuación; pero el conflicto no tiene que continuar sin freno,
causando estragos en los equipos y destruyendo relaciones. La
resolución de conflictos es una habilidad social y habilidad de
liderazgo que utilizaremos a menudo.

AVANZAR LUCHANDO

Como líder, podría estar involucrado en un conflicto directamente, o simplemente podría estar intentando que haya resolución entre personas que están en desacuerdo. En cualquiera
de los casos, este es el punto principal a recordar en cualquier
conflicto, sea grande o pequeño: si se maneja adecuadamente,
el conflicto puede ser a la vez sano y útil. Esta es una filosofía básica del liderazgo que deberíamos adoptar, si no lo hemos
hecho ya. Muchas veces intentamos evitar o sofocar el conflicto
todo lo rápidamente que sea posible; pero si entendemos que
nuestros desacuerdos, diferencias, discusiones, e incluso las
peleas, son parte del proceso de crecimiento, los enfocaremos
de modo distinto. Usaremos el conflicto para hacernos avanzar
como equipo y como organización.

¿Por qué intentamos tantas veces escapar o suprimir el conflicto en lugar de usarlo para crecer? Hay al menos tres razones.
En primer lugar, *no nos gustan los sentimientos que normalmente
acompañan*. El desacuerdo es incómodo. Es complicado. Puede
causar emociones difíciles como tristeza, temor, desengaño y
dolor. En un intento mal dirigido, y a menudo subconsciente por
evitar esas emociones, intentamos evitar el conflicto que las causa.

En segundo lugar, *tenemos miedo de que todo el asunto termine mal*. Los riesgos son reales: relaciones arruinadas, tratos de negocio perdidos, reuniones malogradas, demandas y mucho más. Esas cosas podrían suceder, claro está, porque el hecho de que el conflicto implica a más de una parte significa que no podemos controlar por completo el resultado. Pero el conflicto no tiene que desembocar en el peor de los escenarios. Incluso en los momentos oscuros y cargados de emoción, hay una luz al final del túnel, y esa luz es la reconciliación y el crecimiento. No permita que el temor a que el conflicto produzca consecuencias drásticas evite que enfrente una situación que hay que abordar. Sea sabio, sea cauto, sea paciente; pero también sea valiente.

En último lugar, *lidiar con el conflicto es un trabajo duro*. Toma tiempo, esfuerzo, fortaleza emocional e inversión mental. A veces parece que sería más fácil simplemente ignorar las diferencias y los desacuerdos, pero a la larga ese enfoque es normalmente más difícil, no más fácil.

Por lo tanto, en lugar de evitar o sofocar el conflicto prematuramente, haga que funcione a favor de usted. ¿Cómo? Dejando que la incomodidad lo motive a encontrar soluciones. El conflicto casi siempre llama la atención hacia un problema que hay que abordar por causa de la salud a largo plazo. Ese problema podría ser una persona, una dificultad, un sistema, una filosofía o casi cualquier otra cosa. El punto es que algo no va bien, y los sentimientos dolorosos relacionados con el conflicto deberían impulsarlo a descubrir qué es. Igual que el dolor físico lo motiva a lidiar con cosas en su cuerpo que de otro modo podría dejar a un lado, así también el dolor emocional y mental causado por el conflicto puede motivarlo a solucionar lo que vaya mal.

Por ejemplo, el conflicto puede dar pie a que las personas aborden sus diferencias y encuentren soluciones que tomen en cuenta a ambas partes, y son mejores como resultado. Puede alertar a alguien de que ha herido u ofendido a otro y alentarlo a buscar la reconciliación. Puede indicar una brecha de comunicación que hay que abordar para que las cosas avancen con suavidad. Puede destacar diferencias en visión o filosofía que hay que resolver para que el equipo pueda trabajar junto.

 Si se maneja adecuadamente, el conflicto ayudará a su equipo u organización a llegar a ser más eficiente y eficaz, desarraigando cosas que obstaculizan el trabajo en equipo.

Además de ayudar a su organización a crecer, la buena resolución del conflicto le ayudará a cumplir mejor con su papel de liderazgo y lograr sus metas. En primer lugar, *lo ayuda a servir a las personas*. Si las personas son su pasión, no puede liderarlas y creer en ellas solamente cuando todos muestran su mejor conducta. Si no puede amar a las personas en su peor momento, no puede liderarlas en el mejor. Tiene que preservar sus relaciones incluso cuando no son fáciles. Lidiar con un conflicto poniendo fin a una relación, raras veces es lo mejor que se puede hacer.

En segundo lugar, la resolución de conflictos *lo ayuda a tener la conciencia tranquila con respecto a otras personas*. Intente, en la medida de lo posible, estar en paz con todos. Eso significa no tener ofensas no resueltas o enemistades continuadas. Querrá poder encontrarse con personas en el supermercado y no sentir que tiene que ocultarse detrás de los tomates.

Y, en tercer lugar, resolver los desacuerdos de manera sana *lo ayuda a proteger su reputación*. Su nombre es su mayor activo: abre o cierra puertas. No querrá tener la reputación de ser un líder que descarta a las personas que no están de acuerdo con usted. No puede dejar un reguero de cuerpos a sus espaldas y esperar que se abran puertas delante de usted.

La meta de la resolución de conflictos debería ser mejorar y servir a todas las partes involucradas: tanto los individuos que están en el centro del desacuerdo o la diferencia, como al equipo u organización en general. Si aprende a "avanzar peleando", a manejar adecuadamente los conflictos, entonces incluso opiniones opuestas, creencias contrarias y malentendidos dolorosos pueden convertirse en catalizadores para un cambio saludable.

CUATRO PASOS PARA MANEJAR BIEN EL CONFLICTO

Manejar bien el conflicto no significa ocultar los problemas debajo de la alfombra como si no se produjeron y no tuvieron importancia. No significa imponer nuestros puntos de vista a todo el mundo mediante la fuerza bruta. No significa fingir que las cosas van bien cuando no es así. No significa salir enojado de la sala o cortar la relación; y no significa rumiar las cosas en silencio hasta explotar y hacer llover lava y azufre sobre todo el mundo. Ninguna de esas cosas lidia con el problema que está ahí.

Una resolución sana del conflicto significa cerrar el asunto que se tiene a la mano abordando lo que hay que abordar (comunicación), dando una disculpa si eso es aplicable (perdón), haciendo cambios (ajustes), y afirmando la fortaleza de la relación en el avance (compromiso). Veamos cada uno de estos puntos con más detalle.

1. COMUNICACIÓN: ABORDAR LO QUE HAY QUE ABORDAR

Todo conflicto está a una conversación de distancia de ser resuelto, como mencioné anteriormente. Tiene que producirse la conversación adecuada en el momento correcto, y los participantes tienen que estar dispuestos a trabajar en ello. Incluso un profundo malentendido o una ofensa puede comenzar a cambiar cuando ambas partes se sientan a la mesa y hablan. La comunicación se trata de conexión, empatía y entendimiento. Las palabras son las herramientas que utilizamos para comunicarnos, pero la meta es entender verdaderamente a la otra persona; es identificar expectativas y cómo no se cumplieron. Es ver las cosas desde la perspectiva de la otra persona; es lograr que todos estén del mismo lado, trabajando hacia la misma meta.

No estoy diciendo que una conversación hará que el dolor o la confusión se disipen mágicamente, o que las personas inmediatamente se conviertan en ángeles después de haber hablado. Si el conflicto ha existido por meses o años, podemos esperar pasar, al menos, varias semanas o meses aprendiendo a trabajar en armonía de nuevo, incluso después de que se haya abordado el problema. Pero una conversación sincera y humilde puede ser el momento crucial, el primer movimiento hacia la dirección correcta.

Si el momento no es el adecuado o la otra persona no está dispuesta a buscar la resolución, trabaje en usted mismo. Incluso el conflicto no resuelto puede convertirlo en una mejor persona si es usted capaz de dejar atrás el malentendido o las diferencias, y permitir que la situación le haga ser un líder más sabio y más empático.

Con frecuencia, el problema no es realmente el problema. Todos hemos experimentado esa situación. Ha habido momentos en los que me han comunicado una queja de alguien que estaba molesto acerca de un rol en particular que se le asignó en un evento o proyecto, pero el verdadero problema no era el rol: era algo más profundo, por lo general una expectativa no cumplida acerca de su rol general dentro de la organización. Tomar el tiempo para escuchar su queja fue importante, no porque el punto de dolor concreto que hizo surgir fuera tan terrible por sí mismo, sino porque ayudó a identificar y lidiar con el corazón del problema. La verdadera comunicación se produce cuando tomamos tiempo para ir más allá de los problemas superficiales y los debates que distraen, e intentamos entender los corazones de las personas.

2. PERDÓN: DISCULPARSE CUANDO ES NECESARIO

Las disculpas y el perdón no siempre son necesarios porque no todo el conflicto es un resultado de que alguien haya hecho algo mal. Pero si hubo algún tipo de ofensa, dolor, fracaso, traición o cualquier otra conducta dañina, una disculpa sincera (y el perdón correspondiente) puede obrar milagros. Recordemos, sin embargo, que no podemos insistir en que alguien se disculpe, y no podemos demandar que alguien nos perdone. Si las disculpas y el perdón no son voluntarios, no son reales.

Eso significa que, si usted tiene la culpa en parte, su enfoque debería estar en identificar, admitir y disculparse por lo que hizo, independientemente de lo que la otra persona pueda haber hecho. Por ejemplo, podría usted decir: "Siento haber perdido los nervios. Eso fue inadecuado y también incorrecto". Punto. Fin de la frase. Por favor, *no* añada: "Pero también es tu culpa, porque tú…". Las disculpas que tienen un "pero" son excusas y no disculpas.

De modo similar, otorgar perdón también es independiente de la otra persona. Sí, por lo general se da como respuesta a una disculpa, pero no siempre. En última instancia, usted decide a quién perdonar y cuándo perdonarlo. En lugar de esperar una disculpa, intente encontrarla en su corazón para perdonar. Solo se estaría haciendo daño a sí mismo aferrándose a la amargura o la ofensa. Tenga en mente que el perdón es usualmente un proceso, más que un evento aislado. Por lo tanto, hay muchas capas de emoción, necesidad y motivación envueltas en el conflicto relacional, y puede ser difícil resolver todo rápidamente. Incluso cuando estemos comprometidos a solucionar las cosas, nuestras propias fallas y motivaciones puede que sean reveladas lentamente. A medida que salgan a la luz nuevas capas del problema, decidamos lidiar con ellas de inmediato, dejando atrás el pasado y enfocándonos en el futuro.

3. AJUSTE: HACER CAMBIOS

Si las dos personas a cada lado del conflicto llegan a una resolución, pero no hacen ningún cambio, es probable que el problema vuelva a surgir otra vez. Por eso el truco de ocultar las cosas debajo de la alfombra nunca funciona: tarde o temprano esa alfombra se levanta y la basura del pasado sigue estando ahí. El cambio es el producto positivo del conflicto, de modo que no evitemos esas conversaciones difíciles; hemos de buscarlas y crecer por medio de ellas.

La razón por la cual el conflicto a menudo produce crecimiento es debido a que fuerza a ambas partes a comprometerse o, mejor aún, a encontrar una tercera opción. El resultado es una solución que aborda los intereses de ambas partes, los cuales por lo general tienen cierta validez. En lugar de ver el conflicto como dos personas que están en fuerte desacuerdo sobre un asunto, veámoslo como dos personas que trabajan hombro con hombro para resolver un problema. El hecho de no tener el mismo parecer no significa que estén en bandos diferentes. Ustedes son un equipo, y hay fortaleza en su diversidad.

En este proceso de decidir qué ajustar, enfóquese en cambiar lo que pueda y no lo que no pueda. Usted no puede cambiar la personalidad de otra persona; no puede cambiar la economía; no puede cambiar ciertas limitaciones en su negocio, organización o familia. Pero siempre puede cambiar su propia actitud. Siempre puede crecer en su propia madurez, seguridad e integridad. Y, por lo general, puede hacer cambios para asegurar que sus sistemas y políticas organizacionales sean sanas y diseñadas para beneficiar a todos por muchos años.

4. COMPROMISO: AFIRMAR LA FORTALEZA DE LA RELACIÓN

Su desenlace debería incluir crecimiento relacional; es decir, un compromiso renovado con la relación y con el futuro. Esto es especialmente importante si el conflicto produjo cierto nivel de herida u ofensa. La resolución del conflicto no se ha producido si desde entonces se evitan mutuamente. Podrían acordar estar en desacuerdo en algunas cosas o estar dispuestos a pasar por alto ciertas peculiaridades, pero idealmente su vínculo será más fuerte, en lugar de más débil, después de haber resuelto un conflicto. Un futuro juntos es más fuerte que un futuro separados, de modo que enmienden las cosas y avancen.

Como líder, no malgaste un buen desacuerdo, y no se esconda de un buen conflicto.

En definitiva, estos cuatro pasos (comunicación, perdón, ajuste y compromiso) señalan todos ellos hacia el mismo fin: preservar las relaciones valiosas y alcanzar metas compartidas. En otras palabras, el enfoque de la resolución del conflicto debería estar en el futuro y en lo que pueden lograr juntos cuando los problemas hayan quedado resueltos. Haga siempre que la resolución del conflicto tenga que ver más con la *resolución* que con el *conflicto*. No se obsesione por el conflicto: qué lo causó, cuánto daño hizo, por qué fue totalmente injusto, de quién es la culpa, etc. Esas cosas son importantes hasta cierto grado, pero en última instancia el enfoque no puede estar en el pasado. Usted está liderando hacia el futuro, y resolver desacuerdos, diferencias y malentendidos es una importante habilidad social que hay que desarrollar a lo largo del camino.

———

Al otro lado de la resolución del conflicto y las conversaciones difíciles lo están esperando unas relaciones más fuertes, equipos más unidos y un mayor compromiso con las metas comunes.

Si puede mantener la calma y dirigir sabiamente las discusiones, todos saldrán mejor al otro lado.

APLICACIÓN CLAVE

 Los conflictos y las diferencias son una parte normal de trabajar juntos, y resolverlos de manera sana fortalecerá al equipo y a la organización.

———

Las buenas habilidades sociales, ya sea tener buenos modales, escuchar, la comunicación o la resolución de conflictos, son la clave para ganar con las personas. Si puede usted dominar estas cosas, nunca carecerá de influencia. Las personas lo seguirán, recibirán de usted, y estarán mejor a causa de usted.

Aprender a liderarse a usted mismo (Parte 1) y llegar a ser bueno en las habilidades sociales (Parte 2) son fundamentales para un liderazgo eficaz. Al pasar a la Parte 3 nuestro enfoque está en el trabajo en equipo, el proceso de inspirar e influenciar a individuos para perseguir una meta común.

Parte 3

NOSOTROS > YO

En las partes 1 y 2 vimos la importancia de liderarse a usted mismo y desarrollar habilidades sociales. Ambas cosas son esenciales para el liderazgo. Alguien que sea maduro y consciente de sí mismo, pero no tenga ninguna habilidad social, probablemente no reunirá a un equipo, sin importar cuán estupenda sea la persona; mientras que alguien con buenas habilidades sociales, pero que no es consciente de sí mismo ni tiene autocontrol, podría construir un equipo, pero probablemente implosionará cuando la presión del liderazgo sobrepase el carácter del líder.

Tanto el liderazgo de uno mismo como las habilidades sociales son fundamentales para el liderazgo, pero no son en sí mismas el liderazgo, porque el liderazgo requiere un equipo. Carácter y carisma conducen muy lejos hacia influenciar a otros, pero sin tener un equipo no podremos influenciar a nadie más allá de nuestro alcance directo. Nosotros mismos seremos nuestro propio techo.

Si usted es una *persona* sana y en desarrollo, que tiene *habilidades sociales* eficaces y se rodea de un *equipo* fuerte, su potencial para la influencia aumenta exponencialmente. Cuando lidera a un equipo, es usted el catalizador que moviliza a los influyentes.

No lo hace todo usted mismo: empodera a personas para que hagan más de lo que usted podría hacer, aumentando así de modo drástico su eficacia. Su eficacia no está en usted, sino en su equipo.

Liderar equipos y facilitar el trabajo en equipo implica un conjunto de habilidades que, en ciertos aspectos, es una extensión de liderarse a usted mismo y liderar a otros. Pero la dinámica de grupo relacionada con los equipos añade complejidad y aumenta los riesgos. No es ciencia espacial (a menos que el equipo que usted lidera trabaje realmente para la NASA), y es un conjunto de habilidades que cualquiera puede aprender.

La parte 3 aborda las mejores prácticas para liderar equipos. Tenga usted un título o no lo tenga, y reciba o no un salario, usted y su equipo se beneficiarán de aplicar estos principios a la aventura diaria de trabajar juntos.

Capítulo 20

¡VAMOS!

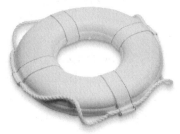

En la escena de la batalla crítica de *El ascenso de Skywalker*, parte de la saga de *Star Wars*, el comandante y piloto del bombardero X-wing, Poe Dameron, le dice a su escuadrón que no están solos, y que las buenas personas tan solo necesitan buenos líderes.

La escena es la típica de *Star Wars*: posibilidades remotas, sistemas solares en la balanza, el mal a punto de ganar. Pero realmente es una declaración de liderazgo bastante profunda. Hay muchas buenas personas ahí afuera, más de las que podríamos pensar, que quieren marcar una diferencia y lograr algo importante. Pero a menos que tengan un líder al que seguir, alguien que inspire y dirija a las tropas, alguien que grite: "¡Vamos!" y después dirija el camino, no es probable que se unan como equipo o hagan frente al reto.

Parte de la razón por la cual la saga de *Star Wars* es tan querida y tan citada (y ha ganado tanto dinero) es que habla directamente a la experiencia humana. Eso es un poco irónico, ya que la historia está ambientada en una galaxia distante y llena de criaturas extraterrestres de planetas exóticos. El crítico de cine Steven Greydanus dice que las películas "ofrecen una narración emocionante bañada de temas de batalla moral y trascendencia... dan forma de modo imaginativo, aunque imperfecto, a perspectivas humanas básicas, y como los mitos clásicos, se han convertido en una parte del paisaje cultural".[1]

Mientras que Greydanus resumió la extensión general de cómo las películas se enfocan en la experiencia humana, Kirell Benzi, que se define a sí mismo como "artista de datos" con una licenciatura en ciencias de los datos, fue quien realmente calculó las cifras. Benzi investigó a los personajes y las especies en la línea de tiempo de treinta y seis mil años de la historia de *Star Wars*, que incluye no solo la franquicia de la película sino también el universo ampliado que se encuentra en novelas, libros de cómics, juegos de video y más. Basándose en el diccionario (en cierto modo) definitivo de todas las cosas sobre *Star Wars*, llamado adecuadamente *Wookiepedia*, él contó el asombroso número de 21.647 personajes. De ellos, Benzi estudió los 7.563 personajes más importantes, y descubrió que casi el 80 por ciento de ellos eran humanos.[2] En otras palabras, a pesar de su elenco y su escenario extraterrestres, *Star Wars* habla sobre la conducta humana, las motivaciones humanas, las luchas humanas, la supervivencia humana, el triunfo humano. Y entretejido en la saga está el rol esencial del liderazgo para unir a las personas y que luchen por un bien común.

Sea usted un amante de *Star Wars*, o quisiera que los Sith ganaran de una vez por todas y lo sacaran a usted de su angustia, no podrá eludir la conclusión de que los seres humanos, como especie, somos muy conscientes de nuestra necesidad de *seguir* a líderes y de *ser* líderes. Idolatramos a celebridades y héroes mitológicos. Creamos Salones de la Fama, concedemos galardones, rastreamos estadísticas, escribimos biografías, hacemos películas. La necesidad de liderazgo está engranada no solo en la cultura popular y la mitología, sino también en la existencia humana, en nuestras estructuras comunes, en el mundo empresarial, en las familias, en las iglesias y en la educación.

LA GENTE NECESITA LÍDERES, Y LOS LÍDERES NECESITAN EQUIPOS

Las buenas personas necesitan líderes si quieren luchar por una causa, trabajar hacia una meta o ganar campeonatos, pero no logran esas cosas a solas; lo hacen en equipos. La gente necesita líderes, pero los líderes necesitan equipos; y los equipos, por definición, trabajan juntos, razón por la cual gran parte del liderazgo se trata realmente de trabajo en equipo. El experto en liderazgo Peter Northouse define *liderazgo* como "un proceso mediante el cual un individuo influencia a un grupo de individuos para alcanzar una meta común".[3] El liderazgo se trata de algo más que liderarse a uno mismo, lo cual es esencialmente autodisciplina; y es algo más que liderar a individuos desconectados, lo cual es ser mentor o quizá aconsejar. Liderazgo es liderar a múltiples personas que trabajan juntas para el bien común.

Northouse define un *equipo* como "un tipo de grupo organizacional que está compuesto por miembros que son interdependientes, que comparten metas comunes, y que deben coordinar sus actividades para alcanzar esas metas".[4] Cada una de esas tres frases es importante. Los miembros del equipo son *interdependientes*: se apoyan y se sirven mutuamente. Tienen *metas comunes*: incluso si tienen estrategias y personalidades diferentes, están de acuerdo en hacia dónde se dirigen. Y *coordinan sus actividades*: son intencionales en cuanto a lograr que todas las partes móviles trabajen juntas.

Los equipos difieren de los grupos principalmente en el hecho de que existen para un propósito.

Los equipos adoptan muchas formas y pueden encontrarse en muchas áreas de nuestras vidas. Algunos perduran por años;

otros duran solamente días. Algunos tienen nombres y logos; otros se forman a medida. Algunos trabajan juntos en una oficina cada día, y otros conectan mediante diversas herramientas tecnológicas.

Tienen una meta, o múltiples metas, que los miembros del equipo persiguen juntos. Los grupos comparten intereses; los equipos comparten metas. Los grupos crean relaciones como un fin en sí mismo; los equipos crean relaciones con un fin en mente. Los equipos tienen visión, dirección y también impulso. Se dirigen hacia alguna parte, y eso significa que necesitan a un líder para que les ayude a llegar hasta ahí.

Es probable que usted pertenezca a varios equipos, e incluso podría liderar o influenciar a algunos de ellos, independientemente de si los define formalmente o no como "equipos".

- Las unidades familiares son equipos, porque persiguen las metas comunes de supervivencia, crecimiento personal (madurez física y emocional) y crecimiento numérico (futuras generaciones).

- Los grupos de estudio o proyectos de grupos escolares son equipos porque trabajan juntos para mejorar las calificaciones o terminar proyectos.

- Los entornos de negocios empresariales tienen, a menudo, varias capas de equipos, a veces encajados dentro de otros equipos o superponiéndose en otros equipos, cada uno con la tarea de gestionar o alcanzar una meta que acerca más a la organización a lograr su misión.

- Iglesias, grupos de interés especial, y otras organizaciones con base de voluntarios crean equipos para alcanzar sus objetivos.

- Clubes de lectura y grupos de pasatiempos pueden definirse como equipos porque extienden intencionalmente el conocimiento y la experiencia de los miembros en su área de enfoque.

+ Las asociaciones vecinales, grupos de vigilancia, y fiestas vecinales son equipos que buscan el bien de la comunidad en general.

Una característica decisiva del verdadero trabajo en equipo es que el *equipo* está antes que la *individualidad*. Eso no significa que los miembros individuales de los equipos deberían sacrificar la totalidad de su tiempo, energía y relaciones para llevar a cabo la meta. El martirio no es una expectativa de liderazgo sostenible, pero sí significa que las personas se comprometen con un propósito o una meta que es mayor que ellos mismos, y están dispuestas a hacer su parte para lograr ese objetivo. Los consultores de liderazgo y autores Gordon Curphy y Dianne Nilsen lo denominan "apoyo", y lo enumeran como uno de los elementos principales de un equipo exitoso. Ellos afirman:

> El apoyo se produce cuando los miembros del equipo tienen una actitud que pone en primer lugar al equipo y no al individuo. Los equipos de alto desempeño están comprometidos con metas, roles y normas de equipo, y están motivados para lograr que se realicen las tareas diarias necesarias. Entienden el modo en que su trabajo contribuye al bien general, y son optimistas acerca de sus posibilidades de éxito.[5]

¿Cómo podemos determinar si los individuos son jugadores de equipo? Curphy y Nilsen recomiendan mirar si ponen en práctica o no las decisiones de equipo. "Si cada uno en una reunión de equipo está de acuerdo con una decisión, pero solo algunos de los miembros cambian su conducta después, entonces el compromiso con el equipo no es particularmente fuerte".[6] El trabajo en equipo no se mide en emociones, discursos, títulos, gráficas organizacionales o promesas; se mide en acciones.

Esto es, en primer lugar, y sobre todo, un asunto del corazón. Si las personas son verdaderamente parte del equipo, querrán alcanzar las metas del equipo porque esas metas son *sus* metas. Deciden ser parte del equipo, lo cual significa que han decidido adoptar los valores y los objetivos del equipo y adaptarse a ellos.

Eso no significa que los miembros del equipo sacrifican su individualidad sobre el altar del trabajo en equipo. De hecho, a menudo se ha destacado que la unidad no es uniformidad. Los individuos pueden trabajar bien juntos y seguir estando en extremos opuestos en varios aspectos: solo hay que preguntar a las parejas casadas. "Los contrarios se atraen" es real, y los equipos saludables aceptan esa dinámica y la utilizan para su beneficio. Diversidad y distintas opiniones son un activo del equipo, no un pasivo.

Los líderes que esperan que los individuos se sacrifiquen por el equipo, pero se retraen ellos mismos de hacer cualquier sacrificio, no son jugadores de equipo.

En los deportes de equipo, los nombres de los individuos generalmente están en la parte de la espalda de la camiseta, pero el nombre del equipo está en la parte frontal, y una victoria de equipo es para lo que juega cada individuo. El equipo gana el trofeo; el equipo recibe los elogios; el equipo tiene la base de seguidores; y el equipo perdurará más que los jugadores. Las contribuciones individuales son importantes y deberían celebrarse, pero en última instancia, los mejores jugadores de equipo se interesan por las victorias del equipo, y no por el mérito de sus contribuciones individuales. Me encanta el modo en que el autor y pastor Brian Houston describe la organización que él construyó y dirige, la Iglesia Hillsong, que es una de las iglesias más grandes y más influyentes del mundo; él dice que "no se construyó sobre los dones y talentos de unos pocos, sino sobre los sacrificios de muchos".[7] Lo mismo podría y debería decirse de cualquier esfuerzo de equipo exitoso: se trata de los muchos, no de los pocos; y se trata del equipo, no del líder o de los seguidores como individuos.

Como líder, usted establece el ejemplo mediante su propio compromiso hacia el bien mayor.

Como líderes, ser un jugador de equipo significa que estamos dispuestos a dejar a un lado nuestro orgullo, comodidad, éxito y fama por el equipo cuando sea necesario. El equipo seguirá nuestra dirección. Si la causa es suficientemente importante para que hagamos sacrificios, nuestra gente hará lo mismo.

Este enfoque desprendido y liderado por el ejemplo es un factor clave en los equipos exitosos porque mantiene conectados al liderazgo y a la gente. Los líderes necesitan a la gente, de modo que deben ser humildes y orientados hacia el servicio; y la gente necesita a los líderes, de modo que deben estar dispuestos a hacer su parte para lograr las metas generales del equipo. La gente necesita líderes, y los líderes necesitan equipos. Por lo tanto, cuando un buen líder construye un gran equipo, todos salen ganando.

TRES COMPONENTES PARA EL TRABAJO EN EQUIPO EXITOSO

Los buenos líderes y los grandes equipos son el fundamento para el éxito, pero eso no significa que se produzcan resultados positivos inmediatamente o automáticamente. Son el resultado del liderazgo estratégico y del trabajo en equipo comprometido que se apoya en tres componentes básicos: dirección, personas y sistemas.

1. DIRECCIÓN: SABER HACIA DÓNDE VAMOS

Algunas personas podrían tener apoyo de equipo independientemente de los objetivos del equipo o de la organización porque confían en nosotros y tienen un corazón leal. Pero la mayoría de los miembros de equipo a largo plazo necesitan apoyo no solo de nosotros como líderes, sino también de la dirección hacia donde van. Deben creer en la dirección hacia donde se dirige el equipo. La dirección es a la vez a largo plazo y a corto plazo. La dirección a largo plazo se describe con frecuencia con términos como "visión" o "misión", mientras que la dirección a corto plazo podría denominarse "estrategia", "metas" u "objetivos". Sepa hacia dónde se dirige, tanto a corto como a largo plazo, y comunique eso.

Por ejemplo, yo he realizado una serie de conferencias llamadas Hope Is Here (La esperanza está aquí) en un par de ocasiones diferentes. Es un evento en varias ciudades con música, actuaciones y un mensaje inspirador al final. La meta del evento es edificar la esperanza, fe y valentía de las personas. Tenemos una *dirección* clara para la serie. No es una conferencia, un evento de enseñanza, una noche de adoración, ni tampoco una reunión de avivamiento conforme a la vieja escuela; es una noche de inspiración. Todo lo que hacemos está construido sobre esa premisa y trabaja hacia esa meta. Nuestra claridad de dirección empodera a nuestro equipo para poner en práctica la creatividad dentro de un marco de trabajo definido, y une nuestros esfuerzos en torno a una meta clara.

2. PERSONAS: SABER A QUIÉN NECESITAMOS

Cuando conozcamos nuestra dirección (a largo plazo y también a corto plazo), estaremos mejor equipados para decidir qué personas tener en el equipo y dónde encajan mejor. Ya sea que estemos creando un equipo de investigación y desarrollo para un nuevo producto, decidiendo a quién enviar para abrir una nueva ubicación del negocio, o determinando a quién ubicar en la junta directiva, nuestra dirección determinará quién es nuestro equipo.

Como nota al margen, estas dos cosas (dirección y personas) se influencian mutuamente, queriendo decir esto que habrá veces en que la dirección quedará determinada, en parte, por las personas. En otras palabras, como organización deberíamos aprovechar las fortalezas de las personas que ya están en nuestro equipo. Echaremos un vistazo más de cerca a la relación existente entre personas y visión en un capítulo posterior.

A quiénes escojamos depende en gran medida de la capacidad, sin duda, ya que las personas tienen que ser capaces de realizar el trabajo. Pero también podrían entrar en juego muchas otras cosas, incluida su integridad, ética de trabajo, lealtad, personalidad, experiencia pasada y otros elementos. Se trata de tener a las personas adecuadas a bordo y tenerlas también en el lugar correcto.

En nuestra serie Hope Is Here, la dirección determinó nuestras necesidades de personal: tuvimos que contratar a conductores de autobús, músicos, coordinadores de la serie, catering y otras cosas. Decenas de personas en cada ciudad ayudaron a lograr que el evento fuera un éxito, y la razón por la que trabajaron tan bien juntos fue porque el papel de cada persona estaba alineado con el propósito general y la dirección del evento.

3. SISTEMAS Y ESTRUCTURA: SABER CÓMO LLEGAR DONDE NOS DIRIGIMOS

Una estructura organizacional sana se parece mucho a nuestro esqueleto: por lo general no lo notamos hasta que algo se rompe, y entonces duele muchísimo. Las personas raras veces pueden operar al máximo en entornos disfuncionales, y será difícil que nuestro equipo vaya bien si nuestros sistemas y estructura están rotos o desbalanceados. Los sistemas organizacionales y la estructura no son opcionales, pero tampoco son imposibles; y podría ser precisamente lo que nos falta para llevar a nuestro equipo al siguiente nivel.

216 ¡Ayuda! Trabajo con personas

Nuestra serie Hope Is Here tenía una dirección clara y un equipo estelar, pero fueron los *sistemas* subyacentes los que nos permitieron operar fluidamente de una ciudad a otra. Cada mañana nos despertábamos en una ubicación diferente y realizábamos nuestros eventos en un entorno distinto, pero los procedimientos eran los mismos. Había políticas claras para todo, desde la limpieza de las zonas hasta el protocolo en el baño del autobús. Un equipo de producción se levantaba temprano en la mañana y con cinta adhesiva en el suelo guiaba a la gente hacia las áreas adecuadas durante el evento, y las ventas de boletos y estadísticas de patrocinio de niños estaban disponibles en tiempo real en una aplicación. De principio a fin, sistemas bien pensados ayudaron a coordinar el trabajo de muchas personas para llevar a cabo la visión de la serie.

Movernos en la dirección correcta, con las personas adecuadas, apoyados por los sistemas apropiados, nos hará recorrer un largo camino hacia crear un liderazgo productivo. Si se encuentra frustrado por una falta de progreso en cierta área que está bajo su liderazgo, eche un vistazo más de cerca a estos tres asuntos. ¿Tiene usted una dirección clara y bien comunicada? ¿Están las personas correctas en los lugares adecuados? ¿Y están sus sistemas apoyando y empoderando a esas personas para que hagan su trabajo y alcancen las metas del equipo? Veremos los sistemas con más detalle en otro capítulo, porque unos pocos ajustes pequeños en estas áreas pueden marcar a menudo toda la diferencia.

———

Ya sea que esté levantando un negocio o salvando la galaxia, hay pocas cosas más emocionantes, más satisfactorias y más motivadoras que saber que, día tras día, puede perseguir una causa que le importa con personas en las que confía. El liderazgo y el trabajo en equipo, cuando se hacen correctamente, crean una experiencia de equipo que es a la vez efectiva y emocionante. Sea el líder que inspira a personas con el mismo sentir a trabajar juntas, que grita "¡vamos!" y lidera a las personas hacia su futuro.

APLICACIÓN CLAVE

 Los líderes necesitan equipos y los equipos necesitan líderes, por lo tanto lidere a su equipo de una manera que logre metas y avance la visión del equipo conjuntamente.

Capítulo 21

¿QUÉ QUEREMOS?

Kallie Dovel, Alli Swanson, Anna Toy, Brooke Hodges y Jessie Simonson eran las típicas universitarias de tercer año, que disfrutaban de la vida del campus mientras intentaban decidir qué querían hacer después de la graduación. Kallie había regresado recientemente de un viaje a Uganda, donde conoció a mujeres de su misma edad que eran mamás solteras, sin educación académica ni empleo, y que se habían criado en un país arrasado por la guerra. Para sobrevivir, las mujeres hacían joyas de bisutería utilizando abalorios de papel que reciclaban de viejos pósteres, y que vendían a los pocos turistas que pasaban por allí. Kallie compró algunas de las piezas y las llevó con ella a casa, y fue un éxito instantáneo con sus amigas.

Las cinco amigas universitarias tuvieron una idea: quizá podrían ayudar a esas mujeres, y también a otras, proporcionando un mercado más amplio para sus productos. Eso significaba saltar al mundo de los negocios internacionales, estudiar tendencias de moda, romper barreras culturales y entender el desarrollo social y económico. Fue, en palabras de ellas mismas, "el inicio del viaje más difícil, más aterrador y más increíble que uno pueda imaginar".[1] Como le dijo Simonson a la revista *Forbes* en una entrevista: "Éramos muchachas universitarias que nunca habíamos dirigido un negocio, y mucho menos un negocio en África".[2]

Eso no las detuvo. Estaban decididas no solo a proporcionar empleos dignos para mujeres en Uganda, sino también a cambiar vidas. Y en la actualidad, alrededor de quince años después, están haciendo precisamente eso. Dan empleo a mujeres en Uganda que antes fueron abusadas y están desatendidas, y les proporcionan un ingreso, educación académica, formación financiera, mentoría empresarial y cuidado sanitario por cinco años. Su empresa, 31 Bits, suministra bisutería a más de 350 tiendas, incluidas grandes cadenas minoristas como Nordstrom, y han aparecido en las revistas *Forbes, Harper's Bazaar* y *Elle*. Han ampliado el negocio a varias ubicaciones y países, entre ellos Indonesia y Bali, y su línea de productos presenta no solamente una extensa línea de bisutería sino también bolsas, productos para el hogar y otras cosas.

La empresa ha sido pionera en proporcionar productos amigables con el medioambiente y de fuentes responsables. Están entre las primeras empresas que "ayudan y retribuyen", y su modelo de negocio siempre ha tenido que ver con empoderar a sus proveedoras y no solo obtener beneficios. Desde sus inicios han estado en la primera línea de elevar la consciencia de la necesidad de una moda ética, educando a los consumidores acerca del impacto que tienen sus compras.

Forbes afirma que las cinco amigas "tienen claro lo que es el éxito para ellas: en lugar de un modelo único para todo el mundo, o de invertir un porcentaje de sus proyectos, se han enfocado en conseguir que sus artesanas sean independientes en cinco años". Eso significa que continuamente pierden a sus empleadas mejor formadas y tienen que volver a empezar. Pero como dijo Simonson en la entrevista: "Siempre quisimos que esas mujeres estuvieran ahí trabajando, estableciendo sus propios negocios y sosteniéndose a sí mismas. Después de todo, de eso se trata la sostenibilidad, ¿no es cierto?".

La historia de 31 Bits es una ilustración inspiradora de una iniciativa social: un modelo de negocio con metas económicas y también sociales. Los proyectos sociales abordan necesidades o resuelven problemas en el mundo que les rodea por medio de un enfoque dirigido al mercado.[3] Esta actitud holística hacia el negocio está ganando popularidad porque muchas personas quieren algo más que un producto que dé beneficios: también quieren hacer el bien y ayudar a los demás, pero de una manera económicamente sostenible.

DEFINICIÓN DE ÉXITO

Las cinco amigas que formaron 31 Bits entendieron la importancia de tener claro cómo se ve el éxito para uno mismo y para su equipo: en el caso de ellas, éxito era proporcionar empleos dignos que condujeran a la independencia económica de mujeres con pocos recursos. Todo equipo u organización, sin importar cuál sea su tamaño, debe responder a la pregunta: "¿qué queremos?". En otras palabras, necesitan tener claro cuál es su visión y su definición de éxito.

Si no define el éxito con antelación, usted y su equipo corren dos riesgos. En primer lugar, pueden ser atraídos hacia la *complacencia involuntaria* por una falsa sensación de progreso. Podrían sentir que les va bien, pero no se puede confiar en los sentimientos. Sin una manera objetiva y predefinida de medir el progreso, puede dejarse llevar por un esfuerzo mínimo y producir resultados mínimos. No tener metas establecidas significa que no hay responsabilidad; y si no hay responsabilidad, eso da pie a que se introduzca la complacencia e incluso la pereza. Podemos crear sutilmente un entorno que valore cosas como la camaradería, el espíritu de equipo y la unidad, pero realmente minimice el valor de terminar el trabajo.

Saber lo que quiere, como líder y también como equipo, dirigirá cada decisión que usted tome.

El segundo riesgo de no definir el éxito es la *ocupación desenfocada*. En otras palabras, su equipo podría hacer mucho trabajo en muchas áreas, pero como no hay una dirección cohesionada, en realidad no avanzan; tan solo se mantienen ocupados. Henry David Thoreau escribió en una carta a un amigo: "No es suficiente con ser diligente; también lo son las hormigas. ¿En qué está siendo diligente?".[4] En otras palabras, ¿cuál es la meta de su ocupación? Esa es la pregunta que todo líder y equipo debe plantearse, porque la ocupación no siempre está relacionada con la visión. ¿Hacia qué futuro está apuntando y cómo planea llegar hasta ahí? Defina su visión y entonces manténgase ocupado. Irá más lejos y llegará más rápidamente.

Definir lo que queremos como organización nos ayudará a evitar la doble trampa de la complacencia involuntaria y la ocupación desenfocada. Pero también hará algo más que eso: nos ayudará a trazar un rumbo que sea práctico y alcanzable, dividiendo nuestra *visión* en *victorias* más pequeñas.

VISIÓN Y VICTORIAS

Me gusta responder a la pregunta "¿qué queremos?" en términos de visión y de victorias. Hay muchas palabras que se emplean por ahí en el liderazgo y que se relacionan con el futuro: misión, metas, hitos, pasos, etapas, fases, objetivos, propósitos, deseos, intenciones, enfoques y planes, por enumerar algunas. Las definiciones de estos términos se solapan de manera considerable, y la mayoría de los equipos escogen su propia terminología para describir el viaje en el que están. Para mí, sin embargo, visión supone los *objetivos a largo plazo* del equipo, incluyendo quiénes son y por qué existen, y las victorias son los *logros tangibles a corto plazo* a lo largo del camino.

1. VISIÓN: OBJETIVOS A LARGO PLAZO

Definir su visión requiere responder a la pregunta "¿qué queremos?" de manera clara y valiente. La visión por lo general está dibujada con pinceladas amplias. No es solamente lo que hacemos, es quiénes somos y quiénes queremos ser. Es un sueño que vemos en la distancia, algo a lo que apuntamos y hacia lo que trabajamos. A menudo se describe usando superlativos: "fabricar el mejor zapato del mercado", "proporcionar la mayor selección de relojes del mundo" o "ser una iglesia donde todos pertenecen". El tamaño de un sueño hace que sea inspirador, incluso contagioso. Las personas responden a la visión que usted ve en su cabeza y dibuja con sus palabras.

La visión conlleva una sensación de *destino*, una sensación de llamado. No es solamente un negocio o un trabajo, es un llamado. Podría usted decir cosas como: "Nací para esto", o "Haría esto aunque no me pagaran por ello", o "Sé que podemos hacer esto". Se encuentra hablando de ello con cualquiera que le escuche. Se mantiene despierto en la noche pensando en ello, imaginando maneras de convertir su visión en realidad.

La visión conlleva también una sensación de *desafío*. De ahí los superlativos; usted quiere que su organización y su equipo sean los mejores. Quiere hacer lo que nadie ha hecho antes. No es un sueño caprichoso, pero tampoco es un paseo por el parque. Si fuera fácil, otra persona ya lo habría hecho antes, pero usted cree que está a la altura del desafío.

 Las estrategias vienen y van, pero la visión solo cambia lentamente, si es que cambia.

La visión también conlleva una sensación de *permanencia*. Es una meta en la distancia, una meta que utilizamos para alinear nuestros esfuerzos y medir nuestro progreso, con frecuencia para años que están por llegar. Es a lo que nosotros mismos y nuestro equipo regresamos cuando estamos desalentados por la resistencia o por los obstáculos a lo largo del camino. Siempre está un poco alejada en el futuro, atrayendo, llamando, desafiando.

La diferencia entre visión y misión, o entre una declaración de visión y una declaración de misión, también queda definida por cada líder y equipo. No todos están de acuerdo en la diferencia, lo cual es totalmente correcto. Para mí, la visión es un reflejo de la misión; es decir, nuestra visión describe el modo en que implementamos nuestra misión. Nuestra misión como iglesia, por ejemplo, es una declaración general del porqué existimos: "para ayudar a las personas a conocer a Dios, encontrar libertad, descubrir sus dones, y marcar una diferencia". Nuestra visión, por otro lado, es más práctica y visible: queremos difundir un mensaje de amor y esperanza en nuestra ciudad, queremos abrir ubicaciones de la iglesia en otras ciudades, y mucho más.

Al margen de los términos que utilicemos, el punto es que debemos tener un enfoque a largo plazo de las metas de nuestra organización. ¿Dónde queremos estar en cinco, diez o veinte años? Si miramos mucho más adelante en el camino, ¿qué queremos ver para nuestro equipo, nuestra organización, y nosotros mismos?

2. VICTORIAS: LOGROS A CORTO PLAZO

Es importante para los líderes tener clara la diferencia entre visión y victorias. Por ejemplo, imaginemos que usted reúne a todos y comparte su sueño en términos grandiosos y dramáticos. Habla sobre cambiar vidas, sobre innovar, sobre tomar riesgos, sobre productos y servicios revolucionarios, sobre captar cuota de mercado. Da un discurso motivacional digno de un Óscar y envía a las personas a sus escritorios sintiéndose vigorizados y emocionados. Pero pasan tres meses y se da cuenta de que nada ha cambiado; no está más cerca de cumplir su sueño, y nadie ni siquiera recuerda su discurso motivacional. Usted no puede evitar preguntarse: *¿por qué no lo están entendiendo?*

¿Qué sucedió? Usted lanzó una gran visión pero no identificó ninguna victoria, ninguna meta a corto plazo. La visión es valiente, grandiosa, inspiradora; y en cierto modo genérica. Tiene que serlo, porque engloba un futuro que podría tomar años para convertirse en realidad. Como contraste, las victorias son *presentes*, o al menos en el futuro cercano, y son pasos específicos que dan pie a la visión.

"Visión sin implementación es alucinación", dijo alguien en una ocasión, y las victorias suponen la implementación progresiva de la visión. La visión de su equipo podría ser redefinir la industria, pero una victoria sería lanzar tres productos nuevos este año, o presentar una característica en una revista de la industria, o eliminar un sesenta por ciento de desechos durante el proceso de producción, o cualquier otra cosa que lo lleve un paso más cerca de su visión.

Quizá su equipo no necesita un discurso motivacional dramático acerca de su plan a treinta años tanto como necesita metas de ventas semanales. Tal vez hablar a su pequeña empresa sobre sus sueños de dominación mundial debería estar seguido por metas más sencillas que espera usted lograr en los tres meses siguientes, como actualizar su página web, establecer procedimientos de contabilidad y comprar muebles de oficina. Esas tareas puede que sean mucho más triviales que la dominación mundial, pero las personas tienden a agradecer más los grandes sueños cuando van acompañados de pasos prácticos para alcanzarlos.

La visión es inspiradora y esencial, pero los hitos alcanzables y que se pueden medir son una fuente mucho mejor de motivación continuada. Confundir ambas cosas es donde fallan frecuentemente los líderes, y también es la razón de que los equipos a menudo estén frustrados. Los líderes tienen que dividir regularmente la visión a largo plazo en victorias a corto plazo. Su equipo necesita saber hacia qué esforzarse no solo en años y décadas, sino también en semanas, meses y trimestres.

Una victoria es una meta que se puede medir: algo que se puede lograr durante el curso de semanas o meses, o el progreso de un año al siguiente. Por ejemplo, podría usted definir una victoria como alcanzar el millón de dólares en ventas trimestrales, pasar noventa días sin accidentes de trabajo, o aumentar su seguimiento en redes sociales en un 200 por ciento.

A fin de monitorizar las victorias, hay que definirlas; y a fin de definirlas, tiene que decidir lo que es importante para usted. De nuevo, se trata de responder a la pregunta: "¿qué queremos?". Tiene que decidir hacia dónde va a largo plazo, y después decidir lo que puede hacer en este momento para dar pasos en esa dirección. Esos pasos son sus victorias.

Por lo tanto, ¿cómo definimos qué pasos tomar? ¿Cómo sabemos lo que supone una victoria para nosotros y para nuestro equipo? Para empezar, echemos un vistazo a lo que medimos. Si afirmamos que algo es importante para nosotros, pero no lo medimos, probablemente no sea tan importante. Por el contrario, si creemos que algo no nos interesa mucho, pero nos encontramos monitoreando precisamente eso, probablemente sea más importante de lo que quisiéramos admitir.

Por ejemplo, en la comunidad eclesial que yo lidero, los lunes tenemos un reporte semanal que resume la métrica que derivamos de nuestras reuniones de los domingos y, cuando es aplicable, la compara con el año anterior en esa misma fecha.

Registramos la asistencia, las donaciones, el número de vehículos en el estacionamiento, los voluntarios, el tiempo de entrada y salida en nuestras instalaciones, cuántas personas nos ven por el Internet, y otras cosas. El reporte del lunes es una manera rápida para que mi equipo y yo veamos dónde estamos ganando, o viendo progreso, y dónde necesitamos seguir creciendo.

Si algo es realmente importante para usted, pero no lo está midiendo, piense en dónde comenzar. Eso no es siempre fácil, pero es increíblemente útil si puede hacerlo. ¿De qué otro modo sabrá si está ganando o perdiendo? Quizá lo está haciendo mejor de lo que cree, pero nunca lo sabrá hasta que encuentre una manera de comparar el progreso. Un líder y un equipo que no saben si están ganando o perdiendo, están perdiendo por defecto: incluso si están haciendo algún progreso, no pueden ser la mejor versión de sí mismos porque no saben dónde están en realidad o en qué necesitan mejorar. Perderán oportunidades e ímpetu porque se han perdido a sí mismos.

Métrica es simplemente otro término para medida. Se refiere a estadísticas mensurables y rastreables que ayudan a las organizaciones a evaluar su progreso. George Forrest, escribiendo para la empresa de servicios de negocio iSixSigma, afirma que "se usa la métrica para impulsar mejoras y ayudar a los negocios a enfocar a su gente y sus recursos en lo que es importante".[5] Observemos el enfoque positivo de esa explicación: los números producen mejora y enfoque. Los números son nuestros amigos, incluso si no son los números que estábamos esperando, porque cuantifican el progreso y ayudan al equipo enfocarse en lo que es importante.

No evite nunca la métrica solo porque tenga miedo a lo que descubrirá. Es mejor descubrir ahora dónde se encuentra o hacia dónde se dirige, en lugar de ser agarrado por sorpresa más adelante. Los buenos líderes no siempre pueden evitar momentos difíciles o malas noticias, pero pueden estar todo lo preparados posible con antelación. Forrest continúa: "La métrica falseada no beneficia a nadie. Para que se produzca un progreso real, todos los involucrados en la métrica tienen que ser totalmente sinceros... Entender la verdadera posición de la empresa es el primer paso hacia la mejora".[6]

Como líder, no puede estar en todas partes al mismo tiempo, de modo que las decisiones que tome provendrán inevitablemente de una combinación de datos y personas. Las personas le dan retroalimentación subjetiva, lo cual tiene su lugar, pero los datos le dan retroalimentación objetiva que puede utilizar para tomar decisiones informadas. Los comentarios de las fuentes objetivas y las subjetivas son importantes, y juntas le dan confianza en sus decisiones. Busque una información precisa, al margen de lo que le diga, y tome decisiones informadas.

Yo tengo que hacer eso de vez en cuando con nuestros empleados. Como cualquier organización, evaluamos periódicamente a las personas basándonos en su desempeño: tienen marcas que alcanzar, metas que cumplir y tareas que realizar, y normalmente tenemos datos que proporcionan una imagen objetiva de su desempeño en el trabajo. Pero los datos nunca pueden relatar la historia completa. A veces las personas pasan por problemas personales, o factores externos evitan que alcancen sus objetivos este trimestre. Quizá se les encomendó recientemente un área nueva de responsabilidad y aún están batallando con la curva de aprendizaje. Como líderes, no podemos mirar solamente los datos fríos y duros, pero tampoco podemos ignorarlos. Obtenga conocimiento, pero también obtenga entendimiento. Es decir, evalúe los datos, pero después mire debajo de la superficie para identificar lo que está sucediendo realmente antes de tomar alguna decisión drástica.

Recuerde que *usted*, como líder, define sus victorias junto con otras personas en su equipo de liderazgo. Usted decide lo que quiere. No se desvíe persiguiendo la definición de victoria de otra persona. Sin duda, debería permitirse a usted mismo ser informado por lo que otros están haciendo o persiguiendo, pero usted y su equipo son únicos. Usted puede ser realmente bueno en algunas cosas, de modo que sea realmente bueno en las cosas en las que *quiere* ser bueno, y celebre las victorias que lo lleven hasta ahí.

Cuando identifique victorias, tenga en cuenta la constitución de su equipo, sus recursos y su situación; y haga lo posible para que las victorias sean alcanzables. Sea realista acerca de lo que puede lograr; no tiene caso desalentar a su equipo lanzando cifras al azar que todos saben que son demasiado grandiosas. Ya que por definición la visión es a largo plazo y, por lo tanto, el progreso no será inmediatamente obvio, sus victorias tienen que ser lo bastante factibles y con frecuencia suficientes para que su equipo pueda observar su avance.

Mientras más victorias pueda definir, mejor. Los equipos deportivos tienen un registro muy visible de victorias y pérdidas para sus partidos, pero los partidos no son las únicas victorias que anotan. También buscan cosas como mejora del jugador, mejor trabajo en equipo, ventas de boletos, conducta positiva fuera de la cancha, ventas de productos, una base de seguidores creciente, y otras cosas. En su organización y con su equipo, encuentre maneras de establecer metas alcanzables y decídase a crear oportunidades para que haya éxito frecuente. Muchas oportunidades para el éxito significan que habrá más personas involucradas en la victoria, y eso es siempre algo bueno.

———

Mientras más clara sea su visión y más mensurables sean sus victorias, más probabilidades habrá de que su equipo y usted sientan en poco tiempo el viento a sus espaldas. No siempre será fácil, sin duda; pero cuando sus recursos están en consonancia con su propósito, y cuando tiene pasos claramente definidos para tomar cada día, el progreso es natural y casi inevitable.

APLICACIÓN CLAVE

 Decida lo que quiere lograr como equipo y después mida, monitoree y celebre las victorias a lo largo del camino.

Capítulo 22

QUÍMICA Y CULTURA

Un tema recurrente en los cuentos de hadas y en los mitos es la infame pócima del amor: un elixir misterioso y mágico que tiene el objetivo de hacer que una persona se enamore de otra. Hay dos problemas con eso: en primer lugar, no existe tal cosa como una pócima del amor. En segundo lugar, es una agresión espeluznante, invasiva y que llega al límite. En la mayoría de los cuentos de hadas y mitos, la pócima sale mal de alguna manera, y la moraleja de la historia es siempre la misma: el amor verdadero no puede manipularse; debe darse libremente.

Aunque no existe tal cosa como una pócima para hacer que alguien se enamore de nosotros, la ciencia ha identificado aspectos del cerebro, en particular ciertas sustancias químicas y hormonas, que están relacionados con el amor y otros factores relacionales. Queda por ver si ese conocimiento podría o debería aprovecharse para remediar el amor no correspondido. Pero entender la química de las relaciones tiene implicaciones prácticas y muy beneficiosas, no solamente para los amantes abandonados sino también para los líderes y los equipos.

Helen Fisher es una antropóloga biológica cuya investigación sobre los sistemas cerebrales que están detrás de la personalidad, la atracción y el amor se ha presentado en revistas académicas, conferencias, y estudios sobre las relaciones en los negocios. Su investigación también ha sido de interés para la página web de citas Match.com, y no es difícil ver por qué. Una página web de citas que pudiera predecir o incluso mejorar la compatibilidad, sería la versión millenial de una pócima del amor. Cuando la página web preguntó a Fisher por qué una persona se enamora de otra, ella recurrió a la neurología. Dijo: "Pasé dos años estudiando la literatura y descubrí, una y otra vez, que hay cuatro sistemas biológicos (dopamina/norepinefrina, serotonina, testosterona y estrógeno/oxitocina) relacionados con un conjunto particular de rasgos de la personalidad. Lo descubrí en la investigación no solo en humanos sino también en palomas, lagartos y monos".[1] Ella aplicó su investigación a las relaciones en general, no solo a las parejas románticas, y su trabajo es un elemento fundamental en una evaluación de personalidad innovadora desarrollada por Deloitte (firma mundial de consultoría y auditoría), llamada Química de Negocios. Hablaremos más sobre eso en un momento.

Según Fisher, el sistema de dopamina está relacionado con personas que tienden a ser curiosas, creativas, espontáneas y amantes del riesgo. Una elevada actividad de serotonina se encuentra en personas que son sociables, deseosas de pertenecer y, con frecuencia, más tradicionales en sus valores y menos inclinadas hacia la curiosidad. El sistema de testosterona está relacionado con características como ser tenaz, directo y decisivo. Finalmente, los sistemas de estrógeno y oxitocina están correlacionados con personas que tienden a ser más intuitivas, imaginativas, confiables y empáticas.

Aunque todo esto es fascinante, no significa que la química cerebral nos controle, sin duda alguna, y tampoco nos da licencia para etiquetar a las personas o ponerlas en una caja. La química cerebral y las personalidades son tendencias, no capataces, y también entran en juego otros factores como cultura, entorno, trasfondo, valores y moralidad. Pero la química sí *influencia* la conducta y las personalidades en aspectos que tienen implicaciones potenciales para el liderazgo. Por ejemplo, entender un poco más sobre cómo funciona el cerebro podría ayudarnos a valorar en lugar de resentir a personas que tenemos en nuestro equipo y que son diferentes, e invitar su participación en áreas donde nosotros somos débiles, en lugar de sentirnos amenazados por sus fortalezas.

QUÍMICA DE EQUIPO

Aunque las personalidades son afectadas por la química integral, la idea de una química de equipo va más allá de solamente la constitución física o emocional de las personas. Se refiere al modo en que los individuos con personalidades y habilidades únicas se mezclan en una unidad cohesionada. Una buena química de equipo significa llevarse bien y trabajar juntos.

Cada persona tiene una comprensión de cómo interactuar con los demás en el equipo de una manera sana y productiva.

El marco de Química de Negocios desarrollado por Deloitte, que está basado en el análisis de Fisher de las influencias neurológicas en las relaciones, identifica varios estilos de trabajo y proporciona herramientas e investigación para mostrar cómo los equipos pueden trabajar mejor juntos. Los investigadores de Deloitte han descubierto que cuando los equipos tienen regularmente un bajo desempeño, raras veces se puede culpar a los miembros del equipo. En cambio:

> [La culpa] reside en los líderes que no aprovechan de manera eficaz diversos estilos y perspectivas de trabajo, incluso en los niveles de rango superior. Algunos gerentes simplemente no reconocen cuán profundas son las diferencias entre su gente; otros no saben cómo

manejar las brechas y tensiones o entender los costos
de no hacerlo. Como resultado, algunas de las mejores
ideas no se escuchan o no se cumplen, y el desempeño
sufre.[2]

En otras palabras, un buen líder es consciente de las diversas
personalidades que hay alrededor de la mesa y sabe cómo aprovechar la diversidad, en lugar de ignorarla o sentirse confuso o
frustrado por ella.

> Cuando los equipos tienen la química adecuada, los
> miembros individuales no valoran a otros a pesar
> de sus diferencias, sino a causa de sus diferencias.

Química no significa que nunca habrá discusiones o desacuerdos, y no significa que todo el mundo deba tener sentimientos de calidez con respecto a todos los demás en todo momento.
Eso no es ni realista ni tampoco sano. Si siempre se llevan bien,
puede ser un indicador de que el equipo es demasiado homogé-
neo. Invite a que haya en la sala opiniones y perspectivas diversas; serán más fuertes a causa de eso.

La química se trata menos del acuerdo y más del compromiso. Puede usted escoger ser compatible con colegas hacia
los que no se acercaría por naturaleza. Puede que nunca vayan
juntos de vacaciones ni se tomen fotografías juntos, pero eso no
significa que no puedan trabajar bien juntos; después de todo, ser
amigos en el trabajo es mejor que ser adversarios en el trabajo.
Y con el tiempo, a medida que compartan experiencias, superen
obstáculos y construyan algo juntos, incluso podrían desarrollar
un vínculo que se convierta en una amistad duradera.

Cuando se trata de construir un equipo, la química no es el
único factor, pero sí es un factor importante. Yo siempre busco

lo que denomino las cuatro C: *cantidad de química, carácter, competencia y capacidad*. Las cuatro son importantes. La química no puede ser la única base que le da un lugar a alguien en el equipo, pero, por otro lado, tampoco puede serlo la competencia. Se necesita química para trabajar juntos, carácter para mantenerse fiel y actuar con integridad, competencia para hacer bien el trabajo, y capacidad para manejar la presión que llegará. De las cuatro, la química podría ser la que más se pasa por alto porque tendemos a suponer que un trabajador estupendo será un miembro de equipo estupendo. Eso es cierto con frecuencia, pero no es un hecho.

UNAS PALABRAS SOBRE LA "MALA QUÍMICA"

No dé la espalda con rapidez al miembro del equipo que parezca tener "mala química"; es decir, si no parece mezclarse rápidamente con el equipo o si tiene ideas muy diferentes. Con frecuencia, la incomodidad o los conflictos no se deben a un defecto de carácter, sino a diferencias en educación, cultura o hábito, y el miembro del equipo cambiará con un poco de paciencia. O la falta de química podría indicar que la persona no está todavía en el lugar adecuado en el equipo, y es necesario hacer algunos ajustes. Las personas son nuestro recurso más valioso, y dejarlas ir debería ser un último recurso. Por un lado, estamos trabajando con seres humanos y no con máquinas o con una alfombra que se puede cambiar por otra sin tener ninguna repercusión. Las personas tienen sentimientos, necesidades, familias, compromisos económicos; y si trabajan para usted, derechos laborales. En lugar de descartar a las personas que no se llevan bien fácilmente, evalúe primero dónde radica la culpa.

A veces, "mala actitud" y "mala química" pueden ser términos que los líderes utilizan para justificar el librarse de alguien que ve las cosas de modo diferente y está dispuesto a levantar la voz para el bien del equipo. Desafiar el *statu quo*, hacer preguntas directas, o señalar problemas en potencia en un plan no es mala química. Personas con diferentes opiniones son ventajas que deberíamos buscar, y no voces que deberíamos silenciar. Sin duda, cuando las personas son *siempre* el "abogado del diablo", o cuando no cambian hábitos agresivos o subversivos, incluso después de confrontaciones repetidas, quizá vaya en el mejor interés de todos (el de ellos incluido) que salgan del equipo. Pero, de nuevo, eso es un último recurso, porque dejar ir a personas que eran lo bastante valientes para expresar una opinión que contradecía la nuestra o que levantaban algunas ampollas, solamente enseña al resto del equipo a suprimir cualquier verdad u opinión contradictoria para así no perder tampoco sus empleos.

En su libro, *Am I Being Too Subtle?* (¿Estoy siendo demasiado sutil?), el empresario multimillonario Sam Zell dice que su "mayor temor es no tener información que podría protegerme de cometer un error".[3] ¿Su solución? Crear un entorno en el cual la información fluya libremente y las personas tengan acceso directo a los líderes. Dice que él ni siquiera se dio cuenta de que la oficina que había utilizado por treinta y cinco años tenía una puerta hasta que la estaba remodelando, porque él tenía una política literal de puertas abiertas: literalmente estaba siempre abierta. "Todo el mundo es bienvenido en mi oficina, desde los ejecutivos superiores hasta la persona que recoge el correo", escribe. "Por extensión, si la persona número uno es totalmente accesible, entonces todos los demás que no lo son se ven como un idiota". Él defiende firmemente que las personas levanten sus voces cuando tengan una preocupación. "Yo les digo a las personas que 'no es una sorpresa', y lo digo de veras. Tengo la confianza suficiente para creer que, si capto un problema desde el principio, seremos lo bastante inteligentes para solucionarlo. Por lo tanto, *no oculte cosas. Relájese. Aquí no matamos al mensajero*".[4]

Su reto en el liderazgo es diferenciar entre las personas que causan problemas y las personas que reconocen problemas; y no es tan fácil como se podría pensar. Sam Zell no tiene miedo a que las personas expresen opiniones diferentes: tiene miedo a que las *oculten*, y así poder perderse una retroalimentación valiosa. Es un principio estupendo por el que vivir, y por eso deberíamos ser "rápidos para escuchar, lentos para hablar y lentos para enojarse", para citar un autor bíblico (Santiago 1:19, NLT). Invite todas las perspectivas que pueda, escuche todas las opiniones que sea posible, y aprenda a incorporar en su equipo personalidades diversas. Si puede entender –y aprende a utilizar– la química de su equipo, la eficacia de su organización por lo general crecerá proporcionalmente.

CULTURA DE EQUIPO

Relacionada muy de cerca con la química de equipo está el concepto de la cultura de equipo. La cultura existe en un equipo, sea que usted la cree intencionalmente o no. De modo similar a la cultura de un país o grupo étnico, la cultura de equipo se refiere a las reglas de conducta no escritas (por lo general) que establecen una atmósfera e influencian cada interacción dentro del equipo o la organización. Es un conjunto de valores compartidos y expectativas de conducta que empoderarán a los equipos para trabajar como unidades cohesionadas.

La cultura supera prácticamente a todo lo demás en una organización. El consultor de administración Peter Drucker lo expresa de este modo: "La cultura se come a la estrategia como desayuno".[5] ¿Por qué? Porque la cultura no es lo que hacemos o lo que decimos, sino quiénes somos; y quiénes somos, como líderes, como equipo y como organización, al final siempre sale a la superficie.

La cultura de equipo puede dividirse en tres cosas: visión, valores y normas. *Visión*, como vimos en el capítulo anterior, se refiere a dónde se dirigen su equipo y usted a largo plazo. Es una imagen general de quién es usted y quiénes quieren ser como organización. Visión es una meta con corazón. *Valores* son las cosas que usted sostiene como las más importantes. Por lo general provienen de su visión y la apoyan. Son las cosas no negociables que usted defiende y preserva a pesar de todo. *Normas* son las barras fijas que usted establece para el desempeño y la conducta a medida que se lleva a cabo su visión. Desarrollan lo que usted espera, e incluso demanda, de su equipo.

Estas tres cosas (visión, valores y normas) pueden ser muy específicas. Por ejemplo, la visión de nuestra iglesia incluye comunicar nuestro mensaje de fe y amor a tantas personas como podamos. Ya que nuestra *visión* es comunicar bien, *valoramos* las herramientas de comunicación, especialmente la tecnología, e invertimos el tiempo, el dinero y la atención necesarios para llevar a cabo esa visión. De igual manera, tenemos *normas* elevadas en nuestros departamentos de audio, video y otros departamentos creativos porque la excelencia en esas áreas contribuye al logro de nuestra visión. Nuestras normas y nuestros valores reflejan y apoyan nuestra visión.

Tengamos en mente que la cultura no se trata de tener la razón o de estar equivocado, sino de la unidad del equipo y de facilitar la química, como vimos anteriormente. La cultura es siempre sobre *nosotros y nuestro,* en lugar de ser *yo* o *usted.* Así es como *nosotros* hacemos las cosas. Así es como *nosotros* nos hablamos los unos a los otros. *Nosotros* no usamos ese tipo de palabras. *Nosotros* manejamos el conflicto de este modo. *Nuestros* valores son estos y aquellos. *Nosotros* respondemos a las quejas de esta manera.

Yo puede ser una palabra egoísta y *usted* puede ser acusatorio, pero *nosotros* es inclusivo. *Nosotros* señala al trabajo en equipo, y ese es el punto. Después de todo, esa es la meta definitiva de la química y la cultura: un equipo que esté unido en corazón, en palabras, en visión y en acción.

Establecer una cultura de equipo sana tiene muchos beneficios. Permite que los individuos trabajen juntos en unidad. Alienta a las personas a sentirse parte de una unidad más grande. Establece una medida para evaluar las conductas, actitudes y decisiones que se fomentan o se desalientan en la organización. Facilita la incorporación de nuevos contratados y nuevos voluntarios, proporcionando un entorno congruente que les enseña de modo natural lo que se espera de ellos. Proporciona una útil presión de grupo, del tipo bueno, que alienta a las personas muy individualistas a mantenerse (relativamente) dentro de los límites. Ayuda a reducir o evitar el conflicto proporcionando un conjunto de normas básicas. Podría mencionar muchas otras cosas, pero ya capta el punto: tomar el tiempo para construir la cultura correcta les servirá a usted y a su equipo de muchas maneras.

Como finalmente siempre se mostrará quién es usted, no puede fingir la cultura. Esto es especialmente importante para que los líderes lo tengan en mente. Simplemente no puede usted hablar, enseñar, quejarse o soñar con la cultura que quiere; tienen que *ser* esa cultura, como líder y también como equipo. Eso significa que una de sus responsabilidades es personificar su cultura en todo, desde el modo en que saluda a las personas en el pasillo, hasta el modo en que toma decisiones y asigna presupuestos. Además significa que también debe ayudar a los demás a reflejar esa cultura.

Usted tiene que convertirse en la cultura que quiere porque la cultura se capta, no se enseña. Se observa, no se impone. Es lo que usted hace *realmente*, no lo que dice que hace, o lo que cree que hace, y tampoco lo que está escrito en su muro o en su página web. Es en parte un reflejo del líder, en parte un reflejo del equipo, pero principalmente un reflejo de lo que se recompensa, se tolera o se aprende durante el transcurso del tiempo.

En última instancia, usted como líder es responsable de la cultura de su equipo. Eso significa que a pesar de cómo se vean las cosas ahora, usted puede dar media vuelta a la dirección del barco. Si no le gusta lo que ve, tiene la capacidad de cambiarlo. Más que ninguna otra persona, usted está mejor equipado para establecer, modelar y monitorear la cultura. Hágase usted mismo responsable, y también a los demás, de la cultura que quieren propagar.

———

No hay que ser un gurú de la antropología dirigida al cerebro, como Helen Fisher, para entender que química y cultura son una parte invisible, y a la vez increíblemente poderosa, de la construcción de equipos y de llevar a cabo la visión. Como líder, puede utilizar ambas cosas para el bien de las personas a las que lidera. Un poco de comprensión y mucha consistencia es lo único necesario para construir la unidad de su equipo y multiplicar su eficacia.

APLICACIÓN CLAVE

Sea consciente de la química entre los miembros de su equipo y de la cultura que influencia a su organización, y sea proactivo en cuanto a lograr un equipo lo más sano y más unido posible.

Capítulo 23

INFLUENCIAR A LOS INFLUYENTES

Según el periodista británico Paul Vallely, el primer comerciante documentado que obtuvo provecho de personas influyentes fue un químico francés del siglo XIX llamado Angelo Mariani.[1] Mariani se sintió intrigado por la coca, la planta de la que se obtiene la cocaína, y por su potencial económico, después de leer un trabajo de un neurólogo italiano que describía los efectos de la coca. La hoja de coca había sido parte de la vida de los incas por miles de años, donde se utilizaba como estimulante, a menudo en contextos religiosos, ceremoniales, y medicinales. Entró en las culturas española y finalmente europea después de la invasión de las Américas, y se volvió popular por sus supuestos efectos medicinales.

En 1863 Angelo Mariani desarrolló Vin Mariani, un vino de coca fabricado desde vino Bordeaux y hojas de coca. Vin Mariani era alcohol en un once por ciento y contenía más de seis miligramos de cocaína en cada onza (29 ml), y el etanol del alcohol reforzaba los efectos de ambas drogas. Naturalmente, se volvió muy popular y rentable, y otros comenzaron a fabricar bebidas similares. En la época, no se habían descubierto las propiedades adictivas de la cocaína.

La verdadera innovación de Mariani, sin embargo, no fue Vin Mariani sino su estrategia de mercadeo. Según Ryan Kucey, de Better Marketing, Mariani se las arregló para asegurar hasta cuatro mil recomendaciones de un amplio rango de celebridades europeas y de nombres domésticos, que después publicó como anuncios en periódicos y revistas. Julio Verne, Alejandro Dumas, Sir Arthur Conan Doyle, Robert Louis Stevenson, la Reina Victoria, el Rey Jorge de Grecia, el Rey Alfonso XIII de España, el Sha de Persia, los presidentes estadounidenses William McKinley y Ulysses S. Grant, e incluso el Papa Pío IX, se decía que habían probado el producto. Según un póster publicitario producido por Mariani, el papa incluso le concedió una medalla de oro y escribió que "apreciaba plenamente el efecto beneficioso de este Vino Tónico".[2]

Es interesante que otra marca famosa por su destreza publicitaria a finales del siglo XIX se apoyaba también en la coca. En América, poco después de comenzar la prohibición, un farmacéutico de Atlanta tomó la receta de un popular vino de coca con cafeína y sustituyó el vino por sirope de azúcar. Le puso el nombre de Coca-Cola.

Durante un tiempo, los productos con infusión de coca se vendieron en las farmacias sin receta y en almacenes como Sears y Harrods de Londres. Incluso Sigmund Freud elogió los beneficios de la cocaína. Al final, a medida que se fueron conociendo mejor los efectos negativos y adictivos de la cocaína, perdió la popularidad, y al inicio del siglo XX fue ampliamente ilegalizada. Pero no antes de haberse granjeado los endosos de incontables escritores, políticos, doctores y, por supuesto, comerciantes, quienes promovieron la droga en todos los rincones de la sociedad.

Aunque sería una simplificación excesiva sugerir que se debe culpar a Angelo Mariani de los problemas continuos que el mundo tiene con la cocaína, es aleccionador reconocer el grado de influencia que un hombre relativamente desconocido tuvo mediante un solo producto, simplemente porque supo cómo aprovechar la influencia de otras personas. Cuando hubo convencido a destacados pensadores, políticos y escritores de que su producto era beneficioso, ellos le otorgaron el peso de su propia influencia.

GRADOS DE INFLUENCIA

En la actualidad, la idea de un influyente ha cobrado vida propia, y está de camino hacia convertirse en una carrera profesional legítima, aunque a menudo es objetivo de burla. No es difícil ver por qué. En una era digital en la que somos bombardeados por mensajes publicitarios, y cuando las opciones de compra disponibles para todo, desde calcetines a paquetes vacacionales, pueden ser abrumadoras, la gente quiere que alguien a quien admiran o respetan les ayude a tomar buenas decisiones.

Los negocios han entendido que en cualquier sector o nicho, el endoso de una persona que es conocida y respetada tiene más peso ante su mercado objetivo que el mercadeo genérico de masas, y están ajustando su adjudicación de dinero para mercadeo en consecuencia. Por ejemplo, en 2016 hubo 1,26 millones de posts de Instagram patrocinados por marcas, y un cálculo de 4,95 millones en 2019, queriendo decir que hubo casi un aumento del 400 por ciento en actividad en redes sociales patrocinada por marcas en cuatro años,[3] y el índice de crecimiento no muestra ninguna señal de descender.

En cualquier grupo, sociedad o estructura social, incluida la que usted lidera, algunas personas tienen más influencia que otras. Quizá han estado ahí por mucho tiempo, tal vez tienen mucho conocimiento, puede ser que tengan relaciones fuertes y leales, o quizá simplemente son muy buenos en convencer a las personas. Sea lo que sea, si puede aprovechar esa influencia podrá multiplicar su eficacia de liderazgo. Las personas escuchan a los influyentes. Lo que piensan los influyentes importa; lo que dicen tiene peso; lo que endosan o rechazan hacer variar las opiniones.

Tengamos en mente que "influyente" no es un título que las personas se otorgan a sí mismas arbitrariamente. Existe una diferencia entre un "influyente" autoproclamado y alguien que realmente tiene influencia, y cuya opinión es respetada y seguida por un grupo grande de personas. Una de las razones por las que los influyentes en redes sociales son el objetivo de tantas bromas es porque un alto número de seguidores no siempre se traduce en influencia. Por ejemplo, cuando una joven celebridad en Instagram que tiene 2,6 millones de seguidores intentó lanzar una línea de ropa, no pudo vender ni siquiera las 36 camisetas que necesitaba para que comenzara la producción inicial.[4] Aunque puede que varios factores hayan contribuido al fallido lanzamiento del producto, el hecho sigue siendo que títulos, fama, seguidores, o incluso éxito en otras áreas no proporciona automáticamente a nadie una plataforma que se traduzca en una influencia eficaz.

Los verdaderos influyentes son líderes de opinión, y no solo celebridades de las redes sociales. Según el consultor de liderazgo Denise Brosseau del Thought Leadership Lab (Laboratorio de Liderazgo de Opinión), los líderes de opinión son "los líderes de opinión informados y las personas a las que acudimos en su campo de experiencia".[5] Su influencia proviene de su capacidad para moldear las opiniones y decisiones de otras personas en áreas particulares, y esta capacidad está basada en cosas como experiencia en su propio campo, cercanía con la audiencia, y un historial de buenos consejos. Este último punto, el historial, es uno de los más importantes, porque una buena trayectoria construye capital de confianza con los seguidores. La verdadera influencia no se puede fingir, forzar o apresurar, y por eso es precisamente tan deseada, y tan poderosa.

Como líder, es importante que identifique a los verdaderos influyentes que hay en su equipo y los ponga de su parte. Hacer eso no es manipulación; es respeto. Estos individuos se han ganado su influencia precisamente porque se toman en serio su poder, y no se arriesgan a perderlo por un capricho. Si dudan a la hora de endosar una idea, será usted sabio en preguntarse por qué. Quizá saben algo que usted no sabe.

Alinearnos con los influyentes no significa que rindamos nuestro liderazgo, les permitamos bloquear nuestras iniciativas o cedamos a sus caprichos. Simplemente significa que trabajamos para ganarnos su apoyo, para ganarnos sus corazones y su lealtad, porque son jugadores importantes en el equipo. Si hacemos que se ofendan, también ofenderemos a muchas otras personas. Si perdemos su respeto, perderemos también el respeto de las personas que los respetan a ellos.

Sin embargo, ese es el peor de los escenarios. Si usted es el líder adecuado para la tarea, y si la cultura del equipo es una cultura sana, es improbable que se encuentre enfrentado a sus influyentes. Ninguno de ustedes es el malo, incluso si tienen distintas opiniones, y los papeles de ambos (del líder y del influyente de base) son importantes.

¿QUIÉNES SON SUS INFLUYENTES?

Como líder, usted en realidad no llega a definir quién tiene influencia. Podría ser capaz de contratar a personas, despedirlas o trasladarlas, pero al igual que el agua encuentra su nivel de modo natural, los influyentes encuentran su audiencia. La influencia llega en todo tipo y tamaño: no depende del estatus socioeconómico, la forma corporal, el gusto en modas, el trasfondo étnico o la situación financiera. Es una habilidad que tienen algunas personas, que con frecuencia la han ganado con el tiempo; y su meta como líder es trabajar con sus influyentes y no contra ellos. Ellos tienen el dedo puesto sobre el pulso de la organización. Escúchelos, aprenda de ellos y gánese sus corazones y su confianza.

El autor sobre liderazgo Derek Sivers, en su entretenido y eficaz video titulado "Lecciones de liderazgo de un bailarín", argumenta que la persona más importante en cualquier movimiento no es el líder sino el primer seguidor. En el video, que parece que fue tomado en un festival musical, a un hombre sin camisa se le ve bailando a solas sobre una colina, aparentemente ajeno a todo lo que le rodea. Las personas sentadas en el pasto cercano están observando, un poco confusas y claramente vacilantes. Entonces sucede algo: otro hombre se une al baile. El primer bailarín lo recibe con calidez y comienzan a bailar el uno al lado del otro. Ese es el catalizador. Segundos después, algunas personas más se unen al baile; y de repente, comienzan a salir corriendo personas para bailar también. Al final del video de tres minutos, la colina está llena de una multitud que baila, vitorea y aplaude. Muchos de quienes dudaban al principio se han convertido en participantes entusiastas.

Sivers afirma: "Ser un primer seguidor es una forma de liderazgo que está poco apreciada. El primer seguidor transforma a un loco solitario en un líder".[6] Añade: "No hay ningún movimiento sin el primer seguidor". El primer seguidor, y probablemente el segundo y el tercero, son influyentes. La participación de esos primeros seguidores da valentía a las personas para hacer algo que quizá habrían querido hacer (¿quién no quiere bailar en un festival de música?), pero no sentían que tenían el permiso para hacerlo. Sivers pasa a decir a los líderes: "Asegúrense de que los de afuera vean algo más que solamente el líder. Todos necesitan ver a los seguidores, porque nuevos seguidores emulan seguidores, no el líder". En otras palabras, parte de la tarea de un líder es situar a otras personas bajo el foco de luz.

Es probable que algunos nos consideren el "loco solitario", pero cuando invitamos a otros a que se unan a nosotros en la plataforma, no solo los validamos sino que también permitimos que su apoyo nos valide a nosotros. Muchas veces los líderes entienden esto del modo contrario. Podríamos pensar que el liderazgo tiene que ver con que personas conozcan nuestro nombre, liderar desde el frente, que se trata del tamaño de nuestra plataforma o de la confianza que las personas sitúan en nosotros. En cambio, la influencia a menudo se reduce a cuántos influyentes están bailando a nuestro lado. ¿Por qué nos debería importar si hay personas observando y escuchando a alguien que está a nuestro lado? Solamente los líderes inseguros tienen que ser el centro de atención todo el tiempo. Si estamos influyendo a los influyentes, estamos influyendo a todo el mundo, al margen de quién se lleve el mérito. Y mientras más personas consigamos que suban a bordo, alcanzaremos antes el momento crítico, como lo denomina Malcolm Gladwell: "ese momento mágico cuando una idea, tendencia o conducta social cruza un umbral, rebosa y se extiende como un fuego incontrolado".[7]

Tengamos en mente que ciertas personas responderán con más rapidez a las nuevas ideas que otras. La teoría y el libro del punto de referencia de las comunicaciones de Everett Rogers, *Diffusion of Innovations* (La difusión de las innovaciones) se popularizó por primera vez en 1962. El libro está ahora en su quinta edición y, en todo caso, es más aplicable que nunca en esta época de influyentes. Rogers analizó el proceso mediante el cual las personas cambian y adoptan innovaciones, como nuevas ideas o tecnología. Basándose en su investigación, identificó cinco categorías de personas, junto con el porcentaje de la población que encaja en cada una de ellas:

Innovadores (2,5 por ciento). Son las primeras personas en probar algo nuevo. Les encanta el riesgo y la aventura.

Primeros usuarios (13,5 por ciento). Son líderes de opinión. Se sienten cómodos con las nuevas ideas y el cambio, y se toman en serio su influencia.

Primera mayoría (34 por ciento). Es el primer grupo grande en aceptar nuevas ideas. No toman la delantera, pero tampoco esperan demasiado tiempo.

Mayoría tardía (34 por ciento). Otro grupo grande que tiende a resistirse al cambio. Tienen una mentalidad de "esperar y ver", y adoptarán la nueva idea solamente después de que haya sido demostrada.

Rezagados (16 por ciento). Son conservadores muy resistentes al cambio; casi es necesario forzarlos para que acepten nuevas ideas.[8]

Si los líderes son los innovadores en el modelo de Rogers, los influyentes son los primeros usuarios. Sin su apoyo, nuestras ideas y nuestro liderazgo tendrán mucho más difícil la tarea de influenciar a la primera mayoría y a la mayoría tardía. Estas personas, sin embargo, no son difíciles de convencer. Tienen ya una alta tolerancia al riesgo, creen en el poder del cambio, y son lo suficientemente inteligentes para ver la necesidad antes de que otros la vean. Es probable que se emocionen por nuestras ideas cuando las entiendan y vean que estamos innovando para solucionar problemas.

Un error que los líderes cometen con frecuencia es trabajar muy duro para convencer a los rezagados, quienes es probable que se resistan hasta el final de los finales. En lugar de invertir tanta energía en quienes están formados para resistirse al cambio, es más eficaz comenzar convenciendo a los primeros usuarios y a la primera mayoría. Esos son nuestros influyentes: líderes de pensamiento que valoran el cambio y el liderazgo, y que ya tienen un seguimiento que confía en ellos y los escucha.

Ante los ojos de la primera mayoría, los primeros usuarios pueden percibirse como más confiables que innovadores, porque la gente puede que sospeche que los innovadores están un poco locos o fuera de la realidad. Los innovadores a menudo se sitúan tan por delante, que muchas personas no pueden identificarse, o sus ideas se consideran arriesgadas porque no están demostradas. Pero los primeros usuarios están en el medio. Se ven atraídos hacia las nuevas ideas y ven su potencial, pero también están lo bastante cerca del mundo real para que las personas confíen en ellos y los sigan.

El papel fundamental que desempeñan los primeros usuarios a la hora de conectar a los innovadores y al público en general, queda claramente ilustrado en el mundo de la moda. Cada temporada, los diseñadores muestran sus últimas creaciones en las pasarelas, y muchos de los modelos tienen la intención de ser editoriales, lo cual significa que salen bien en las fotografías y captan la atención de los medios. Pero muchas veces esos modelos son tan extravagantes, que las personas "normales" nunca se los pondrían. Es ahí donde entran los blogueros de moda y los influyentes: están lo bastante inclinados hacia la moda para identificar tendencias, pero también saben cómo hacer que esas tendencias sean algo que la persona promedio pueda identificar, pueda vestir y, por lo tanto, pueda comprar. Los diseñadores de moda son los *innovadores*; los influyentes de moda son los *primeros usuarios*; la mayoría de los clientes serían la *primera mayoría* o la *mayoría tardía*; y probablemente podamos pensar en algunos *rezagados* que siguen vistiendo pantalones que estaban de moda veinte años atrás.

 A menudo, los mayores influyentes no son los líderes superiores, sino más bien individuos que están en algún lugar en el medio.

No tienen el título ni tampoco la última palabra, pero tienen algo incluso más poderosos: acceso y confianza. Probablemente haya visto películas en las que la persona que movía los hilos en un entorno empresarial no era el director general, sino el recepcionista. Por lo general suscita risas, pero tiene relevancia porque hay mucha verdad en ello. Los influyentes que están en el medio desempeñan un papel clave porque tienen acceso hacia arriba, a la gerencia superior, y también hacia abajo, al miembro del equipo de la base. Su acceso, combinado con la confianza ganada, produce influencia.

Por lo tanto, ¿qué hacemos cuando necesitamos apoyo, pero nuestra idea enfrenta resistencia por parte de aquellos que la consideran "extravagante" o incluso extrema? Identifique a sus influyentes y acérquese a ellos. Explique la razón que está detrás del qué. Ayúdelos a procesar preguntas y reacciones potenciales de modo que puedan ayudar a otros que llegarán más adelante. Sus primeros usuarios son los guardianes invisibles de la influencia, y usted necesita su apoyo para alcanzar a las personas que ellos representan. El respeto por la influencia que ellos se han ganado, recorre un largo camino hacia conseguir que unan fuerzas junto con usted.

En el liderazgo, puede que se encuentre en la posición de ser el innovador que introduce el cambio y aporta nuevas ideas y nueva dirección al equipo. Pero no tiene que ser usted simplemente un loco solitario que baila sobre una colina, y no tiene que liderar a solas. Utilice su influencia para construir relaciones con sus influyentes. Comparta sus ideas con personas que se interesarán por ellas y correrán con ellas. Influencie a los influyentes, y observe cómo sus ideas despegan del suelo.

APLICACIÓN CLAVE

 Identifique a los influyentes que están en su equipo y en su organización, y consiga su apoyo para servir y liderar juntos a las personas.

Capítulo 24

¿HAY ALGUIEN ESCUCHANDO?

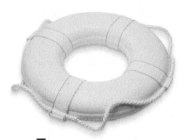

En el Abierto de Golf de 2019, el golfista estadounidense Kyle Stanley fue muy criticado por no gritar "¡fore!" (¡cuidado!) después de golpear un drive desviado que golpeó a un espectador. En realidad, golpeó dos bolas de ese modo, y también a dos espectadores, según su compañero de juego, el golfista escocés Robert MacIntyre. El primero, en el hoyo catorce, rebotó contra la pierna de un marshal. El segundo, en el hoyo diecisiete, golpeó a la mamá del caddie de MacIntyre. Por fortuna, ninguno de ellos resultó herido.

Los percances de Stanley no sentaron bien a MacIntyre, quien habló de lo que sucedió después con el periódico escocés nacional *The Scotsman*. "Sí, hubo palabras duras. No fue demasiado agradable. Pero hay que decirle que eso no está bien". El problema no era que los golpes de Stanley salieran desviados, pues eso sucede en el golf, como sabe muy bien cualquiera que haya intentado jugar alguna vez. Fue que Stanley nunca gritó la advertencia tradicional. MacIntyre reiteró: "Hay que gritar cuidado. Esa bola va directamente hacia la multitud. Uno sabe que va a ir directamente a la gente. Hay que gritar".[1]

En su defensa, Stanley afirmó que todos los demás estaban gritando la palabra, de modo que no sintió que fuera necesario que él también gritara. Eso no fue suficiente para apaciguar a sus críticos en el mundo del golf, sin embargo, el protocolo del golf sitúa la obligación en el golfista: "Si un jugador juega una bola en una dirección en la que existe el peligro de golpear a alguien, debería gritar inmediatamente una advertencia. La palabra tradicional de advertencia en tales situaciones es 'fore' (cuidado)".[2]

El origen del término ha quedado perdido en la historia, pero hay dos teorías principales.[3] Una de ellas es que viene de un término militar; cuando una fila de soldados estaba a punto de disparar, gritaban "¡Beware before!" (¡Cuidado delante!) para asegurarse que todos en la fila que tenían delante de ellos supieran que tenían que bajar la cabeza. Finalmente, el término quedó reducido a "before" o simplemente "fore". La segunda teoría, menos violenta y más plausible, es que el término proviene de los forecaddies: personas que a veces se colocan por el campo para mantener la mirada en dónde cae la bola. "¡Fore!" habría sido un término lógico para que un golfista lo gritara al golpear, principalmente como indicación para el forecaddie, de que una bola iba de camino; no para salvar vidas sino para salvar bolas de golf.

Si usted está en un campo de golf y escucha un grito desesperado de "fore", no se detiene a pensar. Se protege la cabeza y entonces intenta divisar el misil que se acerca antes de que golpee. Es difícil imaginar un término más potente, conciso y urgente en el contexto de los deportes. Una palabra de cuatro letras puede causar que las personas se pongan a cubierto; por lo general, esas personas gritan entonces otra palabra de cuatro letras desde la protección de sus carritos de golf.

Lo que usted dice importa, y debería ser todo lo claro, conciso y eficaz posible.

Como líder, la mayor parte de su comunicación será más larga, y es de esperar que menos desesperada que gritar "fore". Pero eso no significa que sus comunicaciones sean menos urgentes o menos importantes.

No es que quiera ofender a Stanley, pero en el liderazgo no podemos quedarnos a un lado en silencio, confiando en que otros griten nuestro mensaje y confiando en que las personas descubrirán lo que se acerca a su camino. Tenemos que comunicar. Tenemos que hacer oír nuestra voz y mantener claro nuestro mensaje.

La comunicación es una parte esencial del liderazgo. Es cómo tomamos algo que está en nuestro corazón, nuestra mente y nuestra imaginación, y lo llevamos al corazón, la mente o la imaginación de *otra persona*. La comunicación exitosa podría ser la tarea de liderazgo más desafiante que enfrentaremos, y también una de las más importantes. Su eficacia como líder estará en el mismo grado hasta el cual movilice a su equipo, lo cual significa que tiene que llegar a ser realmente bueno en comunicar a otros lo que es importante para usted.

Podríamos comparar los elementos de la comunicación con el proceso de enviar un regalo a alguien: comenzamos con el regalo en nuestra posesión; entonces lo metemos en una caja y lo enviamos; y finalmente, el receptor lo recibe, lo abre y lo utiliza (o lo devuelve y compra lo que realmente quiere). Este proceso de enviar algo de una persona a otra es análogo a la comunicación, aunque en el segundo caso el "objeto" que se envía es invisible, y el intercambio a menudo tiene lugar instantáneamente.

Si lo diseccionamos, este proceso de comunicación implica seis componentes: un *remitente*, un *receptor*, un *mensaje*, un *código*, un *canal*, y una *respuesta*. Cada componente es crucial y –muy parecido al clásico juego infantil del "teléfono"– cada uno puede volverse disfuncional o distorsionar el mensaje a lo largo del camino. Multipliquemos eso por las varias personas que hablan y responden y vuelven a hablar en un contexto de liderazgo, y comenzaremos a ver cuán importante es que los líderes entiendan y dominen cada componente del proceso de comunicación.

1. EL REMITENTE: COMIENZA CON USTED

En contextos de equipo, el remitente de la comunicación es a menudo usted como líder: usted decide compartir algo que cree que podría beneficiar al receptor o receptores. Su mensaje podría comunicar instrucciones, valores, visión, corrección, afirmación o cualquier otra cosa. Quizá es un reporte al equipo de personal sobre la puntualidad, por ejemplo, un anuncio al público acerca de un nuevo producto o servicio emocionante que está en desarrollo, o una conversación con una persona concreta acerca de un área de desempeño en el trabajo que necesita mejorar.

El mensaje comienza con *usted*, lo cual significa que usted es responsable de comunicarlo. Usted lo posee, lo entiende y quiere compartirlo. Si su comunicación no produce la respuesta deseada, no sea demasiado rápido para echar la culpa a sus receptores. Considere, en primer lugar, hasta qué punto usted hizo bien su parte como remitente.

Cuando se trata de comunicación, los líderes tienden a enfocarse principalmente en su mensaje porque suponen que el mensaje es lo único que importa. Pero el mensaje siempre proviene de una persona: usted. Y no puede separarse usted mismo de su mensaje. En otras palabras, lo que usted comunica quedará influenciado por su cosmovisión, sus experiencias, prejuicios, inseguridades, metas y personalidad. Eso es inevitable, pero la inevitabilidad no es una excusa, es solamente un recordatorio de que debe ser sabio y humilde cuando comunique. Antes de hablar, compruebe sus motivaciones, compruebe su actitud, compruebe sus expresiones faciales, y asegúrese de saber lo que quiere decir. Sea cuidadoso e intencional acerca de lo que sale de su boca o lo que proyecta en la pantalla.

2. LOS RECEPTORES: SE TRATA DE ELLOS

El receptor de su mensaje podría ser un individuo, un equipo, una organización completa, clientes, miembros de la iglesia, voluntarios o cualquier grupo de personas. Independientemente de eso, el objetivo de la comunicación no es lanzar un mensaje a un universo que no es consciente y esperar que alguien escuche. Es alcanzar a una audiencia específica (ya sea de una sola persona o de mil personas) con un mensaje específico. Si la audiencia no entiende el mensaje, la comunicación ha fallado. Punto. Eso significa que alcanzar a los receptores es el enfoque estratégico de toda comunicación. En ese sentido, lo que decimos tiene que tratar más de nuestros receptores que de nosotros mismos.

El principio de que la comunicación se trata de los oyentes tiene al menos cuatro implicaciones prácticas. En primer lugar, *no se ofenda si su mensaje no es bien recibido*. Por ejemplo, si las únicas personas que leen su reporte sobre la puntualidad son las que ya llegan a tiempo al trabajo, o si el anuncio de su nuevo producto se recibe con bostezos en lugar de vítores, o si el individuo al que intenta usted motivar hacia la mejora parece que no entiende cuál es el problema, no se ofenda. Tome un momento para pensar sobre por qué la recepción de su mensaje fue menos que ideal. Si lo que usted dice no satisface una necesidad sentida, o si las personas no ven el punto de entender la relevancia de su mensaje, enojarse con ellos no ayudará en nada. Podría sentirse triste, frustrado o decepcionado, pero mantenga el enfoque en las personas que reciben el mensaje y no en sus propios sentimientos. Haga todo lo posible por mejorar el modo de dar su mensaje, a la vez que también recuerda que su audiencia tiene libre albedrío, que ellos determinan su propia respuesta, y usted no puede controlar eso totalmente. Su papel como el remitente de la comunicación es simplemente hacer todo lo que pueda para llegar a sus receptores con su mensaje.

En segundo lugar, *modifique su comunicación basándose en la retroalimentación de sus oyentes.* No se limite a repetir lo mismo con más fuerza; encuentre un modo mejor de decirlo. Eso significa prestar atención a las indicaciones que obtiene de la otra parte. Sea esa parte una persona que está sentada al otro lado de su escritorio, un grupo de personas en el lado receptor de su estallido por email, o una sala llena de asistentes a una conferencia, normalmente habrá cierta retroalimentación que pueda ayudarle a evaluar y mejorar su transmisión del mensaje. Quizá es una respuesta por email, tal vez es el lenguaje corporal de una audiencia, o la expresión facial de una persona con la que está hablando; esas cosas y muchas más pueden darle indicaciones sobre la eficacia con la que está comunicando su mensaje. Su meta es comunicar, no solo impresionar, hablar con elocuencia o desahogarse; de modo que escuche los comentarios o lea sus indicaciones y ajuste su comunicación en consonancia.

En tercer lugar, *preste atención a cuánta atención le están prestando.* Si sus receptores no están escuchando, bien podría estar dirigiéndose a una sala vacía. Es aquí donde leer a las personas y leer salas entra en juego. Si sus oyentes están preocupados, o hablando por teléfono, o apresurándose hacia la puerta, o están molestos con usted, o están realmente cansados, no tenga prisa por comunicar lo que quiere decir. Los buenos comunicadores no pasan al corazón de su mensaje enseguida hasta que su audiencia está atenta y participativa. Eso podría significar tomar un receso, contar una broma, hacer una pregunta, explicar el problema, cambiar su modo de comunicar, o simplemente posponer una discusión hasta una mejor ocasión.

Y finalmente, *conozca a su audiencia.* Mientras mejor entienda a su audiencia, mejor sabrá cómo hablarles. ¿Qué es lo que les preocupa? ¿Qué les interesa? ¿Qué quieren lograr? ¿Qué enfoque, o presentación, o palabras, o ilustración les ayudará más *a ellos*? Liderazgo se trata de servir a las personas, y la comunicación es una importante herramienta que podemos usar para servir mejor a nuestro equipo.

3. EL MENSAJE: LO QUE QUEREMOS DECIR

"Primero aprenda el significado de lo que dice, y después hable", enseñaba el antiguo filósofo griego Epicteto.[4] En otras palabras, piense antes de hablar, como intentaron enseñarle sus padres cuando era usted pequeño. Ya conoce la esencia de lo que quiere decir, pero el trabajo difícil viene a continuación, y necesita suceder antes de convocar una reunión de equipo o enviar un mensaje de texto a un grupo. Identifique exactamente lo que siente, cree y quiere. Necesita ofrecer algo más que una idea difusa si quiere llegar a las mentes y los corazones de las personas. Primero trabaje por sí mismo en sus propios pensamientos. Sopese los pros y los contras, los riesgos y las ventajas. Divida su mensaje en diferentes partes y asegúrese de que cada una tenga sentido. Hay un lugar para procesar ideas en voz alta desde su cabeza, pero si está planeando hacer eso, haga la advertencia a los demás de que usted está procesando, no proclamando, y no enmarque afirmaciones mentales o emocionales como peticiones o hechos.

4. EL CÓDIGO: EL LENGUAJE IMPORTA

¿Cómo se comunica el mensaje desde su mente hasta la mente de los receptores? Debe estar codificado en palabras escritas o declaradas, lenguaje corporal, imágenes, gráficas, tablas, lemas, listas, o cualquier otra cosa que exprese su mensaje. En la analogía del envío, el mensaje es el regalo y el código es la caja que lo lleva hasta el receptor. Los mensajes no aparecen de manera telepática en el cerebro de otra persona; deben ser traducidos a un código compartido que comunique su significado.

En realidad, eso es todo el lenguaje: un código de comunicación. Nos reímos cuando vemos a personas que hablan idiomas diferentes intentando comunicarse hablando en voz más alta o más lentamente, como si el problema en cierto modo estuviera en el oído de la otra persona. Pero el problema no es una falta de audición; es una falta de código compartido, el lenguaje utilizado para transmitir un mensaje. Problemas parecidos pueden producirse cuando los líderes no comunican en términos que sus receptores pueden entender totalmente, incluso cuando de hecho comparten el mismo lenguaje. Esto podría suceder por varias razones: su correo electrónico fue apresurado y demasiado confuso; apareció en una reunión estresado y se mostró demasiado agresivo; sus gráficas eran demasiado complicadas; o simplemente no tenía las palabras para explicar lo que quería decir cuando respondió una pregunta. Todas esas cosas son fallos de código.

Su tarea no se realiza solamente porque usted dijo lo que pensaba de una forma adecuada para usted en el momento. Tiene que asegurarse de que su mensaje fue descifrado adecuadamente a su llegada. Eso le corresponde a usted como remitente más que al receptor, y se origina en conocer bien a su audiencia.

¿Cómo podemos hacer eso? Una manera es *hablar en el mismo lenguaje que el oyente*. No me refiero a un idioma literal como inglés, español o chino, claro está (eso es un hecho dado), sino a un lenguaje metafórico, el "código" que mencioné anteriormente. En otras palabras, utilice palabras, ilustraciones, lógica y humor que sus oyentes entenderán.

En segundo lugar, *comunique con empatía*. Es decir, póngase usted mismo en el lugar de los receptores por un minuto. Haga todo lo posible por entender cómo interpretarán ellos lo que usted está diciendo a nivel informativo y también emocional. Eso no es fácil, razón por la cual la comunicación es una habilidad: tenemos que aprender a decir las cosas de una manera que las personas entenderán. Por ejemplo, antes de enviar un email importante, vuelva a leerlo por completo pensando en lo que leerán y sentirán los receptores, y asegúrese de estar comunicando la información y también la emoción que desea.

Finalmente, *asegúrese de que su comunicación verbal y no verbal estén en consonancia.* En otras palabras, considere el modo en que su lenguaje corporal, tono de voz y enfoque serán recibidos y si apoyan o contradicen sus palabras. ¿Parece que está usted bromeando cuando realmente habla en serio? ¿Parece enojado, pero simplemente está concentrado en sus pensamientos? ¿Parece desinteresado cuando en realidad está procesando ideas? Quizá necesita recordar a su cara que refleje sus pensamientos y sus palabras.

5. EL CANAL: LLEGAR A MUCHOS, NO A INDIVIDUOS DESCONECTADOS

Si debido a la nostalgia se ha conectado alguna vez a una cuenta en una vieja red social (como su cuenta de MySpace de 2008) y ha subido algo, y después no ha recibido absolutamente ninguna respuesta porque sus amigos abandonaron ese canal hace años atrás, sabrá lo que es un canal de comunicación ineficaz. Es cualquier canal que su audiencia no está utilizando. Puede enviar todos los mensajes elocuentes que quiera, pero si no hay nadie conectado a ese canal, no estará comunicando nada.

Como líder, utilice los medios de comunicación que son más adecuados para llegar a la audiencia que quiere, ya sea una persona, su equipo o el público en general. Antes de recurrir al canal donde se siente más cómodo o al que ha utilizado tradicionalmente, identifique el canal que más escucha su audiencia y el que comunicará mejor su mensaje. Podría utilizar mensajes de texto, email, redes sociales, notas adhesivas, listas de quehaceres, reuniones en pasillos, reuniones semanales de equipo, conversaciones individuales, conferencias en video, software de administración de proyectos o cualquier otra entre la multitud de opciones de comunicación que existen o existirán en el futuro. El objetivo es encontrar lo que funciona.

La comunicación nunca es fácil o perfecta, de modo que estará continuamente a la búsqueda de maneras de enviar su mensaje más eficazmente. Es una ayuda diversificar en múltiples canales, porque las diferentes audiencias tienden a gravitar hacia diferentes plataformas o estrategias. Como líder, probablemente tendrá que decidir una estrategia maestra de comunicación para propósitos de trabajo, como conseguir que todo el mundo acepte una aplicación o un software en particular; pero eso no elimina la necesidad de ser inteligente en cuanto a enviar mensajes por otros canales también.

6. LA RESPUESTA: COMUNICAR PARA QUE HAYA CAMBIO

En su libro *Communicating for a change* (Comunicación hacia el cambio), el comunicador y pastor Andy Stanley recomienda "negarnos a ponernos de pie y hablar hasta saber la respuesta a dos preguntas: ¿qué cosa quiero que mi audiencia sepa? ¿Qué quiero que hagan al respecto?".[5] Su meta en la comunicación es por lo general comunicar información y persuadir, porque usted es un líder y quiere llevar a la gente hacia cierta dirección. No solo está transmitiendo datos al azar; los está utilizando para establecer un punto. Está motivando y guiando a la gente hacia una meta. Por lo tanto, la mayoría de la comunicación ha de producir cierto tipo de respuesta. Tenemos que saber qué respuesta estamos buscando antes de comunicar, a fin de medir el éxito del mensaje.

La respuesta del receptor indica la eficacia de la comunicación. Incluso si la respuesta no es lo que usted estaba esperando, al menos le dice hasta qué grado fue recibido su mensaje. ¿Están sus receptores confusos o informados? ¿Emocionados o asustados? ¿Alentados o frustrados?

Las personas toman decisiones basándose en su comprensión, lo cual consiste principalmente en su percepción mental y emocional de lo que es cierto. Si puede ayudarlos a entender su mensaje, probablemente responderán del modo que usted esperaba que lo hicieran. Si no puede, estará peleando una difícil batalla, intentando superar sus barreras lógicas y emocionales. Entender es clave, y vale la pena tomar el tiempo para ayudar a las personas a entender lo que usted está diciendo y por qué es importante y cierto.

Basándose en la respuesta que reciba, puede decidir cómo continuar. Suponiendo que el mensaje fue recibido e interiorizado, puede esperar que haya acciones en consonancia. Si puede saber que el mensaje no fue recibido del modo correcto, o no fue recibido en absoluto, no lo repita una y otra vez. Regrese a los pasos anteriores. Asegúrese de que usted y el receptor están en la misma página, y que esa es la página correcta. Vuelva a pensar bien en su mensaje y haga que sea aún más claro. Evalúe el modo en que está comunicando (el código) y el canal mediante el cual está enviando el mensaje.

Quizá tendrá que hacer un poco de trabajo adicional, hacer más preguntas, acercarse a algunos influyentes, o simplemente esperar un momento mejor. Pero haga lo que haga, no se conforme con observar bolas de golf que van hacia las multitudes, esperando que alguna otra persona levante la voz. Su equipo y sus objetivos son demasiado importantes para dejar la comunicación al azar.

APLICACIÓN CLAVE

 La comunicación es algo más que tan solo hablar a personas; es entender a sus oyentes, llegar a ellos eficazmente con su mensaje, y obtener resultados.

Capítulo 25

LAS REUNIONES SON IMPORTANTES

Reuniones. Si hay un aspecto del liderazgo de equipo y de la vida organizacional que parezca ser aborrecido universalmente, es el de las reuniones. Todo el mundo, desde empleados hasta gerentes, voluntarios o directores generales, se quejan de ellas, pero las reuniones parecen ser un mal necesario, y por eso seguimos programándolas. Patrick Lencioni, consultor de negocios y autor del libro *Death by Meeting* (Muerte por reuniones), afirma: "Tenemos que llegar a aceptar que la actividad más fundamental para la dirección de nuestras organizaciones es inherentemente dolorosa e improductiva".[1]

Las dos razones que citan las personas para aborrecer las reuniones son que hay demasiadas y que no son muy eficaces. La investigación sobre las reuniones parece destacar eso. Elise Keith, cofundadora de la firma de software Lucid Meetings, ha realizado una extensa investigación sobre el número, tamaño y eficacia de las reuniones en el mundo empresarial. Ella calcula que hay entre 36 millones y 54 millones de reuniones que se realizan *cada día* solamente en los Estados Unidos. También calcula que las reuniones ineficaces podrían estar costando a la economía estadounidense desde 70 mil millones de dólares hasta 283 mil millones al año, dependiendo de la definición que se haga de reuniones ineficaces.[2] Incluso el extremo más bajo de ese abanico es una asombrosa cantidad de desperdicio.

Un estudio reciente citado en la revista *Harvard Business Review* analizó los calendarios de Outlook de todas las personas en una organización grande, buscando información acerca de cuánto tiempo pasaban en reuniones en un año. En particular, querían ver el efecto en cadena de la reunión semanal del comité ejecutivo. Descubrieron que, en la empresa en general, entre la reunión ejecutiva y las reuniones necesarias para apoyarla, los empleados de la empresa pasaban colectivamente trescientas mil horas cada año en reuniones. Eso ni siquiera incluía el tiempo empleado recopilando información para esas reuniones o el tiempo empleado en otras reuniones no relacionadas.[3]

Y, sin embargo, las reuniones son vitales para la vida organizacional; y sin duda no todas son malas, ni por asomo. Lencioni afirma: "Simplemente no hay ningún sustituto de una buena reunión, de una participación dinámica, apasionada y enfocada, cuando se trata de extraer la sabiduría colectiva de un equipo".[4] Si ha estado usted en una reunión estupenda, sabrá el poder que fluye de la conversación y la colaboración en torno a una meta específica. Sale de ese tipo de reunión vigorizado y con entusiasmo, soñando simultáneamente con el futuro y planeando sus pasos siguientes. Conoce su papel y los papeles de otras personas mejor que nunca. Se siente conectado con la visión general del equipo y se siente integral para alcanzar esa visión.

El problema está en que muchos de nosotros no sabemos cómo dirigir una buena reunión, y mucho menos una reunión estupenda. En el peor de los casos, nuestras reuniones son largas, desorganizadas, aburridas e ineficaces. Comienzan tarde y terminan incluso más tarde. Cubren un asombroso abanico de temas sin tomar decisiones firmes sobre la mayoría de ellos. Eso es lo contrario de lo que queríamos, sin duda, pero a menos que seamos intencionales en cuanto a dirigir reuniones, ellas nos dirigirán, y no nos gustarán los resultados.

CINCO CARACTERÍSTICAS DE UNA REUNIÓN ESTUPENDA

¿Cómo es una reunión estupenda? Depende mucho de su organización, su equipo, su personalidad y las necesidades de la temporada, de modo que tendrá que experimentar y ajustar las cosas hasta encontrar lo que funciona. Pero, para comenzar, a continuación tenemos algunas metas hacia las que apuntar.

1. UNA REUNIÓN ESTUPENDA TIENE UNA AGENDA ENFOCADA

Una reunión enfocada tiene una agenda que se ha planeado con antelación, y se ciñe a la agenda. Para volver a citar a Lencioni: "El problema estructural más grande que enfrentan los líderes de reuniones es la tendencia a presentar todo tipo de problemas de los que hay que hablar en la misma reunión, como si fuera un mal guiso con demasiados ingredientes añadidos al azar".[5]

Las buenas reuniones tienen una razón de existir, y todos los presentes saben lo que es. Las personas llegan preparadas, se apropian de los asuntos, participan en un diálogo constructivo y se van con puntos de acción en los cuales deben enfocarse. Las buenas reuniones también tienen un tiempo de inicio y de final. Si se encuentra desviándose del tema o empleando demasiado tiempo en cada tema, calcule con antelación cuánto tiempo debería dedicarse a cada tema y programe un reloj. Cuando se supere ese tiempo, tomen una decisión sobre el tema y avancen.

Hay un límite con respecto a cuántos temas pueden abordarse en una reunión, y ese límite no está establecido por la agenda del líder. Queda establecido por el cerebro, y se llama fatiga de decisión. El psicólogo social Roy Baumeister ha analizado la toma de decisiones en profundidad. En un trabajo con un título bastante oscuro, "La psicología de la irracionalidad:

por qué las personas toman decisiones necias y de autoderrota", muestra que los seres humanos tendemos a tomar decisiones de autoderrota cuando nos vemos forzados a tomar demasiadas decisiones al mismo tiempo. Él escribe:

> Tomar decisiones es un trabajo duro que agota un recurso interior que parece bastante limitado. Las personas realmente solo pueden tomar unas cuantas decisiones serias a la vez, y entonces la capacidad de decidir tiene que recuperarse y rellenarse antes de que vuelva a ser plenamente eficaz otra vez.[6]

Eso no es lo mismo que decir que nunca seguiremos los vericuetos de los temas en una reunión, pero eso debería ser la excepción. Los vericuetos por lo general conducen a otros vericuetos, y con frecuencia a dejar de seguir el hilo; y aunque puede ser interesante desviarse del tema ocasionalmente, a veces es simplemente una excusa para evitar las decisiones que hay que tomar. De ese modo no solo perdemos tiempo y nos distraemos de lo que importa, sino que también agotamos la energía mental limitada necesaria para tomar decisiones. Cuando finalmente llegamos a los puntos de la agenda, el equipo está cansado y listo para irse a casa, lo cual conduce a decisiones apresuradas o discusiones superficiales.

El tiempo de las personas es valioso, y saben cuándo se está desperdiciando en discusiones que deberían haber sido emails o conversaciones individuales. Es mucho más productivo mantener la reunión enfocada, incluso si eso significa dejar algunos temas pendientes. Cuando nuestras reuniones tienen la reputación de conseguir terminar las cosas, es probable que las personas estén más preparadas para ellas, lleguen a tiempo e incluso las emocionen, porque sabrán que se está respetando su tiempo y se está utilizando bien.

2. UNA REUNIÓN ESTUPENDA TIENE A LAS PERSONAS ADECUADAS EN TORNO A LA MESA

Para aumentar la eficacia de los equipos de trabajo y las reuniones, Jeff Bezos, multimillonario fundador y dueño de Amazon.com, instituyó una regla sencilla para toda la empresa conocida como "el equipo de dos pizzas". Insistió en que todo equipo debería ser lo bastante pequeño para poder alimentarse con dos pizzas.[7] Eso no significa que los equipos puedan comer literalmente pizzas en cada reunión, pero la política es eficaz para que las reuniones sean pequeñas, eficientes y enfocadas.

Si podemos tener a todas las personas adecuadas (y es de esperar que solamente las personas adecuadas) en la mesa, y si tenemos una agenda enfocada, la reunión tiene una probabilidad mucho más alta de estar llena de energía desde el inicio. Cuando las personas adecuadas abordan juntas los asuntos, la creatividad prende la creatividad; las ideas se enfrentan a otras ideas y se complementan mutuamente; se abordan los problemas con soluciones en lugar de pánico; las ideas se debaten y se seleccionan, se descartan o se mejoran. Es trabajo en equipo en su mejor versión, y el resultado es genialidad colaborativa.

¿Quiénes son "las personas adecuadas"? Usted es el líder, de modo que probablemente tenga ya una sensación de eso, pero las siguientes son algunas cosas que buscar.

+ Personas que están *informadas*. Necesitamos hechos, no suposiciones, así que lleve a los expertos a la sala y permita que informen a todos los demás.

+ Personas que están *empoderadas*. Los miembros del equipo necesitan autoridad para hacer cambios, así que invite a personas que estén en posición de llevar a cabo decisiones de equipo.

+ Personas que son *diferentes*. Es decir, personas que son diferentes a usted y diferentes las unas de las otras, que representan una diversidad de cosmovisiones, trasfondos técnicos, creencias, género y otras cosas. La diversidad es nuestro amigo porque cada perspectiva única representa a un sector de la sociedad que quizá no entendamos plenamente; valore la diversidad y sea intencional acerca de desarrollarla.

+ Personas que son *agudas*. "Agudo" es un término difícil de cuantificar, pero se refiere a alguien que es a la vez inteligente y piensa rápido; alguien que sabe mucho pero que también sabe cómo aplicar lo que conoce a las situaciones de la vida real. Es algo más que conocimiento, inteligencia, educación formal o conocimiento de la calle, aunque idealmente incluye todo eso. Necesita a personas agudas cerca de usted porque sacarán lo mejor los unos de los otros.

+ Personas que son *creativas*. La resolución de problemas es lo que mejor hacen las personas creativas; ven las cosas de modo distinto a usted o a cómo podría verlas otra persona, y pueden detectar soluciones en lugares donde otros nunca mirarían.

+ Personas que están *comprometidas*. Las personas que están en la mesa de su toma de decisiones tienen que interesarse por la organización y estar motivadas para trabajar hacia las soluciones, en lugar de ser apáticas o tibias.

+ Personas que son *seguras*. La primera idea o solución raras veces es la mejor idea, pero podría ser el lugar de inicio para la mejor idea: las personas seguras tienen la piel lo suficientemente encallecida para debatir ideas productivamente.

Tener a las personas adecuadas en las mesas correctas no es fácil, pero vale la pena perseguir eso. Notemos que dije *mesas*, en plural. Usted enfrentará muchas decisiones en muchas áreas, de modo que probablemente tendrá múltiples reuniones de toma de decisiones. Tome tiempo para pensar bien quién está mejor equipado para tomar las decisiones correctas en cada reunión.

3. UNA REUNIÓN ESTUPENDA ES COLABORATIVA

Si tiene a las personas adecuadas en la mesa, permítales hablar. No domine la conversación, ni tampoco permita que otra persona la domine. Como regla general, cualquier reunión en la que una sola persona es quien habla debería haber sido un email. Hay tazas de café por ahí que dicen eso mismo. Compre una.

Por definición, colaboración se refiere a personas con diferentes talentos y perspectivas que trabajan juntas. Cuando eso sucede, a menudo saltan las chispas, en el buen sentido. Tener discusiones acaloradas probablemente significa que tenemos *opiniones diversas y personas que se interesan*, y ambas cosas son positivas. Las personas deberían comportarse como adultos maduros en esas discusiones, sin duda, pero eso no significa que siempre se llevarán bien. No tenga temor a la emoción ni a las opiniones fuertes. Invite a que haya una discusión auténtica. Un desacuerdo y debate sinceros podrían ser exactamente lo que necesitan sus reuniones: dejan abiertos los temas y sacan a la superficie los problemas como ninguna otra cosa puede hacerlo.

4. UNA REUNIÓN ESTUPENDA DA COMO RESULTADO DECISIONES

La mayoría de las reuniones son para tomar decisiones en lugar de para compartir ideas. Una sala llena de personas significa una sala llena de opiniones, de modo que podríamos analizar y debatir una idea para siempre sin llegar a un consenso absoluto. Dé tiempo para una buena discusión, pero en algún momento tome una decisión. Entonces póngala por escrito, asigne responsabilidades con fechas correspondientes y establezca fechas de seguimiento. Las decisiones crean ímpetu, y las reuniones discurren mejor con ímpetu.

Tanto el liderazgo como las reuniones tienen menos que ver con cambios masivos y más con corrección de curso constante. Hay pocas cosas que dan más miedo que estar en un avión y experimentar un cambio de altitud o de dirección drástico y repentino. Para evitar ese escenario, los pilotos realizan pequeños ajustes de rumbo tal como sea necesario para mantenerse en el curso, y la mayoría de los pasajeros apenas los notan. Realizar pequeñas correcciones de rumbo que sean oportunas a medida que avanzamos ayuda a eliminar los giros de 180 grados de último segundo que crean pánico y hacen que las personas busquen sus máscaras de oxígeno. Por eso las reuniones regulares son tan valiosas, porque nos permiten seguir el rastro del estado presente de la organización y hacer los ajustes necesarios.

5. UNA REUNIÓN ESTUPENDA DA VIDA

Esto puede ser lo más difícil de creer si usted está acostumbrado a salir de las reuniones frustrado y desalentado, pero quizá necesita cambiar el modo de ver esas reuniones. La meta de las reuniones es el bien del equipo y de la organización, lo cual es un punto positivo. Las reuniones a veces podrían incluir algunas malas noticias y algunos reportes asombrosos, pero en última instancia, se tratan de vida, crecimiento y progreso hacia las metas. Mantenga su enfoque en el propósito de las reuniones y asegúrese de que las reuniones que dirige están llenas de esperanza y positividad.

Si una reunión es aburrida, cambie eso. Después de todo es su reunión, y usted es el líder. Pida esas dos pizzas si es necesario. Aporte frescura, sea creativo, sea innovador, sea humano. Yo cambio regularmente el orden de nuestras reuniones de equipo si comienzan a parecer estancadas. Los elementos de una reunión, por lo general son los mismos, como resumir victorias, dar información necesaria, un mensaje inspirador, anuncios y otras cosas, pero el orden cambiará, o yo incluiré algunos reconocimientos, o daré galardones, o una tarjeta regalo, o presentaré una competición o juego al azar. El humor ayuda mucho también, especialmente cuando es autocrítico. Risas y reuniones no tienen que ser mutuamente exclusivos. El humor bien utilizado no mina la seriedad del tema a la mano; más bien ayuda a personas y líderes por igual a mantenerse en contacto con su humanidad, lo cual es elemental y refrescante para todos.

"Reunión estupenda" no tiene por qué ser un oxímoron; podemos tener reuniones eficientes, efectivas y vigorizantes con un poco de planificación y autodisciplina. Una agenda enfocada, las personas adecuadas, un proceso colaborativo, un enfoque en la toma de decisiones y un entorno inspirador y transformador, contribuirán a hacer que las reuniones sean algunos de los momentos más productivos de la semana.

———

Aprenda a amar las reuniones, porque las reuniones son importantes. Como en el rugby, son una parte esencial para conseguir que los jugadores individuales lleven a cabo la misma jugada. Y cuando eso sucede, la energía es obvia. Usted la puede sentir, el equipo la puede sentir, sus clientes o su iglesia la pueden sentir. Las reuniones enfocadas y eficaces captan la esencia del trabajo en equipo: hacer cosas juntos.

APLICACIÓN CLAVE

 Las reuniones son importantes porque reúnen al equipo para alcanzar metas comunes, de modo que sea intencional y creativo con respecto a dirigir reuniones eficaces.

Capítulo 26

DESARROLLE SUS SISTEMAS

William Edwards Deming era un desconocido estadista de Wyoming en 1950 cuando su investigación sobre el control de calidad captó la atención de líderes industriales japoneses. Japón se estaba recuperando de los efectos de la Segunda Guerra Mundial, batallando para reconstruir una economía hecha añicos, y con el deseo de participar en los mercados mundiales. Deming fue invitado a dar una serie de conferencias en Japón sobre sus principios de control de calidad, y su mensaje fue aceptado rápidamente. La aplicación de sus métodos produjo un éxito tan enorme, que los japoneses crearon el Premio Deming para empresas que hicieran avances notables en calidad, el cual se convirtió rápidamente en uno de los galardones más buscados por las empresas japonesas.[1]

Mientras tanto, en los Estados Unidos, la búsqueda de la calidad se consideraba algo caro y secundario; es decir, hasta que marcas japonesas como Sony y Panasonic comenzaron a diezmar la industria estadounidense de la electrónica de consumo, y automóviles confiables y eficientes como Toyota y Honda hicieron profundas incursiones en la industria automovilística estadounidense, afectando a fabricantes como Ford y General Motors. En 1980, la NBC emitió un documental titulado *Si*

Japón puede, ¿por qué no podemos nosotros? La emisión destacaba la destreza de fabricación de Japón en comparación con las
empresas estadounidenses, y también mencionaba el papel de
Deming, quien era casi un desconocido en la época en su propio
país. Poco después, sin embargo, Deming se convirtió en uno de
los consultores de empresa más buscados de la nación.[2]

Ford Motor Company, una de las primeras empresas grandes en buscar la ayuda de Deming, le pidió que visitara sus ofi-
cinas centrales en Michigan en febrero de 1981. Las ventas de la
empresa estaban decayendo, y era una hemorragia de dinero en
efectivo, hasta los tres mil millones de dólares entre 1979 y 1982.[3]
Cuando Deming llegó, los ejecutivos esperaban un curso intensivo
sobre calidad, afirma el periodista económico John Holusha en el
New York Times. En cambio, él comenzó a hacer preguntas sobre
la cultura de la empresa, su gerencia y su compromiso con la cons-
tancia. Él entendía que Ford necesitaba algo más que un programa
superficial: necesitaba una remodelación filosófica y sistémica.
Ford aplicó los principios de Deming en los años siguientes, y los
resultados fueron drásticos. En 1986 Ford se había convertido en
la empresa automovilística más rentable en los Estados Unidos.[4]

Deming era muy conocido por su claridad. Holusha dice
que él "hablaba a los ejecutivos superiores como si fueran cole-
giales", y "se deleitaba en decirles a los líderes empresariales…
que ellos eran una parte importante del problema". Sus teorías
estaban fundadas en la premisa de que la mayoría de los defectos del producto resultaban de problemas de los sistemas y la
gerencia en lugar de ser cuestión de trabajadores descuidados.
Por lo tanto, su enfoque estaba en designar procesos eficientes
que producirían calidad desde el principio, en lugar de producir
cantidad e inspeccionar la calidad después, que era el método
de gerencia prevaleciente. Decía que la gerencia basada principalmente en evaluar resultados es "como conducir un auto
mirando por el espejo retrovisor", y que si la teoría de inspección

de calidad "se aplicara a hacer tostadas, se expresaría como: 'Tú quemas, y yo rasparé la quemadura'".[5]

Deming defendía pensar proactivamente sobre los sistemas, y creó un proceso de control de calidad al que llamó Ciclo PHEA (Planear-Hacer-Estudiar-Actuar):[6] crear un plan, llevarlo a cabo, analizar los resultados, y hacer los ajustes necesarios. Entonces el ciclo se repite, con ajustes continuos realizados hasta que el proceso sea todo lo eficiente posible. Como estadístico que era, defendía el uso de la estadística para detectar fallas en los procesos de producción, pero también desarrolló una amplia filosofía de gerencia que enfatizaba la resolución de problemas basándose en tratar a los trabajadores como colaboradores, y empoderarlos para trabajar con excelencia dándoles la libertad, las herramientas, los sistemas y el apoyo que necesitaran para hacer su mejor trabajo.

Las teorías innovadoras de Deming cambiaron el paisaje de la América empresarial y fueron fundamentales para Six Sigma y otros planes de control de calidad que son comunes actualmente. Holusha cita a John O. Whitney, un conocido experto en cambios radicales, diciendo: "Hoy día, los CEO entienden la importancia del proceso a causa de Deming. Este ha sido un cambio radical en la empresa estadounidense".

LOS BUENOS RESULTADOS COMIENZAN CON BUENOS SISTEMAS

La meta de Deming era la calidad, pero su enfoque estaba en los sistemas. Él entendía que los buenos procesos y sistemas son esenciales para la calidad, y la calidad es esencial para el éxito continuado. El control de calidad es simplemente asegurarnos de que nuestro producto o servicio es excelente, que cumple o supera las expectativas. Los líderes que se interesan por la calidad continuada deben ocuparse, por lo tanto, de los sistemas porque tener buenos sistemas es la clave para mantener la excelencia durante un periodo de tiempo extenso.

Un sistema organizacional se refiere a un conjunto de procedimientos establecido para lograr hacer algo. En otras palabras, nuestra *organización* debe estar *organizada*. Parece que no haría falta decir eso, pero sí es necesario. Necesitamos planes, procesos y procedimientos. Muchas veces, los líderes quieren un camino hecho a medida en su vida y en los negocios, improvisando cosas por el camino. Como líder, puede utilizar la intuición solo por cierto tiempo antes de chocarse contra una montaña en la niebla. Si quiere resultados que sean escalables, sostenibles y reproducibles, debe tener buenos sistemas.

Los sistemas son el mejor amigo de la visión.

Crear sistemas es parte del trabajo duro del liderazgo, razón por la cual los líderes a veces nunca lo abordan. Es más divertido lanzar la visión y crear estrategia. Es emocionante compartir ideas y llenar la pizarra de ideas que esperamos llevar a cabo. Pero hay solo un modo de convertir las pizarras en realidad: creando sistemas robustos.

Algunos líderes creen que la estructura coartará su estilo y limitará sus sueños, pero casi siempre es cierto lo contrario. Los sistemas proporcionan la infraestructura que da fortaleza a nuestros sueños. Podemos visualizar y trazar estrategias todo lo que queramos, pero a menos que tengamos sistemas sólidos, sería difícil y quizá imposible hacer que esos sueños se cumplan, porque desperdiciaremos tiempo, esfuerzo y dinero en actividades que deberían haber estado automatizadas y estandarizadas.

Los sistemas de contabilidad, por ejemplo, se aseguran de que el dinero que ganamos no se pierda o se extravíe. Los sistemas de presupuesto nos ayudan a usar el dinero sabiamente y hacer planes para el futuro. Los sistemas de contratación aumentan nuestra capacidad de cribar y contratar a las mejores personas. Podríamos tener sistemas para planear y dirigir eventos en directo, para producir videos, para coordinar giras de libros, para lanzar productos nuevos, para dirigir nuestras cuentas en redes sociales, para hacer inventario, etc. Los sistemas ayudan a hacer tangibles los sueños, dándonos a nosotros y a nuestro equipo pasos de objetivos de equipo para tomar día a día, a medida que perseguimos el futuro que imaginamos.

Por otro lado, si hay resistencia a la estructura y se tolera la ambigüedad, la mediocridad es inevitable. No podemos crear una cultura organizacional que desdeñe el orden y siga esperando que algo que construyamos perdure. El desorden y la excelencia, tarde o temprano, se excluyen mutuamente. Sin duda, habrá periodos de cambio y crecimiento en cualquier organización, y eso puede producir cierto caos; pero el caos nunca debería ser un estilo de vida, o peor aún, un valor. Los líderes deberían esforzarse por llevar orden al desorden y dirección a la ambigüedad; y eso es lo que hacen los buenos sistemas.

LOS PROBLEMAS CON PERSONAS SON NORMALMENTE PROBLEMAS CON SISTEMAS

El Dr. Paul Batalden, autor y gurú de la calidad sanitaria, observó: "Todo sistema está perfectamente diseñado para conseguir los resultados que consigue".[7] En otras palabras, nuestra realidad actual es un resultado de nuestros sistemas. Si no le gustan los resultados que está consiguiendo, el primer lugar donde debe mirar es el sistema que produjo los resultados, y no a las personas. Como destacó Deming, la mayoría de los problemas (y por lo tanto, el mayor potencial para la mejora) yace en la gerencia y los sistemas, no en las personas que trabajan. Cuando hay un problema crónico, tendemos a hacer culpable a la ineptitud de otros, o incluso atribuirlo a nuestro propio mal liderazgo; sin embargo, en muchos casos, ninguna de esas cosas es el problema principal; la cuestión es un problema con nuestros sistemas. Otra cita de Deming: "La calidad se crea en la sala de juntas. Un trabajador puede producir calidad más baja, pero no puede producir mejor calidad de la que permite el sistema".[8]

Nuestra iglesia renta un espacio de reunión cada domingo en la mañana en una escuela local, y cada semana lo preparamos todo temprano, realizamos nuestros servicios, y lo despejamos todo en la tarde. Yo pensaba que las cosas iban bien hasta que el administrador de la escuela me informó recientemente de que nuestro equipo estaba descargando treinta minutos tarde cada semana. Quedé devastado, pero no con alguna persona o incluso por la carencia de un sistema de carga. Lo que me devastó fue el hecho de que no teníamos un sistema *de reporte* para alertar a nuestro equipo de liderazgo de que había un problema en primer lugar. Esa no es la responsabilidad de las personas que están en lo más bajo de nuestro sistema de autoridad de equipo; es mi responsabilidad. Yo tengo que asegurarme de que haya sistemas establecidos para facilitar y estandarizar lo que hacemos, y para alertarnos de problemas mucho antes de que otra persona tenga que quejarse.

En general, hemos de ajustar los sistemas antes de despedir a personas. Sí, hay que abordar los errores y la mala conducta de las personas; pero es sorprendente cuántas veces los errores, problemas de conducta, decisiones extrañas o problemas de actitud son solamente síntomas de problemas sistémicos más profundos. Por ejemplo, quizá les pidieron que cumplieran con cierta cuota, pero no tienen las herramientas adecuadas para hacerlo; o se les encargó la tarea de producir un proyecto, pero no se les dio la autoridad o el personal que necesitaban; o se están reportando con varios supervisores que se contradicen mutuamente, y ellos son agarrados en el medio. Nadie puede desarrollarse en un entorno donde los sistemas que deberían ayudarles, en cambio los perjudican; y no se puede culpar a las personas por errores o fuertes emociones que son el resultado de sistemas inadecuados. Solucione el problema sistémico y probablemente enderezará a la persona; despida a la persona y podría experimentar una mejora temporal, pero si el problema no se solucionó, la persona siguiente que esté en ese papel bien podría desarrollar los mismos problemas.

CINCO BENEFICIOS DE LOS SISTEMAS

Aunque la mayoría de los líderes estarían de acuerdo en que los sistemas son importantes, al menos en teoría, lo cierto es que no son fáciles de implementar, y a menudo se pasan por alto en medio de la prisa de terminar proyectos, cerrar tratos u organizar reuniones. Crear sistemas es una de esas tareas importantes que muchas veces cae víctima de la tiranía de lo urgente. Aunque crear sistemas es una de las partes más difíciles del liderazgo, en última instancia hará que todo sea más fácil para todos. Aquí tenemos cinco beneficios que podemos esperar cuando hacemos que los sistemas sean una prioridad.

1. LOS SISTEMAS PROMUEVEN LA EFICIENCIA

No tener un sistema es también un sistema. Si no tiene procesos establecidos en su organización o equipo, entonces tiene un sistema por defecto, y por lo general ese sistema es *usted*. Usted tiene que responder las preguntas. Usted tiene que repartir el efectivo para gastos menores. Usted tiene que autorizar los gastos. Usted tiene que aprobar las vacaciones. Usted tiene que programar viajes. Usted tiene que conducir desde el otro lado de la ciudad a las 3:00 de la mañana para ver por qué ha saltado la alarma de la oficina. Esos sistemas por defecto no son saludables o sostenibles, y ciertamente no son eficientes.

Cuando creamos sistemas, eliminamos la necesidad de tomar las mismas decisiones una y otra vez. Ese es el proceso de pensamiento que está detrás de los líderes como Barack Obama, Mark Zuckerberg y Steve Jobs; ayuda a reducir la fatiga de la decisión.[9] A mí me gusta demasiado la moda para seguir sus pasos en ese tema, pero agradezco el enfoque de eliminar decisiones innecesarias, lo cual es exactamente lo que hacen los procedimientos y el protocolo establecidos.

2. LOS SISTEMAS ASIGNAN RESPONSABILIDADES Y ROLES CLAROS

Si alguna vez ha visto a dos fieldeadores en el béisbol chocar mientras persiguen una bola que va volando, sabrá cómo se ve el colapso de un sistema: caos, colisiones y oportunidades perdidas. La mayoría de las personas responden a la ambigüedad (que es lo contrario de los sistemas claros) intentando hacerlo todo, no haciendo nada, o haciendo solamente lo que sienten ganas de hacer. Si todo su equipo está en esa actitud, tendrá usted caos y desperdicio; y bolas desperdiciadas. Los sistemas ayudan a eliminar esfuerzos duplicados o responsabilidades descuidadas definiendo claramente los roles y las responsabilidades.

3. LOS SISTEMAS PROPORCIONAN PROTECCIÓN

Los sistemas de contabilidad pueden evitar la bancarrota o la cárcel. Las políticas de acoso sexual, procedimientos de contratación y despido, estándares para establecer salarios y otras cosas, son todos ellos sistemas que nos protegen a nosotros mismos y a nuestro equipo. Los sistemas claros también ayudan a prevenir la separación relacional, la frustración y la ofensa, proporcionando expectativas claras y fomentando un trato justo y consistente de las personas.

4. LOS SISTEMAS AYUDAN A INCORPORAR A NUEVOS MIEMBROS AL EQUIPO

Cuando los equipos son pequeños, incorporar a un nuevo miembro al equipo no es difícil; pero con el tiempo, especialmente a medida que los líderes en lo más alto de la gráfica organizacional están menos implicados en ciertos sectores de la organización, los nuevos miembros del equipo no tendrán el beneficio de aprender directamente de esos líderes. Los nuevos contratados necesitan roles, sistemas y procesos que estén definidos claramente, para así poder comenzar a correr en lugar de ralentizar a todos los que les rodean, mientras intentan levantarse para cobrar velocidad.

5. LOS SISTEMAS CONSTRUYEN ÉXITO

Los sistemas están *antes* del éxito. Demasiadas veces, los líderes tratan los sistemas como si fueran una cosa secundaria, algo que poner en su lugar después de que las cosas estén funcionando suavemente, para así poder irse de vacaciones de vez en cuando y que el lugar no se queme ni explote mientras ellos no están. Pero los mejores sistemas no se limitan a estandarizar lo que ha funcionado hasta el momento; preparan al equipo para alcanzar la meta siguiente. Los sistemas vinculan el presente con el futuro. Los mejores sistemas hacen avanzar a un equipo en lugar de atarlo al pasado.

Estos son solo cinco de los muchos beneficios de implementar sistemas en su liderazgo, con su equipo y en toda su organización. Eso nos lleva a la siguiente pregunta lógica, que es: ¿cómo creamos y sostenemos buenos sistemas?

CÓMO CONSTRUIR SISTEMAS ESTUPENDOS

Una de las mejores estrategias para crear sistemas es engañosamente sencilla: *construir a medida que avanzamos*. Si sucede algo complicado, negativo o desafiante y hay que lidiar con ello, pregúntese si el problema tiene una probabilidad razonable de volver a producirse. Si es así, decida ahora cómo va a manejarlo. Inicie un sistema. Entonces, a medida que sea necesario y con el tiempo, ajuste el sistema. Mencioné anteriormente la falta de un sistema de reporte para nuestro procedimiento de descarga; eso fue fácil de solucionar. Establecimos un sencillo sistema de reporte. Un miembro concreto del equipo está a cargo ahora de anotar el tiempo de descarga cada semana y reportarlo a la persona que compila nuestro reporte semanal. Como resultado de ese sencillo cambio, tenemos un punto de datos semanal que nos ayuda a mantenernos responsables y dar cuentas de nuestro acuerdo de renta.

Una segunda estrategia para construir sistemas estupendos es *pedir ayuda*. No tenemos que hacer esto a solas. Si por naturaleza no está usted dotado para la organización, o si se le da bien, pero sencillamente no tiene tiempo para crear un sistema necesario, busque personas en su equipo que estén mejor equipadas o posicionadas para crear el sistema. Probablemente haya una persona en su equipo que ya haya observado el problema y le encantaría ayudar a resolverlo si usted simplemente se lo pide. Además, busque la ayuda de personas en el terreno que estén más cerca del problema que intenta abordar, en lugar de imponer decisiones desde la distancia. Obtenga retroalimentación y opiniones de ellos antes de hacer cambios drásticos. Y, por supuesto, puede obtener ayuda aprendiendo de otras organizaciones que están haciendo lo que usted quiere hacer.

Aproveche la información y el personal que tiene a su lado.

En tercer lugar, *mejore continuamente sus sistemas*. Cuando haya creado un sistema, necesitará un ajuste frecuente para que siga siendo eficiente y eficaz. La buena noticia es que los sistemas, por lo general, son mucho más fáciles de ajustar que de iniciar. Esa es la genialidad de toda la metodología de

Planear-Hacer-Estudiar-Actuar de Deming: cada vez que estudia los resultados de su sistema, hace los cambios indicados y prueba otra vez su sistema, mejora su sistema; y la calidad y la eficacia de su trabajo.

 Usted no debe tener todas las respuestas y construir todos los sistemas, todo el tiempo, por sí solo.

En mi experiencia, esta necesidad de ajustar por lo general se produce precisamente cuando sentimos que nuestros sistemas están en su lugar, todas las responsabilidades están delegadas y las descripciones de trabajo están redactadas. Es entonces cuando algo, o todo, cambia y tenemos que hacer ajustes. Acostúmbrese a eso. Ajustar sistemas es parte del crecimiento. Su obsesión debe ser la mejora, y los sistemas mejorados son una clave para mejorar casi todo.

Finalmente, para construir sistemas estupendos, *haga que los sistemas funcionen para usted*, y no al contrario. Es su sistema, y debe ser para servirlos a usted y a su equipo, no para controlarlos. No permita que los sistemas cobren vida propia o se conviertan en un fin en sí mismos. Por ejemplo, si su organización tradicionalmente ha realizado un evento anual para los accionistas, pero ahora el evento parece necesitar más trabajo del que vale la pena, y está teniendo la sensación de que tiene que rogar a las personas que asistan, piense en cancelar el evento. En un momento dado, el evento servía a una necesidad y, por lo tanto, era valioso; pero si el evento ya no está satisfaciendo la necesidad, o si la necesidad misma ya no existe, entonces el evento ha perdido su valor. Los sistemas no deberían convertirse en vacas sagradas. Cuando ya no sirven a su propósito, hay que cambiarlos o eliminarlos, pero no comience a servir usted a los sistemas. Como líder, necesita caminar sobre la delgada línea entre crear orden y avanzar. Si recuerda que los sistemas señalan hacia el futuro, será capaz de sortear sabiamente el crecimiento y el cambio, desarrollando sus sistemas en vez de permitir que ellos lo controlen.

————

Ame a las personas y ame su visión, pero ame también los sistemas. Son la clave para servir a esas personas y lograr esa visión. Cuando aprenda a hacer que los sistemas trabajen a su favor, nunca volverá atrás, porque el sistema correcto siempre llevará a su liderazgo y a su equipo al siguiente nivel.

APLICACIÓN CLAVE

 Al proporcionar estructura y sostenibilidad, los buenos sistemas construyen su organización, sirven a su equipo y le ayudan a alcanzar su visión.

Capítulo 27

CONOCIDO Y NECESITADO

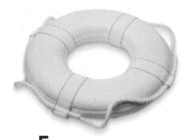

En el mundo altamente competitivo del reclutamiento para el fútbol universitario, los entrenadores harán casi cualquier cosa para inscribir a las principales promesas. Eso incluye asistir a los juegos de la secundaria llegando en helicóptero para impresionar a potenciales reclutados, creando cómics costumbristas o cubiertas falsas de la revista *Sports Illustrated* que presentan a los jugadores que pretenden, y prácticamente cualquier otra cosa que podamos pensar.[1] Y tampoco son solamente los jugadores de secundaria los que se buscan. En California, se reportó que más de una universidad ofreció a un muchacho de diez años una beca a pesar del hecho de que, por más de diez años, él no podría firmar una carta de intenciones.[2] Muchas de las tácticas más locas que han probado los entrenadores han sido ilegalizadas posteriormente por la Asociación Nacional de Deportistas Colegiados (NCAA, por sus siglas en inglés), pero eso no evita que los reclutadores busquen tecnicismos y nuevas tácticas para fomentar el reclutamiento. Los entrenadores siempre son conscientes de quién está a punto de dejar el equipo y quién podría incorporarse potencialmente, razón por la cual invierten mucha investigación, dinero y esfuerzo en el proceso de reclutamiento.

Las tácticas de reclutamiento creativas obtienen mucha atención, pero recientemente estuve viendo una entrevista en un canal deportivo que demostraba una táctica que era incluso más eficaz. La entrevista era con uno de los principales jugadores de secundaria del país, un joven que acababa de anunciar su decisión en cuanto a la universidad que escogió. Estaba acompañado por su papá y el entrenador del equipo que había escogido. Cuando el joven terminó, el entrenador se acercó al micrófono y comenzó a hablar de las cualidades, el carácter y los talentos del nuevo reclutado. Estaba claro que el entrenador tenía conocimiento no solo de las estadísticas del jugador sino también una comprensión de quién era él como persona y cómo se desarrollaría en su nuevo equipo. Cuando el entrenador terminó de hablar, el papá del joven dijo: "Y por eso mi hijo escogió esta escuela. El entrenador lo conoce tan bien, que lo describió mejor de lo que yo mismo podría haberlo hecho".

El entrenador era Dabo Swinney de la Universidad de Clemson, en Carolina del Sur. Swinney se ha convertido en una leyenda del reclutamiento. La revista *Sports Illustrated* llamó al programa que Swinney creó "el preeminente programa de reclutamiento en los Estados Unidos".[3] Yo creo que la clave del éxito de Swinney quedó revelada en el comentario del papá del joven: ningún truco, tretas publicitarias o tecnicismos, sino conocer genuinamente a sus jugadores y hacerlos sentirse necesarios en el equipo.

Como ilustra la estrategia de reclutamiento de Dabo Swinney, una clave para atraer a las personas adecuadas es ayudarles a sentirse *conocidas* y *necesitadas*. Veremos esas dos cosas con más detalle a continuación; pero antes, es importante reconocer por qué el reclutamiento es tan importante para los líderes.

LOS LÍDERES SON RECLUTADORES

Al igual que los entrenadores de fútbol están en modo constante de reclutamiento, los líderes siempre deben estar reclutando el mejor talento para su equipo y su organización. En los negocios, eso significa atraer a empleados altamente cualificados para ocupar posiciones clave, al igual que construir equipos eficaces en la empresa. En iglesias y otras organizaciones sin fines de lucro, significa motivar a las personas a ofrecer voluntariamente su tiempo y sus talentos. Hay que estar en modo constante de reclutamiento por dos razones: *reemplazos* y *crecimiento*.

REEMPLAZOS: PERSONAS LLEGAN Y PERSONAS SE VAN

El reemplazo es una parte natural de cualquier organización. Los equipos están formados por personas, y las personas cambian, crecen, se aburren, se enojan, se enferman, regresan a los estudios, se mudan de lugar, tienen hijos, comienzan su propio negocio, aceptan otros empleos, se jubilan, y cualquier otro número de cosas que puede afectar su participación en el equipo. Recuerde que usted no controla a las personas: sirve a las personas. Si ama verdaderamente a quienes lidera, querrá lo mejor para ellos, lo cual podría significar dejar que se vayan.

Dejar ir a las personas no es fácil si han trabajado juntos con el corazón y el alma; más aún si usted ha invertido en ellos, los ha amado, ha sido su mentor, ha llegado a depender de ellos, y después tiene que verlos partir. Pero tiene usted que estar conforme con eso. En el lado contrario, también podrá recibir el beneficio de contratar a personas a las que otros mentorearon y formaron. Estas idas y venidas es el equivalente organizacional de la polinización cruzada en el mundo de las plantas: las organizaciones son fortalecidas por las ideas y experiencias que las personas traen consigo desde organizaciones en las que trabajaron antes.

Nadie es prescindible, pero todos pueden ser reemplazados. En lugar de sentir pánico cuando una persona clave se va, considérelo una oportunidad de volver a pensar en roles y sistemas. El cambio de roles es, con frecuencia, un paso positivo porque le da un empujón a la reorganización sana. Mantenga una perspectiva positiva: decida creer que la persona perfecta para el trabajo está a punto de entregar un currículum, y que seguirán avanzando como equipo.

Cuando haya personas que se van, sea agradecido por las contribuciones e inversiones que ellos hicieron. Su organización es mejor debido a que esas personas estaban allí. La gratitud recorre un largo camino hacia suavizar las transiciones. Además, si hace que la transición sea positiva, quizá esas personas terminen regresando a su organización más adelante.

Siempre que sea posible, mire primero hacia adentro, a sus propias filas, para llenar el puesto porque los miembros del equipo actuales ya tienen el conocimiento y las relaciones que facilitarán la transición. Pero tampoco se quede estancado en eso, ya que el talento puede provenir de cualquier lugar.

CRECIMIENTO: NUNCA CRECEMOS MÁS ALTO QUE NUESTRO EQUIPO

Su equipo define su alcance y su eficacia, como líder y también como organización. La organización podría comenzar a crecer más allá de lo que su equipo es capaz de manejar, pero si usted no se ajusta y se expande rápidamente, su crecimiento será más lento o se detendrá hasta que construya un equipo capaz de sostener el crecimiento continuado.

Jim Collins es un experto en administración empresarial y autor del libro éxito de ventas *Empresas que sobresalen: La excelencia empresarial a tu alcance*. Él y su equipo estudiaron un amplio abanico de empresas y líderes para determinar qué cualidades llevaban a las empresas a sobresalir. Él escribe: "Quienes

construyen grandes empresas entienden que el acelerador definitivo de crecimiento para cualquier empresa estupenda no son
los mercados, o la tecnología, o la competición, ni los productos.
Es una cosa sobre todas las demás: la habilidad para conseguir y
mantener a las personas adecuadas suficientes".[4]

**La eficacia de cualquier equipo, negocio u
organización está directamente relacionada con
las personas y los sistemas que lo dirigen.**

Si quiere hacer crecer su organización, necesita reclutar continuamente nuevo talento. Quizá no sepa exactamente cómo
encajarán las personas o lo que harán, pero si identifica a las
personas adecuadas para su equipo, tendrá acceso a los recursos humanos que necesita para construir mejores equipos y un
mejor futuro. Collins lo llama tener en el autobús a las personas
adecuadas:

> Esperábamos que los líderes que sobresalen comenza-
> rían estableciendo una visión y estrategia nuevas. En
> cambio, descubrimos que primero tenían en el autobús
> a las personas adecuadas, y a las personas incorrectas
> fuera del autobús, y a las personas correctas en los asien-
> tos apropiados; y entonces pensaban en hacia dónde
> dirigirlo.[5]

Eso significa que una de sus tareas principales como líder
no es establecer la visión, sino reunir y guiar a las personas. La
visión es vital, como vimos anteriormente, pero las personas son
el componente primero y más importante del liderazgo. Nunca
suponga que tiene un equipo lo suficientemente grande; nunca
pierda la capacidad de hacerse amigo de nuevas personas y creer
en ellas; y nunca llegue a estar tan enamorado del destino a

donde va, que pase por alto al equipo que lo está llevando hacia allí.

CONOCIDOS Y NECESITADOS

¿Cómo reclutamos a las personas adecuadas? El primer paso es lo que discutimos anteriormente: consiguiendo que quieran seguirnos. Si aprende a liderarse a usted mismo, si se convierte en el líder al que usted mismo querría seguir, entonces otros también lo seguirán. Eso no significa, sin embargo, que aparecerán de la nada. A menudo, el mejor talento no acudirá hasta usted. Esperará hasta que usted lo encuentre, lo invite, lo aliente y les muestre a esas personas que son conocidos y necesitados.

CONOCIDOS

Todo el mundo quiere ser conocido, incluso los más introvertidos de entre nosotros. Ser conocido es ser reconocido y ser valorado. Ser conocido nos ayuda a sentir que somos algo más que un número o un rostro en una multitud: somos individuos con fortalezas, características y contribuciones reconocidas.

Como líder, no solo pase tiempo con su equipo inmediato. Busque dos o tres círculos más allá de su círculo íntimo. Llegue a conocer a los líderes emergentes, los jóvenes que destacan entre las filas, los recién llegados que se están estableciendo, las personas calladas que raras veces causan una impresión pero siempre están ahí, las personas ruidosas que otras podrían catalogar como inmaduras. Encuentre a los genios y los creativos, a los guerreros y los corredores de maratón. Haga que su meta sea conocer a todas las personas que sea posible, tanto dentro como fuera de su organización, porque las personas necesitan creer que son conocidas y que son importantes.

No se puede fingir un interés genuino, pero no deberíamos necesitarlo si nos importan las personas. A veces, la locura del liderazgo y las extrañas dinámicas de poder y fama pueden combinarse para aislar a los líderes, y tenemos que luchar contra eso. No olvide nunca los primeros tiempos, cuando estaba contento de que *cualquiera* lo siguiera a usted o su trabajo, incluso si esas personas tenían ciertas peculiaridades. Si se encuentra cada vez más aislado (en su oficina, su sala de juntas o su camerino), salga de ahí un rato. Vaya a conocer a alguien nuevo. Muestre interés genuino en personas que nunca podrían imaginar que usted supiera que existen. Pregunte a las personas qué les gusta de su trabajo; pregúnteles por su familia, por sus sueños, por sus necesidades. Esta es una de las cosas más refrescantes que puede hacer como líder, porque le recuerda por qué hace lo que hace (es por las personas) y cómo llegó hasta donde está ahora (fue con personas).

NECESITADOS

Las personas no solo necesitan ser conocidas, también quieren ser necesitadas. Necesitan ver que su contribución es importante, que están marcando una diferencia. Necesitan sentir que su papel es parte de algo más grande y que el futuro será mejor debido al papel que están desempeñando en el presente.

Una de las maneras más sencillas de ayudar a las personas a sentirse necesitadas es *expresar gratitud*. Diga gracias: muchas veces. Como líder, su gratitud afirma no solo el valor de lo que se hizo, sino también la importancia de las personas que lo hicieron. La gratitud dice: "Te veo, te reconozco y dependo de ti. Eres necesario". Eso es algo más que buenos modales, los cuales mencionamos con anterioridad; es también un reconocimiento: "Yo no soy un llanero solitario. No podría hacer lo que hago sin su contribución. Lo que usted hace es integral para el éxito del equipo".

Otra manera efectiva de ayudar a las personas a sentirse necesitadas es *pedir ayuda*. Incluso si las personas son voluntarias, están ahí porque quieren marcar una diferencia. Ya sea personal remunerado o voluntario, las personas tienden a elevarse hasta el nivel de las necesidades que tienen delante y las expectativas que se tiene de ellas. Si se han comprometido con la visión del equipo o la organización, normalmente estarán contentas de poder ayudar.

Cuando lanzamos por primera vez nuestra iglesia en Los Ángeles, conocí a una pareja joven un domingo después de terminar el servicio. Ellos me dijeron que eran de Australia, pero estaban viviendo en L. A., y que en Australia habían asistido a la iglesia Hillsong. Yo estaba intrigado. Quizá su experiencia y su trasfondo podría ayudarnos con nuestra iglesia que recién comenzaba. Los invité a una fiesta que haríamos en mi casa esa noche y les presenté a algunas personas. Aquella misma noche les pregunté si estarían interesados en ser voluntarios con nosotros en un pequeño trabajo para así poder llegar a conocernos mejor. Ellos rápidamente se involucraron mucho en nuestra congregación y fueron un activo muy importante, y uno de ellos finalmente se incorporó a nuestro equipo de personal y trabajó con nosotros por tres años. Me pregunto qué habría sucedido si aquel primer día después del servicio yo hubiera dicho simplemente: "Me alegro de conocerlos, espero que se sientan bienvenidos aquí". Eso no está mal, por supuesto, pero las personas necesitan ser necesitadas. Lo que atrajo a esa pareja a nuestro equipo fue el hecho de que había un lugar para que ellos pudieran contribuir.

Ser conocido y ser necesitado son cosas que están conectadas.

Las personas deberían saber que son importantes para el equipo no solo porque se ocupa un puesto, sino porque *ellos* están ocupando ese puesto. Quizá otra persona podría hacer lo que ellos hacen, pero nadie podría reemplazar quienes ellos son. Una de las cosas más desalentadoras que las personas podrían creer es que no son observadas, no son conocidas y no son necesitadas; que su contribución no tiene importancia y que nadie se daría cuenta si se fueran. Cuando las personas se sienten de ese modo por mucho tiempo, comienzan a hacer tratos al margen y planes de salida, porque nadie quiere quedarse donde no es conocido y necesitado.

Las responsabilidades de trabajo de un líder incluyen crear una cultura que afirme a las personas, involucre a las personas y celebre a las personas. Las personas no son anónimas o descartables, y nunca deberían ser tratadas de esa manera. Son visibles y valiosas, conocidas y necesitadas, aceptadas y apreciadas.

———

Reclute mediante las relaciones y crezca en gratitud, y nunca carecerá de lealtad. Encontrará el mejor talento y lo retendrá. Construirá equipos que no solo trabajan duro sino que también se valoran verdaderamente unos a otros y sacan lo mejor los unos de los otros. Se encontrará liderando un equipo que ama, no porque participó en alguna técnica de reclutamiento llamativa, sino porque se conocen los unos a los otros y se necesitan los unos a los otros.

APLICACIÓN CLAVE

 Si las personas en su equipo y su organización se sienten conocidas y necesitadas, estarán motivadas para servir juntas, dar lo mejor de sí, y seguir su liderazgo.

¿QUÉ VIENE DESPUÉS?

Espero que los temas que hemos cubierto hayan ampliado su pensamiento y hayan hecho surgir ideas creativas para su esfera de liderazgo. Más que ninguna otra cosa, sin embargo, espero que sea usted alentado a continuar liderando *y* aprendiendo: que invierta en refinar su liderazgo, ampliar su influencia, y afilar sus habilidades sociales durante el resto de su vida. La meta no es estar obsesionado con la perfección, sino estar obsesionado con la mejora y un compromiso a servir a las personas con excelencia.

A medida que se lidera *a usted mismo*, crecerá y evolucionará hacia ser un líder influyente y eficaz. A medida que lidera *a otros*, sacará lo mejor de ellos y los invitará a unirse a usted en su misión. Y a medida que lidera *a equipos*, motivará a personas a trabajar juntas para alcanzar metas comunes. El resultado será liderazgo auténtico, liderazgo transformador, liderazgo de servicio. Será una vida vivida no solo para usted mismo sino también para otros; una vida que influencia, mejora e inspira a quienes lo rodean; una vida que intenta grandes cosas y logra grandes cosas.

A la larga, ya sea que termine teniendo un título impresionante, reconocimiento, o incluso un salario, eso está en un segundo lugar en cuanto a la influencia que usted tiene sobre otros. Pero es casi siempre un hecho seguro que si usted sirve y lidera bien, tendrá todo eso y mucho más. Las personas necesitan líderes. Lo que venga después es decisión de usted.

NOTAS

UNA INVITACIÓN A LIDERAR

1. Dr. John C. Maxwell, "Leadership Is Influence: Nothing More, Nothing Less", *Christianity Today*, 11 de julio de 2007, https://www.christianitytoday.com/pastors/2007/july-online-only/090905.html.

CAPÍTULO 1: TODO COMIENZA CON USTED

1. Esta cita se atribuye con frecuencia a un discurso de John Wesley, pero su verdadera fuente es anónima.

CAPÍTULO 2: LA INVERSIÓN MÁS IMPORTANTE

1. Alex Kennedy (@AlexKennedyNBA), Twitter, 24 de marzo de 2018, https://twitter.com/AlexKennedyNBA/status/977629156275048453.

2. Emily Abbate, "The Real-Life Diet of Russell Wilson, Who Plans to Play Football Until He's 45", *GQ*, 17 de septiembre de 2018, https://www.gq.com/story/russell-wilson-real-life-diet.

3. Adam Wells, "LeBron James' Net Worth: Career Earnings Eclipses $1 Billion", *Bleacher Report*, 2 de julio de 2018, https://bleacherreport.com/articles/2784089-lebron-james-net-worth-career-earnings-eclipses-1-billion.

4. Richard D. Arvey, Maria Rotundo, Wendy Johnson, Zhen Zhang, y Matt McGue, síntesis de "The determinants of leadership role occupancy: Genetic and personality factors", *Leadership Quarterly*, vol. 17, issue 1 (Febrero de 2006), https://doi.org/10.1016/j.leaqua.2005.10.009.

5. Jan-Emmanuel De Neve, Slava Mikhaylov, Christopher T. Dawes, Nicholas A. Christakis, y James H. Fowler, "Born to lead? A twin design and genetic

association study of leadership role occupancy", *Leadership Quarterly*, vol. 24, issue 1 (Febrero de 2013), https://doi.org/10.1016/j.leaqua.2012.08.001.

CAPÍTULO 3: ENCUENTRE SUS FORTALEZAS

1. Marcus Buckingham y Donald O. Clifton, *Now, Discover Your Strengths: How to Develop Your Talents and Those of the People You Manage* (New York: The Free Press, 2001), p. 167.

2. Buckingham y Clifton, *Now, Discover Your Strengths*, p. 127.

3. Samantha Enslen, "What Does 'in Your Wheelhouse' Mean?" *Quick and Dirty Tips*, 10 de septiembre de 2019, https://www.quickanddirtytips.com/education/grammar/what-does-in-your-wheelhouse-mean.

4. Buckingham y Clifton, *Now, Discover Your Strengths*, p. 149.

CAPÍTULO 4: ÁMESE, LIDÉRESE

1. Roxanne Hai, "Being vulnerable about vulnerability: Q&A with Brené Brown". *TEDBlog*, 16 de marzo de 2012, https://blog.ted.com/being-vulnerable-about-vulnerability-qa-with-brene-brown/.

2. Roxanne Hai, "Being vulnerable about vulnerability: Q&A with Brené Brown".

3. Roxanne Hai, "Being vulnerable about vulnerability: Q&A with Brené Brown".

CAPÍTULO 5: CREO QUE PUEDO

1. Bobby Jones, citado por Zack Pumerantz, "The 100 Best Sports Quotes of All Time", *Bleacher Report*, 25 de octubre de 2011, https://bleacherreport.com/articles/910238-the-100-best-sports-quotes-of-all-time#slide13.

2. Andre Agassi, *Open: An Autobiography* (New York: Alfred A. Knopf, 2009), pp. 8–9.

3. Brené Brown, presentada en "Brené Brown on the 3 Things You Can Do to Stop a Shame Spiral", *Oprah's Lifeclass*, 6 de octubre de 2013, www.Oprah.com/oprahs-lifeclass /Brene-Brown-on-the-3-Things-You-Can-Do-to-Stop-a-Shame-Spiral-Video.

4. Shad Helmstetter, *What to Say When You Talk to Yourself: Powerful New Techniques to Program Your Potential for Success*, edición actualizada (New York: Gallery Books, 1986, 2017), pp. 7–9.

5. Albert Bandura, "Self-Efficacy Mechanism in Human Agency", *American Psychologist* 37, no. 2 (Febrero de 1982): 127. https://pdfs.semanticscholar.org/8bee/c556fe7a650120544a99e9e063eb8fcd987b.pdf.

6. Bandura, "Self-Efficacy Mechanism in Human Agency", p. 123.

7. Bandura, "Self-Efficacy Mechanism in Human Agency", p. 123.

8. Bandura, "Self-Efficacy Mechanism in Human Agency", p. 123.

CAPÍTULO 6: SER RARO ES UN DON

1. Sebastian Thrun, citado en Lucy Handley, "4 top CEOs reveal what they were like as teenagers—from 'socially challenged' to 'terrible student'", CNBC, *Make It*, 29 de agosto de 2017, https://www.cnbc.com/2017/08/29/ceos-awkward-teenage-years-and-how-they-became-successful.html.

2. Sebastian Thrun, presentado en "A window into Sebastian Thrun's creative world", *The Brave Ones*, 10 de mayo de 2017, https://www.cnbc.com/video/2017/05/10/the-brave-ones-a-window-into-sebastian-thruns-creative-world.html.

3. Sebastian Thrun, citado en Lucy Handley, "The education of Sebastian Thrun", CNBC, 1 de junio de 2017, https://www.cnbc.com/2017/06/01/sebastian-thrun-udacity-googlex.html.

4. Sebastian Thrun, citado en Lucy Handley, "The education of Sebastian Thrun".

5. Katie A. Lamberson y Kelly L. Wester, "Feelings of Inferiority: A First Attempt to Define the Construct Empirically", *Journal of Individual Psychology* 74, no. 2 (Verano 2018): pp. 172–87.

6. Craig Groeschel (@craiggroeschel), Twitter, 10 de marzo de 2018, https://twitter.com/craiggroeschel/status/972472266243133441?lang=en.

CAPÍTULO 7: EL LÍDER EMOCIONALMENTE SANO

1. Warren Buffett, "Buy American. I Am", *New York Times*, 16 de octubre de 2008, https://www.nytimes.com/2008/10/17/opinion/17buffett.html.

2. Warren Buffett, "Buy American. I Am".

3. Warren Buffett, *Warren Buffett: In His Own Words*, David Andrews, ed. (Evanston, IL: Agate Publishing, 2019), p. 19.

CAPÍTULO 8: NO INTERRUMPA SU ZANCADA

1. John G. Roberts Jr., "Cardigan's Commencement Address by Chief Justice John G. Roberts, Jr.", Cardigan Mountain School, 6 de junio de 2017, YouTube video, https://www.youtube.com/watch?v=Gzu9S5FL-Ug.

2. Thomas Holmes y Richard Rahe, "The Social Readjustment Rating Scale", *Journal of Psychosomatic Research* 11, no. 2 (1967): pp. 213–21, https://doi.org/10.1016/0022-3999(67)90010-4.

3. Peter G. Northouse, *Leadership: Theory and Practice* (Thousand Oaks, CA: SAGE Publications, 2019), p. 224.

4. Stephen Covey, *Principle-Centered Leadership* (Manitou Springs, CO: Summit Books, 1991), p. 62.

5. Michael Jordan, citado en Robert Goldman y Stephen Papson, *Nike Culture: The Sign of the Swoosh* (New York: SAGE Publications, 1998), p. 49.

CAPÍTULO 9: CONVIÉRTASE EN ALGUIEN A QUIEN QUIEREN SEGUIR

1. Dries Depoorter, "Quick Fix", Dries Depoorter Blog (sin fechar), https://driesdepoorter.be/quickfix/.

2. Simon Kemp, "Digital 2019", *We Are Social*, 30 de enero de 2019, https://wearesocial.com/blog/2019/01/digital-2019-global-Internet-use-accelerates.

3. Kate Taylor, "Kim Kardashian revealed in a lawsuit that she demands up to half a million dollars for a single Instagram post and other details about how much she charges for endorsements", *Business Insider*, 9 de mayo de 2019, https://www.businessinsider.com/how-much-kim-kardashian-charges-for-instagram-endorsement-deals-2019-5.

4. Anita Hovey, citado en Chavie Lieber, "The Dirty Business of Buying Instagram Followers", *Vox*, 11 de septiembre de 2014, https://www.vox.com/2014/9/11/7577585/buy-instagram-followers-bloggers.

5. Universidad de Baltimore, Cheq AI Technologies Ltd., *The Economic Cost of Bad Actors on the Internet: Fake Influyente Marketing in 2019* (Baltimore, MD: University of Baltimore, 2019), https://www.cheq.ai/influyentes.

6. Peter G. Northouse, *Leadership: Theory and Practice*, p. 194.

7. Ralph Waldo Emerson, "The Over-Soul", *Essays: First Series* (Boston: Phillips, Sampson and Company, 1841, 1857), p. 260.

CAPÍTULO 10: ¿A QUIÉN ESCUCHA?

1. Rob Picheta, "Ethiopian Airlines crash is second disaster involving Boeing 737 MAX 8 in months", *CNN*, 11 de marzo de 2019, https://edition.cnn.com/2019/03/10/africa/ethiopian-airlines-crash-boeing-max-8-intl/index.html.

2. Chris Isidore, "These are the mistakes that cost Boeing CEO Dennis Muilenburg his job", CNN Business, 24 de diciembre de 2019, https://edition.cnn.com/2019/12/24/business/boeing-dennis-muilenburg-mistakes/index.html.

3. "Boeing in Brief," Boeing website, http://www.boeing.com/company/general-info/.

4. Samantha Masunaga, "How the design of Boeing's 737 Max cost CEO Muilenburg his job," *Los Angeles Times*, 23 de diciembre de 2019, https://www.latimes.com/business/story/2019-12-23/boeing-737-max-dennis-muilenburg.

5. Esopo, "The Man, the Boy, and the Donkey", Bartleby, 27 de marzo de 2001, https://www.bartleby.com/17/1/62.html.

CAPÍTULO 11: EL TEMA FAVORITO DE TODOS

1. Diana I. Tamir y Jason P. Mitchell, "Disclosing information about the self is intrinsically rewarding", *Proceedings of the National Academy of Sciences of the United States of America*, vol. 109, issue 21 (Mayo de 2012), pp. 8038–43, https://www.pnas.org/content/109/21/8038.

2. Mor Naaman, Jeffrey Boase, y Chih-Hui Lai, "Is It Really about Me? Message Content in Social Awareness Streams", Rutgers University School of Communication, and Information (sin fechar), http://infolab.stanford.edu/~mor/research/naamanCSCW10.pdf.

3. Diana I. Tamir y Jason P. Mitchell, "Disclosing information about the self is intrinsically rewarding".

4. Dick Leonard, *The Great Rivalry: Disraeli and Gladstone* (New York: I.B.Tauris & Co. Ltd, 2013), XX.

5. Karen Huang, Michael Yeomans, A.W. Brooks, J. Minson, y F. Gino, abstract of "It doesn't hurt to ask: Question-asking increases liking", *Journal of Personality and Social Psychology*, vol. 113, no. 3, 430–452 (Septiembre de 2017), https://doi.org/10.1037/pspi0000097.

CAPÍTULO 12: CUESTIÓN DE MODALES

1. Aunque no hay una fuente concreta, los historiadores atribuyen con frecuencia la frase a William Horman.

2. Gregory Titelman, *The Random House Dictionary of America's Popular Proverbs and Sayings* (New York: Random House, 1996), citado por BookBrowse. https://www.bookbrowse.com/expressions/detail/index.cf m/expression_number/566/manners-make-the-man-manners-maketh-man.

3. Kevin Clarke, "The papal hand slap divides Catholics and the media", *America*, 2 de enero de 2020, https://www.americamagazine.org/faith/2020/01/02/papal-hand-slap-divides-catholics-and-media.

4. Livia Borghese y Sheena McKenzie, "Pope Francis apologizes for slapping woman's hand on New Year's Eve", *CNN*, 2 de enero de 2020, https://edition.cnn.com /2020/01/01/europe/pope-francis-slap-woman-apology-intl/index.html.

5. William Arthur Ward, *Quotable Quotes: Wit and Wisdom for Every Occasion* (New York: The Readers Digest Association, 1997).

CAPÍTULO 13: LEER LA SALA, LEER A LAS PERSONAS

1. Leonard Bernstein, *The Joy of Music* (New York: Amadeus Press, 1959, 2004), p. 160.

CAPÍTULO 14: CONVIÉRTASE EN EL MAYOR ANIMADOR DE LOS DEMÁS

1. William Shakespeare, *Measure by Measure*, Acto I, Escena IV, http://shakespeare.mit.edu/measure/full.html.

2. Albert Bandura, "Self-Efficacy", *Encyclopedia of Human Behavior*, vol. 4, V. S. Ramachaudran, ed. (New York: Academic Press, 1994), pp. 71–78, https://web.stanford.edu/~kcarmel/CC_BehavChange_Course/readings/Bandura_Selfefficacy_1994.htm.

3. Albert Bandura, "Self-Efficacy", *Encyclopedia of Human Behavior*.

4. Albert Bandura, "Self-Efficacy", *Encyclopedia of Human Behavior*.

CAPÍTULO 15: LA DIVISA MÁS IMPORTANTE

1. Trista Kelley, "A crypto exchange can't repay $190 million it owes customers because its CEO died with the only password", *Business Insider*, 4 de febrero de 2019, https://www.businessinsider.com/quadrigacx-cant-pay-190-million-owed-because-ceo-with-password-died-2019-2.

2. Mohanbir Sawhney y Jeff Zabin, "Managing and Measuring Relational Equity in the Network Economy", *Journal of the Academy of Marketing Science*, vol. 30, no. 4 (2002), pp. 313–332.

3. Mohanbir Sawhney y Jeff Zabin, "Managing and Measuring Relational Equity in the Network Economy".

4. Amos Tversky y Daniel Kahneman, "Advances in prospect theory: Cumulative representation of uncertainty", *Journal of Risk Uncertainty*, vol. 5, pp. 297–323 (1992), https://doi.org/10.1007/BF00122574.

CAPÍTULO 16: EL NARCISISMO NUNCA GANA

1. "What Are Personality Disorders?" *American Psychiatric Association* (Noviembre 2018), physician review by Rachel Robitz, MD, (sin fechar), https://www.psychiatry.org/patients-families/personality-disorders/what-are-personality-disorders.

2. Mayo Clinic Staff, "Narcissistic Personality Disorder", *Mayo Clinic*, (sin fechar), https://www.mayoclinic.org/diseases-conditions/narcissistic-personality-disorder/symptoms-causes/syc-20366662.

3. John Donne, "No Man Is an Island", Meditation XVII, *Devotions upon Emergent Occasions* (1624), de dominio público.

4. Jean M. Twenge y W. Keith Campbell, *The Narcissism Epidemic: Living in the Age of Entitlement* (New York: Atria Books, 2009), p. 19.

5. Emily Levine, "A Theory of Everything", *Ted2002* (Febrero 2002), https://www.ted.com/talks/emily_levine_a_theory_of _everything/transcript.

CAPÍTULO 17: EL TIEMPO LO DIRÁ

1. Michael Rosenfeld, Reuben J. Thomas, Sonia Hausen, "Disintermediating your friends: How online dating in the United States displaces other ways of meeting", *Proceedings of the National Academy of Sciences*, vol. 116, issue 36 (2019), https://web.stanford.edu/~mrosenfe/Rosenfeld_et_al_Disintermediating_Friends.pdf.

2. Isabel Thottam, "10 Online Dating Statistics You Should Know", eHarmony, (sin fechar), https://www.eharmony.com/online-dating-statistics/.

3. Janine Willis y Alexander Todorov, "First Impressions: Making Up Your Mind After a 100-Ms Exposure to a Face", *Psychological Science*, vol 17, no. 7 (Julio 2006), pp. 592–98, https://journals.sagepub.com/doi/10.1111/j.1467-9280.2006.01750.x.

4. "The art of the job hunt", Randstad, 16 de octubre de 2018, https://www.randstadusa.com/jobs/career-resources/career-advice/the-art-of-the-job-hunt/631/.

CAPÍTULO 18: ESCUCHE PARA LIDERAR

1. Cody Derespina, Chris Ware, Chuck Fadely, Jeffrey Basinger, Matthew Golub, Anthony Carrozzo, Mark La Monica, Robert Cassidy, y Ryan McDonald, "The Evolution of the Pitch", *Newsday*, (sin fechar), https://projects.newsday.com/sports/baseball/pitching-evolution/.

2. "Fastest baseball pitch (male)", *Guinness World Records*, (sin fechar), https://www.guinnessworldrecords.com/world-records/fastest-baseball-pitch-(male)/.

3. Cody Derespina et al., "The Evolution of the Pitch".

4. Phil Rosengren, "7 Tips for Throwing a Better Changeup", *Better Pitching* (2019), https://betterpitching.com/7-tips-for-a-better-changeup/.

5. Karen Huang, Michael Yeomans, Alison Wood Brooks, Julia Minson, y Francesca Gino, "It doesn't hurt to ask: Question-asking increases liking", *Journal of Personality and Social Psychology*, vol. 113, no. 3, (2017), pp. 430–452, https://doi.org/10.1037/pspi0000097.

6. Richard Kraut, "Socrates", *Encyclopedia Britannica* (2020), https://www.britannica.com/biography/Socrates.

7. Para enumerar algunos ejemplos: Mateo 15:1–3; Marcos 2:1–11; Marcos 12:14–24; Lucas 10:25–26; Juan 18:33–34.

CAPÍTULO 19: A UNA CONVERSACIÓN DE DISTANCIA

1. "2013 Executive Coaching Survey", Stanford GSB Center for Leadership Development and Research, Rock Center for Corporate Governance at Stanford, and The Miles Group (2013), https://www.gsb.stanford.edu/sites/default/files/publication-pdf/cgri-survey-2013-executive-coaching.pdf

2. David F. Larcker, Stephen Miles, Brian Tayan, y Michelle E. Gutman, "2013 Executive Coaching Survey", The Miles Group and Stanford University (Agosto 2013), https://www.gsb.stanford.edu/faculty-research/publications/2013-executive-coaching-survey.

3. Kerry Patterson, Joseph Grenny, Ron McMillan, y Al Switzler, *Crucial Conversations: Tools for Talking When Stakes Are High, Second Edition* (New York: McGraw-Hill Education, 2011), p. 3.

4. Kerry Patterson et al., *Crucial Conversations*, pp. 9–10.

CAPÍTULO 20: ¡VAMOS!

1. Steven D. Greydanus, "An American mythology: Why *Star Wars* still matters", Decent Films (2020), http://decentfilms.com/articles/starwars.

2. Kirell Benzi, "Exploring the *Star Wars* expanded universe (part 1)", Kirell Benzi (2020), https://kirellbenzi.com/blog/exploring-the-star-wars-expanded-universe/.

3. Peter G. Northouse, *Leadership: Theory and Practice* (Thousand Oaks, CA: SAGE Publications, 2015), p. 5.

4. Northouse, *Leadership*, p. 372.

5. Gordon Curphy y Dianne Nilsen, "TQ: The Elusive Factor Behind Successful Teams", The Rocket Model, 2020.

6. Gordon Curphy y Dianne Nilsen, "TQ: The Elusive Factor Behind Successful Teams".

7. Brian Houston, @BrianCHouston, Twitter, 20 de junio de 2013, https://twitter.com/brianchouston/status/347838780964741122.

CAPÍTULO 21: ¿QUÉ QUEREMOS?

1. Thirty One Bits, "Our story", https://31bits.com/pages/our-story.

2. Esha Chhabra, "How Five College Friends Turned a Social Enterprise Into a Million Dollar Business", *Forbes*, 1 de abril de 2016, https://www.forbes.com/sites/eshach habra/2016/04/01/how-this-social-enterprise-competes-with-instant-gratification-and-rock-bottom-prices/#6e13a3a75e93.

3. "What Is Social Enterprise?", Social Enterprise Alliance (undated), https://socialenterprise.us/about/social-enterprise/.

4. Henry D. Thoreau, carta a H. G. O. Blake, 16 de noviembre de 1857, citado en *The Walden Woods Project*, https://www.walden.org/thoreau/mis-quotations/.

5. George Forrest, "The importance of implementing effective metrics", iSixSigma, 2020, https://www.isixsigma.com/implementation/basics/importance-implementing-effective-metrics/.

6. George Forrest, "The importance of implementing effective metrics".

CAPÍTULO 22: QUÍMICA Y CULTURA

1. Alison Beard, "If You Understand How the Brain Works, You Can Reach Anyone", *Harvard Business Review* (Marzo–Abril 2017), https://hbr.org/2017/03/if-you-understand-how-the-brain-works-you-can-reach-anyone?ab=seriesnav-spotlight

2. Suzanne M. Johnson Vickberg, Kim Christfort, "Pioneers, Drivers, Integrators, and Guardians", *Harvard Business Review* (Marzo–Abril 2017), https://hbr.org/2017 /03/the-new-science-of-team-chemistry#if-you-understand-how-the-brain-works-you-can-reach-anyone.

3. Sam Zell, *Am I Being Too Subtle? Straight Talk from a Business Rebel* (New York: Portfolio, 2017), p. 181.

4. Sam Zell, *Am I Being Too Subtle? Straight Talk from a Business Rebel*, p. 181.

5. David Campbell, David Edgar, y George Stonehouse, *Business Strategy: An Introduction*, 3rd ed. (New York: Palgrave, 2011), p. 263.

CAPÍTULO 23: INFLUENCIAR A LOS INFLUYENTES

1. Paul Vallely, "Drug that spans the ages: The history of cocaine", *Independent* (2 de marzo de 2006), https://www.independent.co.uk/news/uk/this-britain/drug-that-spans-the-ages-the-history-of-cocaine-6107930.html.

2. Ryan Kucey, "There's a Difference Between Thought Leaders and Influyentes", *Better Marketing* (2019), https://medium.com/better-marketing/why-most-influyentes-arent-influencing-anyone-62f70567b999.

3. J. Clement, "Number of brand sponsored influyente posts on Instagram from 2016 to 2020", Statista (2020), https://www.statista.com/statistics/693775/instagram-sponsored-influyente-content/.

4. Rachel Hosie, "An Instagram star with 2 million followers couldn't sell 36 T-shirts, and a marketing expert says her case isn't rare", *Business Insider*, 30 de mayo de 2019, https://www.businessinsider.com/instagrammer-arii-2-million-followers-cannot-sell-36-t-shirts-2019-5.

5. Denise Brosseau, "What is a thought leader?", Thought Leadership Lab (2020), https://www.thoughtleadershiplab.com/Resources/WhatIsaThoughtLeader.

6. Derek Sivers, "First Follower: Leadership Lessons from a Dancing Guy", sivers.org, 11 de febrero de 2010, https://sivers.org/ff.

7. Malcolm Gladwell, *The Tipping Point: How Little Things Can Make a Big Difference* (New York: Back Bay Books, 2002), contracubierta.

8. Everett M. Rogers, *Diffusion of Innovations*, 5th ed. (New York: Free Press, 2003).

CAPÍTULO 24: ¿HAY ALGUIEN ESCUCHANDO?

1. Martin Demptster, "Bob MacIntyre confronts partner after his caddie's mum is hit", *The Scotsman*, 19 de julio de 2019, https://www.scotsman.com/sport/golf/bob-macintyre-confronts-partner-after-his-caddie-s-mum-is-hit-1-4968277.

2. *Golf Rules Illustrated: The Official Illustrated Guide to the Rules of Golf, 2012–2015.* (London: Hamlyn, 2012).

3. Véase, por ejemplo, "Why Do Golfers Shout 'Fore!'?", Leading Britain's Conversation, Global (2020) https://www.lbc.co.uk/radio/special-shows/the-mystery-hour/sport-games/why-do-golfers-shout-fore-114876/.

4. Citado por Nicholas Fearn, *The Latest Answers to the Oldest Questions: A Philosophical Adventure with the World's Greatest Thinkers* (New York: Grove Press, 2007), p. 93.

5. Andy Stanley, *Communicating for a Change: Seven Keys to Irresistible Communication* (Colorado Springs, CO: Multnomah, 2006), p. 104.

CAPÍTULO 25: LAS REUNIONES SON IMPORTANTES

1. Patrick Lencioni, *Death by Meeting: A Leadership Fable about Solving the Most Painful Problem in Business* (San Francisco, CA: Jossey-Bass, 2004), viii.

2. Elise Keith, "55 Million: A Fresh Look at the Number, Effectiveness, and Cost of Meetings in the U.S.", Lucid Meetings, 4 de diciembre de 2015, https://blog.lucidmeetings.com/blog/fresh-look-number-effectiveness-cost-meetings-in-us.

3. Michael Mankins, "This Weekly Meeting Took Up 300,000 Hours a Year", *Harvard Business Review*, 29 de abril de 2014, https://hbr.org/2014/04/how-a-weekly-meeting-took-up-300000-hours-a-year.

4. Patrick Lencioni, *Death by Meeting*, viii.

5. Patrick Lencioni, *Death by Meeting*, p. 235.

6. Roy. F. Baumeister, "The Psychology of Irrationality: Why People Make Foolish, Self-Defeating Choices", Isabelle Brocas y Juan D. Carrillo, eds., *The Psychology of Economic Decision-Making, Vol. 1: Rationality and Well-Being* (Oxford: Oxford University Press, January 2003), pp. 12–13.

7. Richard L. Brandt, "Birth of a Salesman", *Wall Street Journal*, 15 de octubre de 2011, https://www.wsj.com/articles/SB10001424052970203914304576627102996831200.

CAPÍTULO 26: DESARROLLE SUS SISTEMAS

1. John Holusha, "W. Edwards Deming, Expert on Business Management, Dies at 93", *New York Times*, 21 de diciembre de 1993, https://www.nytimes.com/1993/12/21/obituaries/w-edwards-deming-expert-on-business-management-dies-at-93.html.

2. Andrea Gabor, "He Made America Think About Quality", *Fortune*, 30 de octubre de 2000, https://archive.fortune.com/magazines/fortune/fortune_archive/2000/10/30/290646/index.htm.

3. Andrea Gabor, "Quality Revival, Part 2: Ford Embraces Six Sigma," *New York Times*, June 13, 2001, https://andreagabor.com/selected-articles/management-quality-revival-part-2-ford-embraces-six-sigma/.

4. Andrea Gabor, "Quality Revival, Part 2".

5. John Deming, "W. Edwards Deming Quotes", *The W. Edwards Deming Institute*, 2020, https://quotes.deming.org/.

6. "PDSA Cycle", *The W. Edwards Deming Institute* (2020), https://deming.org/explore/p-d-s-a.

7. IHI Multimedia Team, "Like Magic? ('Every system is perfectly designed . . .')", Institute for Healthcare Improvement, 21 de Agosto de 2015, http://www.ihi.org/communities/blogs/origin-of-every-system-is-perfectly-designed-quote.